Organisationsplanung

Planung
durch Kooperation

Organisationsplanung

Planung durch Kooperation

7., unveränderte Auflage, 1985

Siemens Aktiengesellschaft

CIP-Kurztitelaufnahme der Deutschen Bibliothek

Organisationsplanung: Planung durch Kooperation/[Hrsg.: Siemens-Aktienges., Berlin u. München. Verf. Alexander von Deym ...] – 7., unveränd. Aufl.– Berlin; München: Siemens-Aktiengesellschaft, [Abt. Verl.], 1985.

ISBN 3-8009-1450-6

NE: Deym, Alexander von [Mitverf.]; Siemens-Aktiengesellschaft ⟨Berlin, West; München⟩

Kein Unternehmen kann heute bestehen, wenn es nur noch auf Veränderungen reagieren wollte. Andererseits ist – vielleicht durch die Häufigkeit der Änderungen bedingt – mitunter ein wachsender Widerstand gegenüber Neuerungen bei den Betroffenen festzustellen.

Das Buch stellt keine Rezeptsammlung im Umgang mit Systemen und Mitarbeitern dar: vielmehr soll es Erfahrungen zur Diskussion stellen. Hinweise geben und neue Wege aufzeigen für wirkungsvolle Organisationsarbeit. Es enthält nichts wissenschaftlich Neues, sondern zeigt, wie eine Planungsabteilung theoretisches Wissen – das zum Teil bestenfalls in Schulungsveranstaltungen vermittelt wird – für die Praxis umsetzt.

Schlagwörter

Der Weg zur Planung
Problemanalyse
Analyse des Systems
Planung der Planung
Planungsprinzip
Problemdefinition und Zielformulierung
Grobkonzeption
Feinmodell
Realisierung
Realisierungsplanung
Aufgabenrealisierung
Konsolidierung
Kontrolle und Abweichungsanalyse
Systemübergabe
Visualisierung
Präsentation
Planungsbericht
Kommunikationstechniken
Problemlösungstechniken
Ist-Aufnahme- und Analysetechniken
Wirtschaftlichkeitsprüfung

ISBN 3-8009-1450-6

Herausgeber und Verlag:
Siemens Aktiengesellschaft, Berlin und München

Printed in the Federal Republic of Germany

Verfasser

Alexander von Deym
Michael Duttenhofer
Werner Faßnacht
Hanfried Fischer
Gerhard von Forster
Hubertus Fulczyk
Rüdiger Hanslik
Manfred Höfle
Udo Kiechle
Werner Knafla
Erika Ledermaier
Gerd Lenz
Richard Lienert
Horst Lumbeck
Klaus Metzger
Achim Musiol
Horst Peters
Johannes Rauter
Karl-Christian Schoderer
Joachim Schultz-Naumann
Inge Spieldiener
Josef Stadler
Walter Straub
Eckart-Alfred von Unger
Karl-Heinz Wenzel

Vorwort zur 7. Auflage

Der Gedanke, Wissen und Erfahrungen einer zentralen Organisationsplanungsabteilung in einem Buch niederzulegen, entstand aus der Erkenntnis des „Nichtwissens" über Organisationsplanungen bei Betroffenen und Beteiligten.

Hinzu kam, daß das Interesse der Unternehmen an vorausschauenden Organisationsplanungen gestiegen ist, weil Wirtschaft und Technik einem immer schnelleren Wandel unterliegen. Kein Unternehmen kann heute bestehen, wenn es nur noch auf Veränderungen reagieren wollte. Andererseits ist – vielleicht durch die Häufigkeit der Änderungen bedingt – mitunter ein wachsender Widerstand gegenüber Neuerungen bei den Betroffenen festzustellen.

Das vorliegende Buch stellt nun kein Rezeptbuch im Umgang mit Systemen und Mitarbeitern dar; vielmehr soll es Erfahrungen zur Diskussion stellen, Hinweise geben und neue Wege aufzeigen für wirkungsvolle Organisationsarbeit. Es enthält nichts wissenschaftlich Neues, sondern zeigt, wie eine Planungsabteilung theoretisches Wissen – das zum Teil bestenfalls in Schulungsveranstaltungen vermittelt wird – für die Praxis umsetzt.

Der Inhalt des Buches spiegelt den heutigen Stand der Organisationsplanung vornehmlich in einem großen Industrieunternehmen wider. Dabei sind die Erfahrungen aus gemeinsamer Arbeit mit erfolgreichen Unternehmensberatungsgesellschaften eingeflossen. Dennoch kann das Buch keinen Anspruch auf Vollständigkeit erheben. Auch wird die Arbeit an Organisationen mit Sicherheit nicht auf dem hier festgehaltenen Stand stehenbleiben können, sondern sich dauernd weiterentwickeln.

München, im November 1985

Siemens Aktiengesellschaft

Inhalt

Vorfeld der Organisationsplanung

VORFELD	Die Entscheidung für die Planung und die Planung der Planung	PLANUNGS-PROZESS	Die Verwirklichung der Planungs-ergebnisse
• Planung **in** und Planung **an** Organisationen • Der Weg zur Planung	VOR-UNTERSUCHUNG	Das Planungs-prinzip und die Phasen der Planung	REALISIERUNG

Organisationen müssen sich ständig – im Rahmen der geltenden Unternehmensziele – ändernden Umweltbedingungen anpassen. Dieser Anpassungsprozeß ist von der Einsicht geprägt, daß heute von starrer Kompetenzabgrenzung und Spezialisierung abgegangen und mehr Wert auf Systemverantwortung und ganzheitlich orientiertes Handeln gelegt werden muß.

Wie sich die Anforderungen an ein Unternehmen wandeln, verdeutlicht folgendes Beispiel:

gestern			**morgen**
Aufgabe		▶	Aufgabe
Betrieb I	Bau von Telefonanlagen		Erstellung eines Kommunikationsnetzes mit elektronischer Vermittlung
Betrieb II	Dv-Hardware Systemsoftware		
Betrieb III	Fernmeldekabel		

gestern		**morgen**
Kennzeichen der Organisation	▶	Kennzeichen der Organisation
▷ Organisationsstrukturen aufgrund von Aufgabenpaketen ▷ Strukturorientiertes Management stellt Aufgaben in den Vordergrund ▷ Starre Kompetenzabgrenzung ▷ Trennung zwischen Zielsetzung und Verwirklichung (oben→unten)		▷ Organisationsstrukturen, die den Geschäftszielen folgen ▷ Systemorientiertes Management rückt Prozesse in den Vordergrund ▷ Kooperative Führungskreise ▷ Rückkopplung zwischen Zielsetzung und Verwirklichung (oben↔unten)
Relativ starre Rolle der Organisation	▶	**Dynamische Prinzipien in der Organisation**

Planung in und Planung an Organisationen

Planung **in** Organisationen ist im allgemeinen anerkannt als

- ▷ notwendig,
- ▷ selbstverständlich,
- ▷ hoch entwickelt,
- ▷ relativ flexibel und
- ▷ wirkungsvoll.

Begriffe wie Produktplanung, Absatzplanung, Fertigungsplanung und Investitionsplanung sind Allgemeingut und stellen hochspezialisierte Instrumentarien der Unternehmensführung dar, die ständig weiterentwickelt und als Entscheidungshilfen herangezogen werden. Reine Verwaltungsapparate, z. B. Behörden, besitzen ausgefeilte Formen ihrer internen Planerstellung: Etatpläne, Stellenpläne, Personalpläne usw.

Planung **an** Organisationen erscheint dagegen

- ▷ zähflüssig,
- ▷ fragwürdig,
- ▷ riskant,
- ▷ mangelhaft entwickelt,
- ▷ starr, unflexibel,
- ▷ wenig wirkungsvoll und
- ▷ aufwendig.

Kennzeichen dafür sind Jahrzehnte überdauernde Strukturorganisationen in Behörden, bei öffentlichen Dienstleistungsträgern sowie bei Großfirmen und Mittelbetrieben.

In der Regel wird die Diskrepanz zwischen Planung **in** und Planung **an** der Organisation um so deutlicher, je größer eine Organisation ist. Diese Aussage wird verdeutlicht durch eine Gegenüberstellung von Feststellungen und Thesen.

Feststellungen	Thesen
Je größer eine Organisation wird, desto spezialisierter werden die Funktionen und desto komplizierter die Funktionszusammenhänge. Beispiel: **Dienststellen der Buchhaltung** Betriebsbuchhaltung Anlagenbuchhaltung Finanzbuchhaltung Zahlungsverkehr Betriebsabrechnung Gemeinkosten-Planung Ergebnisplanung Berichtswesen	Planung **in** der Organisation ist der **instrumentale** Ansatz zur Lösung von Kooperationsproblemen und **verstärkt** Rollen, indem er sie funktional perfektioniert (Rollenbestätigung).
Je größer eine Organisation wird, desto differenzierter werden die Strukturen, desto prägnanter die Rollen und desto stärker die Rollenkonkurrenz und -verteidigung.	Planung **an** der Organisation ist der **strukturelle** Ansatz zur Lösung von Kooperationsproblemen und **verändert** Rollen (Infragestellung von Rollen).

Es scheint ein Widerspruch in der Behauptung zu liegen, große Organisationen leiden unter einem Mangel von Planungen **an** der Organisation, obwohl sie oft seit Jahrzehnten erfolgreich sind. Die Frage ist nur, ob ein häufig mittelmäßiges Ergebnis nicht durch verstärkte Planung **an** der Organisation wesentlich verbessert werden kann. Der starke Schwerpunkt der Planung **in** Organisationen ist ein Versuch, die Planung **an** der Organisation zu umgehen. Beispiele hierfür sind die häufigen Aufträge an Organisationsplaner, z. B. Datenbanken, Telekommunikationsnetze oder Managementinformationssysteme zu entwickeln, mit dem Wunsch, Hierarchen und damit Strukturen unangetastet zu lassen.

Sinn einer Organisationsplanung kann es jedoch nicht sein, bisherige Strukturen unter allen Umständen festzuschreiben, sondern die Veränderungen innerhalb und außerhalb des Systems mit zu berücksichtigen und zukünftige Einflüsse vorwegzunehmen.

Um die Dynamik eines Unternehmens für den Normalfall zu kennzeichnen, sei hier die vereinfachende Darstellung des Regelkreises gewählt.

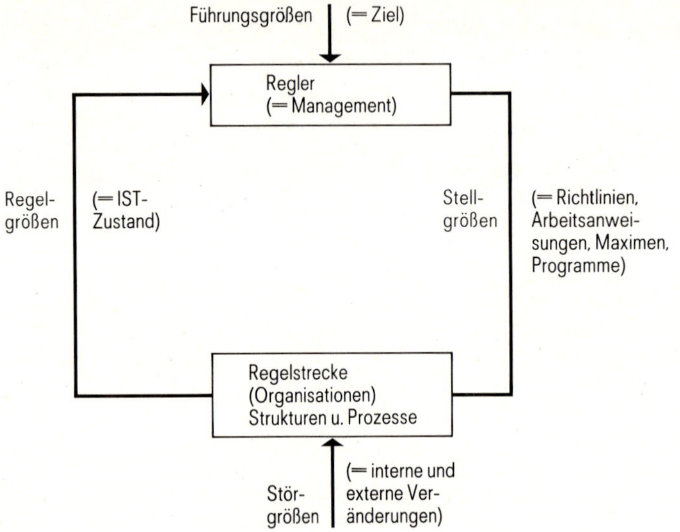

Die Funktion des Reglers übt das Management aus. Durch Richtlinien, Maximen und Programme (= Stellgrößen) bestimmt das Management die Aktionen in der Organisation (Strukturen und Prozesse im Unternehmen = Regelstrecke).

Die Ergebnisse dieser Aktionen (= Ist-Zustände, -Größen) werden mit den Soll-Zuständen und -Größen verglichen, die sich aus den Zielen (= Führungsgrößen) ergeben. Bei relevanten Abweichungen wird das Management durch Änderung der Richtlinien, in besonders gravierenden Fällen durch Änderung der Ziele reagieren. Hierbei wird die Dynamik eines Unternehmens deutlich, die in der Anpassung an sich wandelnde Zustände (= Störgrößen) besteht. Die meisten dieser Anpassungsprozesse können durch vorhandene Regeln (Richtlinien) bewirkt werden. Sobald für die Anpassung keine oder ungenügende Regeln zur Verfügung stehen, ist ein **Ausbrechen aus dem Regelkreis** nötig. Hierbei wird die Organisation in ihren Prozessen und Strukturen in Frage gestellt. Dies gilt z.B. bei der zu Beginn beschriebenen Einsicht, daß Systemverantwortung und ganzheitliches Denken eine wesentlich stärkere Betonung als bisher erfahren müssen.

Die Erfahrung zeigt jedoch, daß das Management häufig zu diesem Ausbrechen aus dem Regelkreis nicht bereit ist: Entweder es erkennt die Notwendigkeit des Ausbrechens nicht und meint, der vorhandene Regelkreis bewältige die anstehenden Änderungen (sachbezogene Widerstände), oder es erkennt zwar den Bedarf einer Planung **an** Organisationen, ist aber aus den verschiedensten

Gründen nicht bereit, diesen Änderungen zuzustimmen, und sucht nach Ausweichmöglichkeiten (persönliche Widerstände).

Sachbezogene Widerstände (Management **erkennt nicht** die Notwendigkeit einer Planung an der Organisation)	**Persönliche Widerstände** (Management erkennt die Notwendigkeit einer Organisationsplanung, **sträubt sich** aber dagegen)
▷ Hierarchische Ebenen sind (vertikal und horizontal) Informationsverzerrer ▷ Manager haben nur bereichsspezifisch Erfahrungen und Überblick; ein einzelner kann daher nicht alles wissen und keine komplexen Probleme lösen ▷ Störungen an der Organisation werden in verschiedenen Bereichen und hierarchischen Ebenen nicht als zusammenhängendes Störungsgeschehen wahrgenommen ▷ Die Frage institutioneller Zuständigkeit für Planung an der Organisation ist nicht eindeutig geregelt ▷ Manager reagieren wegen fehlender Instrumentarien zum Erkennen von Problemen auf bestimmte Informationen nicht	▷ Für den Menschen – also auch für den Entscheider über Planungen an der Organisation – sind Veränderungen unbequem, da es Gewohnheiten in Frage zu stellen gilt ▷ Menschen suchen eher nach Informationen, die einmal getroffene Entscheidungen als richtig bestätigen ▷ Manager beschaffen sich Informationen, die zur Leitung ihres Bereiches notwendig sind, und lassen andere außer acht ▷ Insbesondere in stark gegliederten Hierarchien beschäftigt sich das Management mit sich selbst, um Macht zu behalten oder den Machtbereich auszudehnen ▷ Störungsursachen werden im Nachbarbereich gesucht ▷ Änderungen an Organisationen könnten bisherige Erfahrungen zerstören ▷ Es besteht auf allen Managementebenen eine latente Angst vor Veränderung als Gefährdung der eigenen Sicherheit ▷ Fragen des Status- und Prestigeverlustes werden höher bewertet als sachliche Ziele ▷ Rivalitäten und Machtkämpfe verhindern problemorientierte Änderung an Organisationen
Kommunikationsprobleme	Verhaltensprobleme

Veränderungen von Organisationen haben dann die beste Realisierungschance und den höchsten Wirkungsgrad, wenn organisatorische Änderungen mit Verhaltensänderungen verbunden werden, wenn also Ziele unter Einbeziehung der Wünsche und Hoffnungen der Beteiligten gefunden werden (nach E. Schnelle).

Bei allen Organisationsplanungen ist die Berücksichtigung dieser Erkenntnis die Basis für jeglichen Erfolg. Mit dieser Aussage ist auch der erste Hinweis auf die Rolle des Organisationsplaners verbunden. Er darf also nicht aufgrund von Analysen gemeinsam mit Experten ein Modell entwerfen und dann erwarten, daß die Mitarbeiter eines Systems dieses Modell übernehmen.

Der Vorwurf von Organisatoren, ein System sei unwillig, uneinsichtig, es übernehme das Modell falsch, ist unberechtigt. Man muß davon ausgehen, daß Systeme nicht nach einem Reglement funktionieren, das von Außenstehenden vorgegeben wurde. Diese Erkenntnis sollten insbesondere zentrale Organisationsabteilungen mehr als bisher berücksichtigen.

Der Weg zur Planung

Die Aufgaben eines Organisationsplaners liegen u.a. darin, dem Management die Notwendigkeit einer Entscheidung zur Planung **an** Organisationen bewußt zu machen.

Dazu einige Bemerkungen über unternehmerische Entscheidungen und Entscheidungsverhalten.

Ausgangspunkt jeder Entscheidung ist die Erkenntnis des Entscheidungsträgers, daß der tatsächliche Zustand vom gewünschten abweicht oder wahrscheinlich in Zukunft abweichen wird. Interne und externe Veränderungen führen dazu, daß z.B.

- ▷ der Mitteleinsatz ungenügend ist,
- ▷ die Verfolgung der gegebenen Ziele unangemessen oder
- ▷ die Zielerreichung sogar unmöglich wird.

Damit verbunden ist u.U. die Suche nach neuen Zielen bzw. nach neuen Möglichkeiten zur Zielerreichung.

Bei der Reaktion auf interne und externe Veränderungen wird es sich zumeist um Anpassungsentscheidungen, bei der Suche adäquater Ziele häufig um Innovationsentscheidungen handeln.

Der Entscheidungsträger reagiert in dieser Situation unterschiedlich.

- ▷ Er kann Entscheidungen aus früheren, ähnlichen Problemsituationen übernehmen.
- ▷ Er versucht, Störungsursachen in der Nähe des Symptoms zu finden und zu beseitigen (z. B. bei sinkenden Umsätzen in der Vertriebsabteilung statt in der Entwicklung).
- ▷ Er weitet die Ursachensuche auf alle evtl. betroffenen Bereiche aus und bemüht sich so um die Beschaffung möglichst umfangreicher Informationen, um die beste Lösung zu finden.

Das weitverbreitete Routineverhalten, bewährte Lösungen von ähnlichen Problemen zu übernehmen, ist an sich nicht nachteilig; es kann bei unveränderten Zielen und nur wenig veränderten Störgrößen sogar nützlich sein („automatische" Regelung im Regler). Größere Abweichungen (gegenwärtige oder erwartete) erfordern jedoch vom Entscheidungsträger Bereitschaft zu umfangreicher Ursachenforschung und mitunter auch unkonventionelle Lösungen.

Die folgende *Problemlandkarte* zeigt einige Symptome, die die Organisationsabteilung und das Management aktiv werden lassen müssen, um gemeinsam die Frage „Planung **an** Organisationen – ja oder nein" zu beantworten.

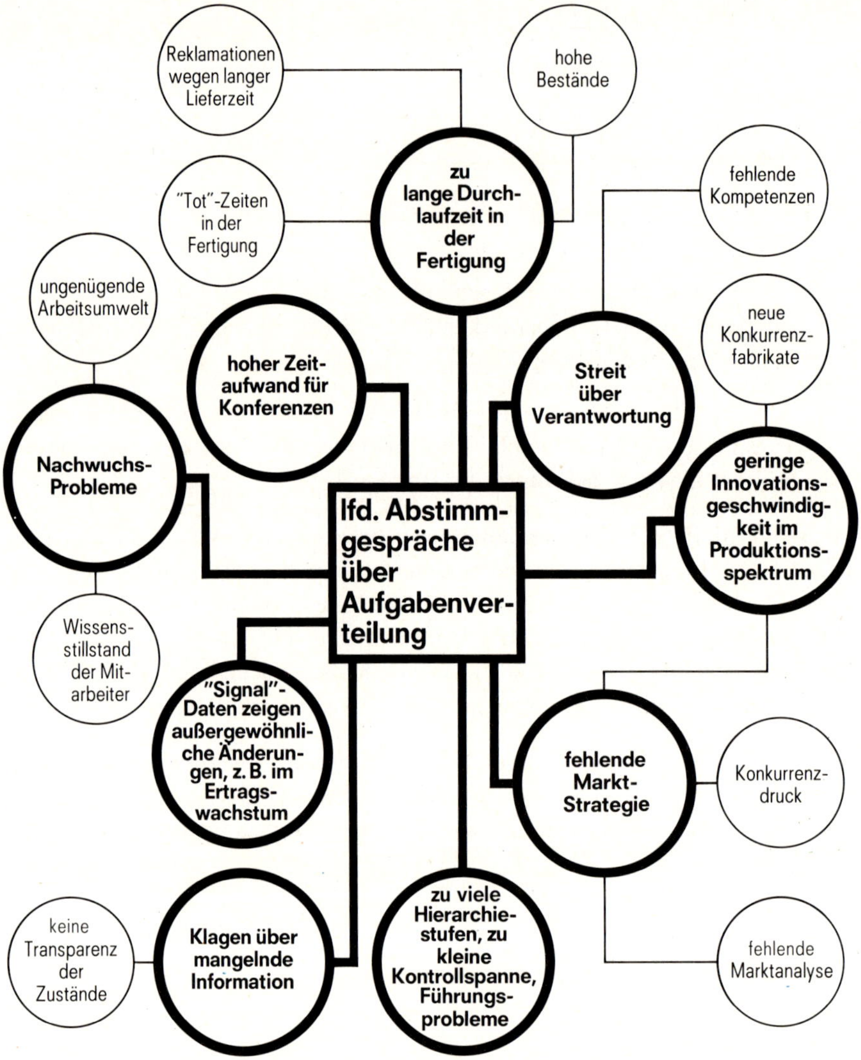

Über die **Symptome** spricht man zwar im Kreise der Entscheidungsträger, kann sich aber oft nicht dazu durchringen, die notwendigen Informationen zur **Ursachen**findung zu beschaffen und Handlungen zu initiieren.

Der Organisationsplaner muß deshalb Methoden anwenden, die

▷ eine gemeinsame Informationssuche enthalten,

▷ die Problemsituation transparent machen,

▷ einen Zwang zum gemeinsamen Handeln empfinden lassen,

- ▷ Konflikte offenlegen,
- ▷ die Bereitschaft fördern, mit Änderungen verbundene Konflikte auszutragen,
- ▷ neue Verfahren kooperativer Kommunikation selbstverständlich werden lassen.

Erfolgversprechende Methoden, die sich in dieser Situation dem Organisationsplaner anbieten, sind Entwicklungen, wie sie insbesondere von den Beratungsgesellschaften METAPLAN GmbH und Quickborner Team (QT) angewandt werden. In gemeinsamer Arbeit mit diesen Beratungsfirmen wurden diese Methoden modifiziert und erfolgreich durch einige Planergruppen der Zentralabteilung Betriebswirtschaft des Hauses Siemens eingesetzt.

Das Entscheidertraining (ET)

ist eine Zielfindungsklausur von 3 bis 5 Tagen, in der das Wissen und Wollen einer Gruppe zu handlungsorientierten Strategien führt.

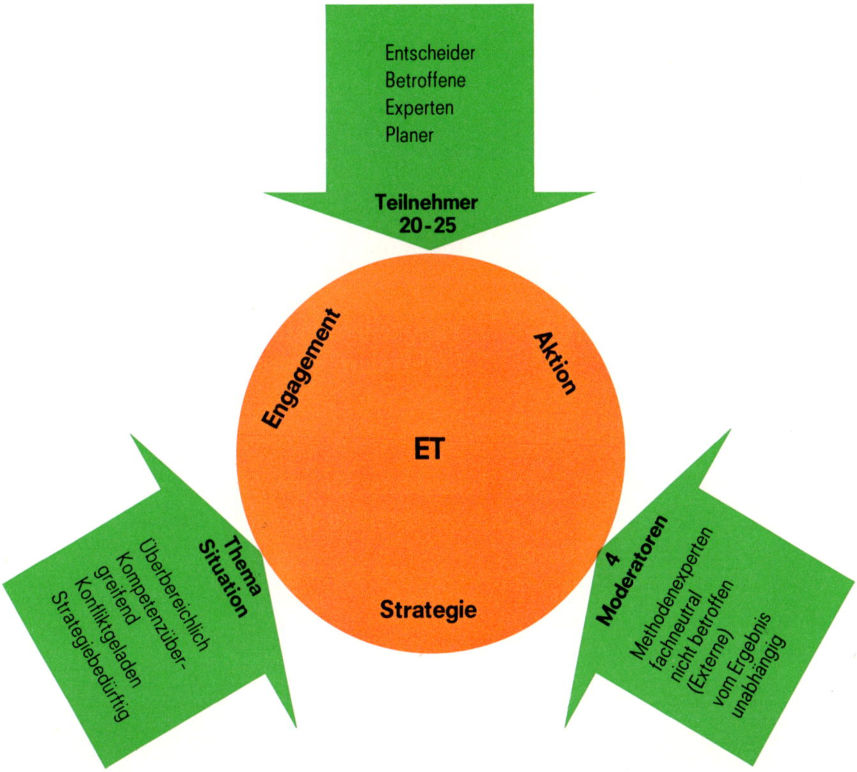

Als Kooperationsverfahren basiert das *Entscheidertraining* auf den Erkenntnissen der Gruppendynamik und stellt eine Kombination von Problemfindungs-, Problemstrukturierungs- und Lernmethoden dar. Es erhebt jedoch nicht den Anspruch, bereits fertige Problemlösungen zu liefern.

Die Funktion der *Moderatoren* besteht darin, den Willensbildungsprozeß nicht fachlich, sondern im Ablauf – unter Berücksichtigung der jeweils in der Gruppe vorhandenen Tendenzen – zu steuern.

Durch formale Spielregeln und ein situationsgerechtes Angebot an Techniken helfen sie der Gruppe, kooperativ wirksam zu werden.

Probleme erkennen	Unbehagen artikulieren, Symptome feststellen
Probleme durchleuchten	Konflikte orten, Probleme beschreiben, Ursachen ermitteln
Probleme generalisieren	Gemeinsamkeiten erkennen und darstellen, Problemübersichten herstellen
Handlungsbewußtsein erzeugen	Änderungsbereitschaft feststellen, gegenseitig motivieren und gemeinsames Engagement wecken, sich auf Schwerpunkte (Aktionsfelder) einigen
Gemeinsame Ziele formulieren	Ideen und Wünsche sammeln, diskutieren und bewerten; Aktionsziele definieren
Handlungsstrategie entwerfen	Tätigkeiten festlegen, Prioritäten setzen, Lernbedarf formulieren, Aktionspartner benennen

Durch *Moderation* erhält jeder Teilnehmer die gleiche Chance, aber auch die gleiche Verpflichtung zur aktiven Beteiligung, damit sich alle mit dem Ergebnis identifizieren können.

Ablaufprinzip:

Mit dem ET steht eine wirkungsvolle Methode zur Verfügung, um Problembewußtsein und gemeinsame Handlungsbereitschaft als notwendige Voraussetzungen auf dem Weg zur erfolgreichen Planung zu erzeugen. Darüber hinaus bietet es die Möglichkeit, gemeinsam zukunftsorientierte Zielvorstellungen zu entwickeln, die zu innovativen Planungen führen können.

Im Interesse der Durchsetzungsfähigkeit der Strategie sollten die zugrunde liegenden Fakten und Ideen auf einem *Informationsmarkt* weiteren Bereichen unmittelbar zur Diskussion gestellt werden. Umgekehrt können sich auf einem Informationsmarkt Themen und Probleme herauskristallisieren, die ihrerseits in einem ET intensiv bearbeitet werden müssen.

Der Informationsmarkt

ist eine Methode der kooperativen Kommunikation für Gruppen von 20 bis 1000 Personen, die sich auf einem Markt intensiv über mehrere Themenbereiche informieren und durch eigene Ideen und Intentionen zur weiteren Erarbeitung der Themen beitragen.

Bei dieser Form der Kommunikation

▷ wird dem Teilnehmer eine Vielzahl von Informationen angeboten, z.B. Probleme, Meinungen, Ideen, Wünsche, Lösungen,

▷ erfolgt ein Informationsaustausch zwischen allen Beteiligten, um
- den gleichen Informationsstand zu bekommen,
- Problemlösungen und Ideen einzelner Fachgebiete vorzustellen,
- Anregungen, Wünsche und Meinungen der Teilnehmer offenzulegen,

▷ werden Lösungen, Ideen und Meinungen zwischen den Beteiligten diskutiert, um Prioritäten und Standpunkte zu erkennen und abzustimmen.

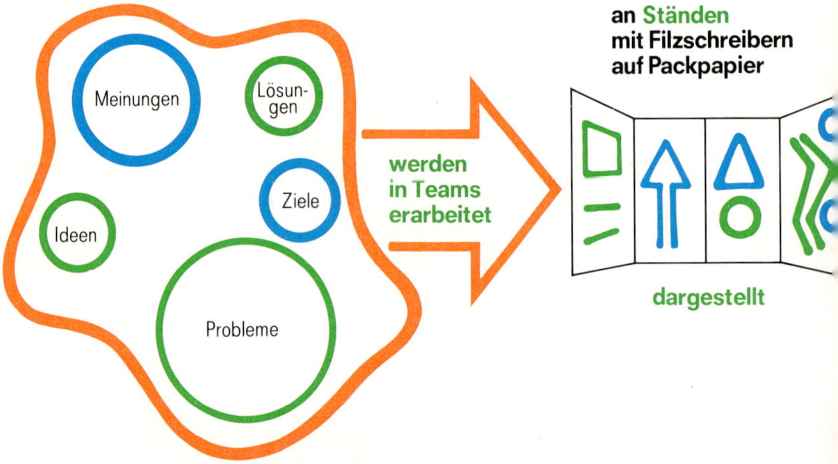

Auf dem Weg zur Planung kann der Info-Markt damit folgenden Zielen gerecht werden:

- ▷ Motivation durch Einbeziehung in einen Meinungsbildungsprozeß,
- ▷ Problembewußtsein wecken, Lösungsansätze sichtbar machen,
- ▷ Ideensammlung auf breiter Basis,
- ▷ Rückkopplungsprozesse in Gang setzen und
- ▷ informelle Kontakte erleichtern.

Auf einem Informationsmarkt werden die einzelnen Themen- und Spontanstände gleichzeitig (räumlich getrennt) präsentiert. Die Teilnehmer teilen sich dazu in kommunikationsfähige kleine Gruppen (max. 25 Personen je Stand) auf. Damit wird eine intensive, problemorientierte Diskussion je Standthema ermöglicht.

Es gibt mehrere Standrunden, damit die Teilnehmer mehrere Themenstände nacheinander erleben können. Die Reihenfolge des Besuchs der einzelnen Themenstände kann je nach dem Zweck des Informationsmarktes und der Vielfalt der Themen für die Teilnehmer entweder vorgegeben oder aber auch frei wählbar gestaltet werden.

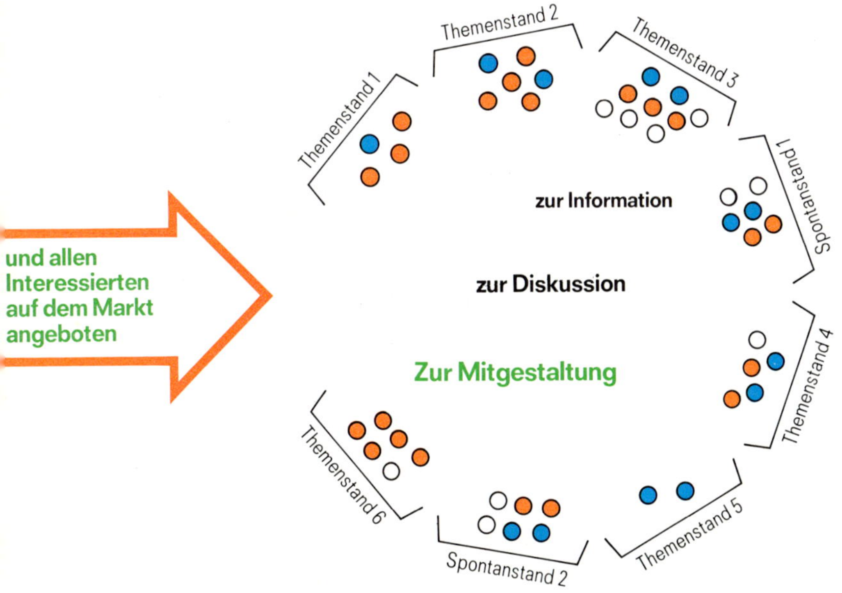

Neben der Präsentation der in visualisierter Form (Visualisierung) dargebotenen Information durch die Standmacher hat der Teilnehmer die Möglichkeit, durch eigene Beiträge die Themen weiterzuentwickeln bzw. an Spontanständen eigene Themen anzubieten.

Der Informationsmarkt ist also geprägt durch eine mehrfache Wiederholung der Standrunden und das Wechselspiel von Präsentation und Interaktion.

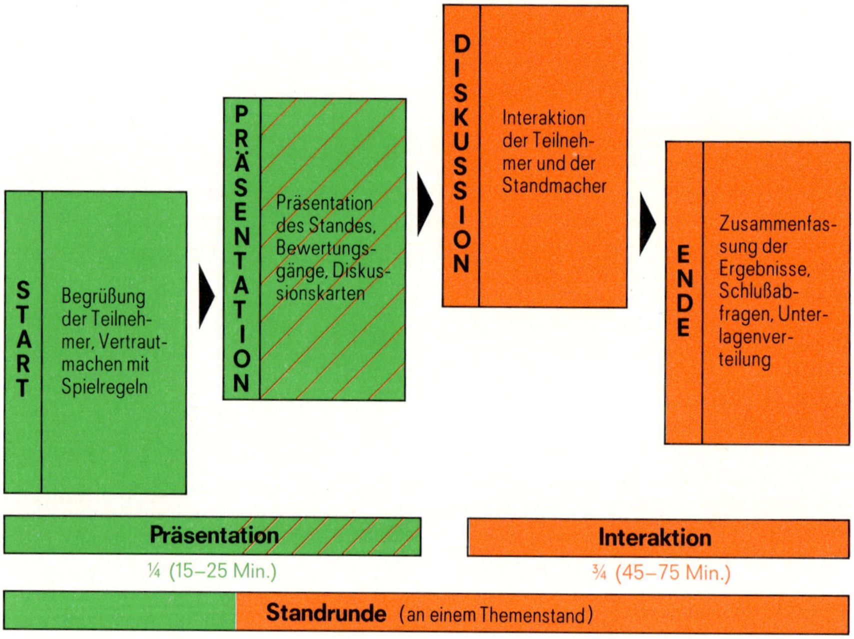

Dabei werden den Teilnehmern im Gegensatz zu bisherigen Veranstaltungen nur noch in $^1/_4$ der Zeit Informationen angeboten, jedoch stehen $^3/_4$ der Zeit zum Meinungsaustausch zur Verfügung. Diese schon erfolgreich praktizierte Methode der Kommunikation in Gruppen (z.B. Siemens-Forum '73) bringt sowohl dem Teilnehmer als auch dem Veranstalter ein Höchstmaß an Nutzen und ist zudem in der Teilnehmerzahl flexibel.

Zusammenfassend sei festgestellt, daß die Aufgaben eines Organisationsplaners nicht erst beginnen, wenn das Auftreten bestimmter Störungen die Entscheidungsträger zur Organisationsplanung zwingt (Reaktion). Der Organisationsplaner sollte im Gegenteil helfen, durch vorausschauende Planung solche Situationen zu vermeiden, d.h. künftige Veränderungen frühzeitig zu erkennen (Aktion). Dabei muß er Methoden anwenden, die sicherstellen, daß alle Beteiligten und Betroffenen miteinander ins Gespräch kommen und sich gemeinsam bei der Lösung der anstehenden Probleme engagieren.

Voruntersuchung

VORFELD	Die Entscheidung für die Planung und die Planung der Planung	PLANUNGS-PROZESS	Die Verwirklichung der Planungs-ergebnisse
• Planung **in** und Planung **an** Organisationen • Der Weg zur Planung	VOR-UNTERSUCHUNG	Das Planungs-prinzip und die Phasen der Planung	REALISIERUNG

Störungen liegen offen, Unbehagen ist formuliert und die Probleme sind erkennbar und bereits eingekreist. Auch besteht beim Management – oder zumindest einem Teil davon – das Bewußtsein, daß „gehandelt werden muß“. Damit beginnen jedoch die Schwierigkeiten des Handelns, genauer gesagt: des **richtigen** Handelns.

Die Betroffenheit bei Verantwortungs- und Funktionsträgern entsteht ja gerade dann, wenn Routineverhalten und bewährte Lösungen offensichtlich nicht mehr weiterhelfen (Defensive) oder dem Bemühen nach neuen Zielen nicht genügen (Offensive).

Wie soll richtig gehandelt werden? Um diese Frage zu beantworten, lohnt sich fast immer eine Voruntersuchung. Selbst bei Problemen, für die die wirtschaftlichsten Lösungen schon bekannt zu sein scheinen, kann es gefährlich sein, diese einfach zu übernehmen; denn die Problemsicht ist abhängig vom Standpunkt desjenigen bzw. derer, die es erkannt zu haben glauben. Häufig erfaßt die Problembeschreibung dabei nur Symptome und nicht die Ursachen.

Ein Problem taucht für den einzelnen immer nur dann auf, wenn zwischen dem (scheinbaren) Ist-Zustand und einem gewünschten Soll-Zustand eine Abweichung subjektiv erkennbar ist.

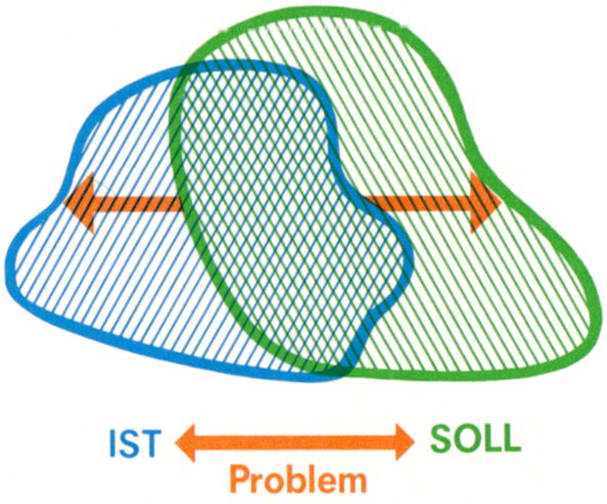

Nun ist leicht ableitbar, warum Problembeschreibungen – je nach Problemsicht der Beteiligten – divergieren; nämlich aufgrund von:

- ▷ unterschiedlichen Kenntnissen über den Ist-Zustand,
- ▷ verschiedenen Vorstellungen über den gewünschten Soll-Zustand,
- ▷ verschiedenen Ansichten über den notwendigen Einsatz von Methoden und Techniken beim Problemlösungsprozeß,
- ▷ verschiedenen Vorstellungen darüber, welche Personen betroffen und kompetent sind,
- ▷ unterschiedlichen Auffassungen über den einzuschlagenden Lösungsweg.

Wenn hier Klarheit geschaffen werden soll – und bevor man plant, muß diese Klärung vorliegen –, so müssen zunächst die unterschiedlichen Auffassungen über das Problem transparent gemacht werden. Es erleichtert eine solche Voruntersuchung, wenn sie von Externen durchgeführt wird (z. B. Organisationsfachleute – entweder aus zentralen Stabsabteilungen oder externe Organisationsberater), weil diese sowohl gegenüber der Problemsituation als auch gegenüber dem System unbefangen sind und somit nicht der Gefahr der Betriebsblindheit unterliegen. Außerdem kann dabei methodisches Fachwissen vorausgesetzt werden, das es ermöglicht, innerhalb von 2 bis 4 Wochen folgende Komplexe zu erfassen und zu klären:

Problemanalyse: Muß ein Planungsprozeß eingeleitet werden?

- ► Bestimmungsfaktoren der Planungssituation und des Planungsprozesses

Analyse des Systems: Kann ein Planungsprozeß eingeleitet werden?

- ► Klärung, ob das System eine Planung „ertragen" kann
- ► Erkennen der Änderungsbereitschaft des verantwortlichen Managements

Planung der Planung: Wie läßt sich eine Organisation planen?

- Wahl der Organisationsform für den Planungsprozeß
- Schaffung der organisatorisch-technischen Voraussetzungen
- Schaffung der informationellen Voraussetzungen

Problemanalyse: Muß ein Planungsprozeß eingeleitet werden?

Um sich einen Überblick über die möglichen Handlungsalternativen zu verschaffen und sich für diejenige zu entscheiden, welche dem Problem adäquat ist, bedarf es einer Analyse der Problemsituation. Erst hieraus kann sich die Klärung der Faktoren ergeben, von denen die Planungssituation und der Planungsprozeß bestimmt werden.

Die **Bestimmungsfaktoren der Planungssituation** und des Planungsprozesses sind:

- Problemstruktur
- Informationsbedarf
- Zeitbedarf

- Problemstruktur

Unter dem Grad der Bestimmtheit einer Problemsituation bzw. Planungssituation sei verstanden, in welchem Ausmaß der Inhalt der Problemlösung bzw. des Planungsergebnisses bereits bekannt ist. Die möglichen Problemsituationen lassen sich entlang einer gedachten Skala anordnen, bei der die häufig wiederkehrenden, gleichen oder ähnlichen Situationen am Anfang stehen. Hierfür sind meist standardisierte Lösungen bereits gefunden oder können ohne besondere Schwierigkeiten gefunden werden. Am Ende der Skala stehen Probleme, deren genaue Ursachen bereits schwer zu definieren sind und für deren Lösung keine brauchbaren und bewährten Konzepte zur Verfügung stehen.

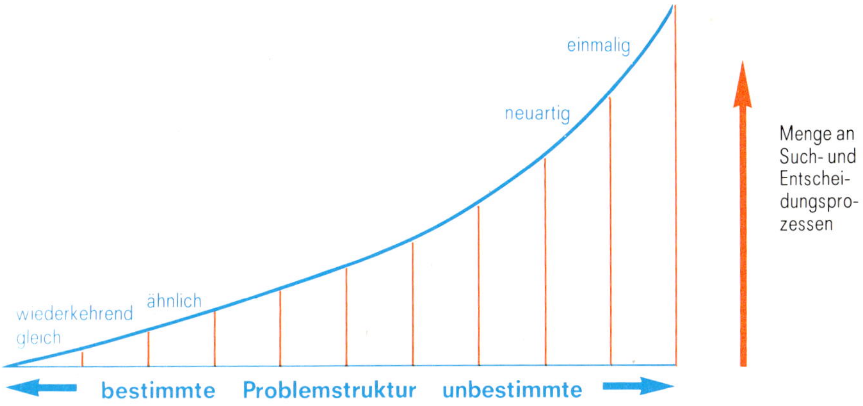

Je unbestimmter das Problem ist, desto eher muß von programmierten Lösungsmodellen auf individuelle, speziell erarbeitete Lösungen übergegangen werden. Hierfür sind die meisten Organisationsprobleme Musterbeispiele. Sie sind gekennzeichnet durch

- ▷ eine unbestimmte Anzahl von Lösungen,
- ▷ ungenügende Beschreibung von Lösungsalternativen,
- ▷ nicht eindeutig zu bestimmende Konsequenzen,
- ▷ nicht quantifizierbare Ziele und
- ▷ mangelnde Bewertungskriterien (oft läßt sich nicht einmal nachträglich sagen, ob z. B. der Gewinn durch eine andere organisatorische Struktur des Unternehmens anders ausgefallen wäre).

Auf derartige Kennzeichen achten die Organisationsplaner bei einer Voruntersuchung, indem sie an den Schlüsselstellen der Kompetenz- und Funktionsausübung eine umfassende Bestandsaufnahme über Problemformulierungen, Zielvorstellungen und Lösungskonzepte anstellen. Nach kritischem Vergleich der Problemdarstellungen und der angebotenen Lösungskonzepte wird sich erst sagen lassen, welcher Aufwand an Such- und Entscheidungsprozessen tatsächlich notwendig ist, um die Ursachen und nicht nur die Symptome des Problems zu beseitigen.

► Informationsbedarf

Mit zunehmender Komplexität steigt meistens auch der Informationsbedarf. Unter Komplexität einer Problemsituation bzw. Planungsaufgabe sei verstanden, in welchem Umfang ihre Lösung unterschiedliche Funktionsbereiche und Führungspositionen innerhalb der Unternehmensstruktur berührt.

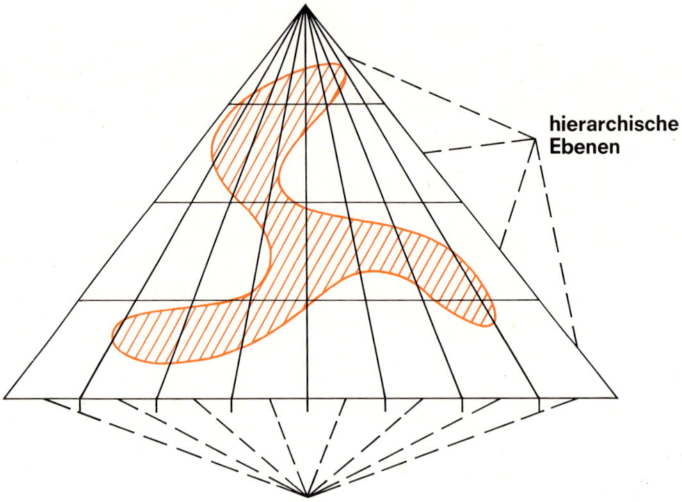

Eine komplexe Problemsituation ist dadurch gekennzeichnet, daß gleichzeitig verschiedene Bereiche auf verschiedenen hierarchischen Ebenen in gegenseitiger Abhängigkeit betroffen sind. Die Komplexität läßt sich daher auch definieren als Maß der Schwierigkeiten, die bei der Analyse einer Problemsituation zu meistern sind.

Für die Voruntersuchung, die das Problemfeld und damit möglicherweise ein zukünftiges Planungsfeld abstecken und beschreiben muß, heißt das:

- ▷ Zuerst problem-unabhängig den Überblick über die Funktionszusammenhänge des untersuchten Systems gewinnen!
- ▷ Durch das Wissen um die Funktionszusammenhänge Hypothesen über die mögliche Ausdehnung des Problemfeldes bilden!
- ▷ Diese Hypothesen durch punktuelle Befragungen überprüfen!
- ▷ Eventuell neu auftauchenden Problemkreisen nachgehen!
- ▷ Zum Problem geäußerte Meinungen registrieren und nachprüfen!

Die Schwierigkeit für die Untersuchenden liegt sicher darin, daß sich kein Befragter gern mit einem Problem identifiziert. Deshalb ist es bei *Interviews* sinnvoll, den Befragten zunächst als Erfahrungsträger anzusprechen und darauf aufbauend auf seine Funktion und Rolle hinzulenken.

Keine Suche nach Schuldigen!

Von der annähernd richtigen Abgrenzung des Problemfeldes hängt es entscheidend ab, ob die sachlichen, organisatorischen und personellen Bedingungen einer späteren Planung zum Erfolg verhelfen oder nicht.

► Zeitbedarf

Die Abschätzung des Zeitbedarfs für den Problemlösungsprozeß stellt ein wesentliches Kriterium für die Entscheidung dar, wie gehandelt werden soll.

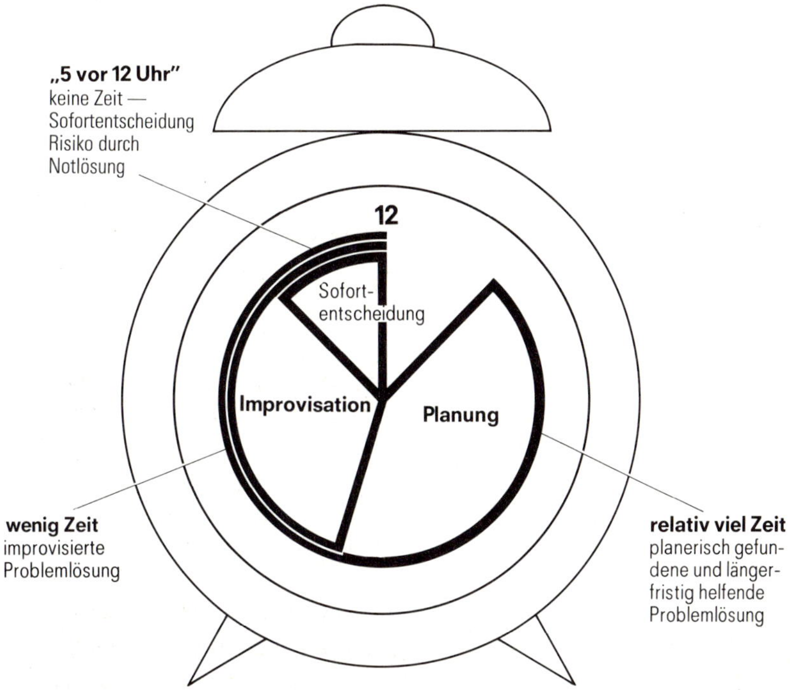

Je umfassender die erwarteten organisatorischen Änderungen sind und je weiter der Planungshorizont gesteckt ist, desto mehr wird die Planung zu einem wesentlichen Faktor für den Erfolg. Man muß sich durch eine frühzeitige Problemerkennung auf größere Zeiträume einstellen, wenn eine sorgfältige und systematische Planung die häufig übliche Improvisation ersetzen soll.

Ein zu kurz angesetzter Planungsprozeß geht zu Lasten

- ▷ einer ausreichenden Situationsanalyse und Problemdefinition,
- ▷ einer methodischen Suche nach möglichen Handlungsalternativen sowie
- ▷ einer überlegten Bewertung und Auswahl der effizientesten Alternative.

Meistens werden in relativ kurzer Zeit nur Handlungsalternativen mit vergleichsweise geringerer Effizienz in Betracht gezogen. Diese lösen zwar für den Augenblick die jeweiligen Probleme, sind aber nur eine Art Notbehelf und werfen damit ständig neue Probleme auf.

Ergebnis der Problemanalyse

Aufgabe der Voruntersuchung ist es, die Bestimmungsfaktoren der bestehenden Situation ausreichend zu beschreiben, um

- ▷ zu entscheiden, ob ein Planungsprozeß eingeleitet werden muß,
- ▷ Hinweise auf die Hauptbeteiligten am Problem zu bekommen,
- ▷ aufgrund der Kenntnis des Planungsfeldes die vorläufigen Planungsschwerpunkte und Zielvorstellungen zu formulieren,
- ▷ den Planungshorizont abzustecken und damit Anhaltspunkte über Planungszeit und -aufwand sowie Beginn der Realisierung zu gewinnen.

Die folgende Darstellung läßt erkennen, daß diese Informationen durch die Problemanalyse der Voruntersuchung nur annähernd und vorläufig geliefert werden können.

Wann liegt eine Planungssituation vor?

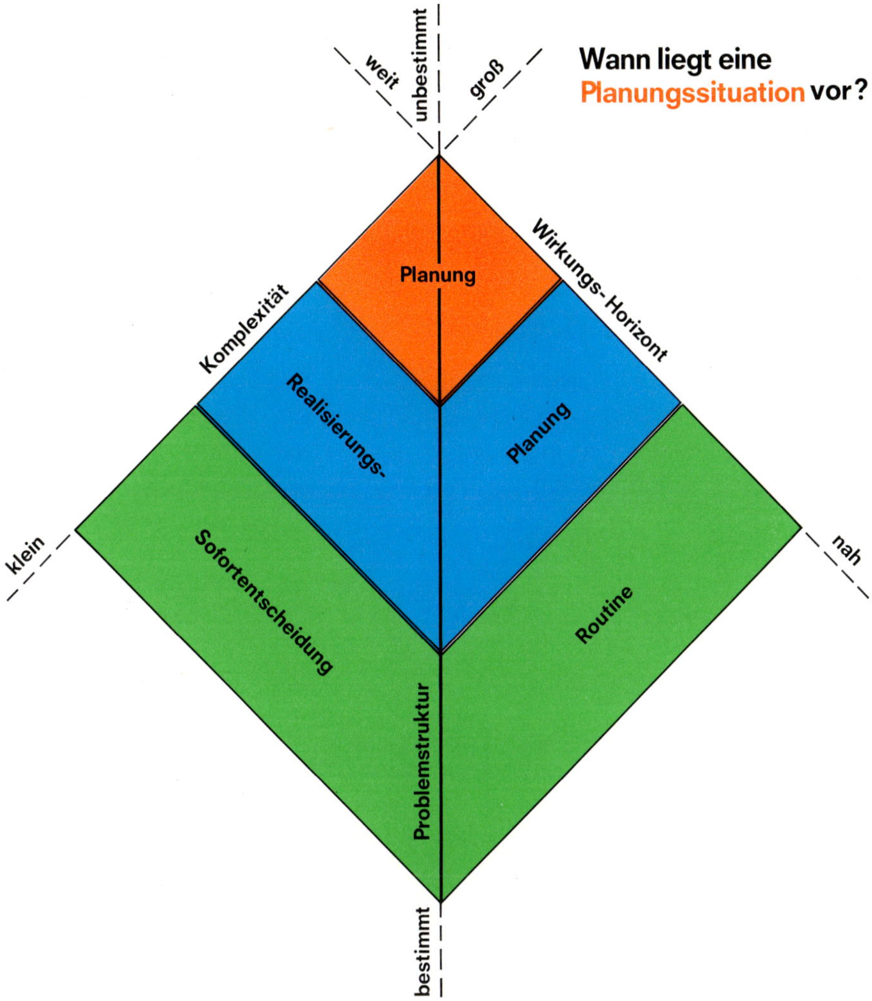

Eine **Problem**situation muß also als **Planungs**situation betrachtet werden, wenn gleichzeitig

▷ die Problemstruktur ungenügend bekannt ist und das Finden von Lösungen eine große Menge an Such- und Entscheidungsprozessen nötig macht,

▷ das Problemfeld mehrere verschiedene Bereiche und Ebenen umfaßt und sich durch einen hohen Informationsbedarf auszeichnet,

▷ für die Problemlösung ein relativ hoher Zeitaufwand notwendig sowie ein weiter Wirkungshorizont zu erwarten ist.

Eine Voruntersuchung kann und darf nicht als vorgezogene Planung benutzt werden und damit den eigentlichen Planungsprozeß determinieren.

Analyse des Systems: Kann ein Planungsprozeß eingeleitet werden?

Es genügt nicht festzustellen, die bestehende Situation erfordere eine Planung und sei sozusagen „planungsreif“. Möglicherweise gibt es dennoch Gründe, von der sofortigen Einleitung eines Planungsprozesses Abstand zu nehmen.

Klärung, ob das System eine Planung „ertragen“ kann

Es ist durchaus kein Planerwitz, daß man ein System „totplanen“ kann. Wenn eine Organisation nicht die Möglichkeit hat, sich zu konsolidieren, sondern von einer Planung in die andere gejagt wird, bricht sie in ihrer Funktionsfähigkeit zusammen.

Beispiel:

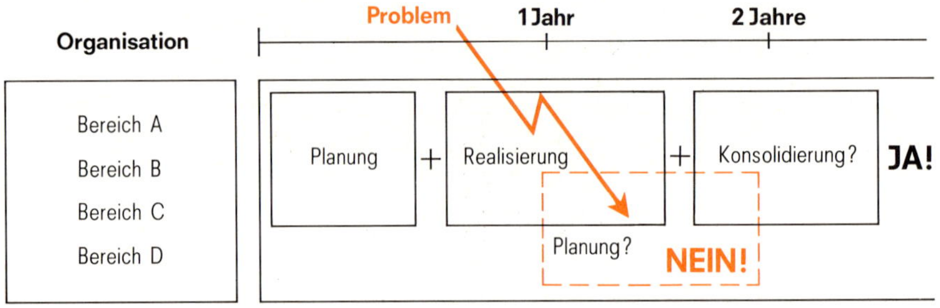

Daß Realisierungsphasen ein System besonders schwer belasten, liegt auf der Hand, denn sie greifen unmittelbar verändernd ein, während die Ausübung der Funktionen aufrechterhalten werden muß. Weniger ersichtlich ist, daß bereits Planungsprozesse starke Einwirkungen auf die Abläufe haben, indem sie das System zur Auseinandersetzung zwingen und ihm dafür auch Zeit abverlangen. (Nicht selten resultieren daraus sogar positive punktuelle Sofortmaßnahmen.)

Jede Organisation braucht neben beplanten auch noch ungestörte Bereiche.

Planung, Realisierung und Konsolidierung sind als Phasen des organisatorischen (Um-)Gestaltungsprozesses unverzichtbar.

Bei Verstoß gegen diese Maximen treten neben augenscheinlichen Funktionsstörungen auch noch psychologische Schwierigkeiten auf.

Sich überlappende Planungsprozesse (bei denen sich die Planer in den Bereichen gegenseitig die Türklinken in die Hand geben) verhindern zwangsläufig konsequente Realisierungen bzw. werfen bereits Realisiertes kurzfristig wieder um. Damit verlieren nicht nur die Planer das notwendige Engagement, auch die Systemmitglieder verlieren den Glauben an die Wirksamkeit einer Planung. Es bedarf keiner weiteren Erklärung, daß unter solchen Umständen in absehbarer Zukunft keine Kooperation zwischen Planern und Beplanten mehr zustande kommen wird.

Falls sich also die Voruntersuchung um die Frage der Planungsverträglichkeit des betreffenden Systems herumdrückt, kann das einmal mehr zu einer „Schubladenplanung" führen, die nur mit einem schönen Bericht endet.

Erkennen der Änderungsbereitschaft des verantwortlichen Managements

Die Bedeutung der Änderungsbereitschaft im beplanten System wird bei der *Planung der Planung* häufig unterschätzt. Widerstände gegen Änderungen dürfen in dieser Phase nicht unberücksichtigt bleiben; sie behindern den Planungsprozeß und gefährden die Realisierung.

Gründe für diese Widerstände (s.a. S. 17) können sein:

▷ Änderungen führen zur Verunsicherung bei den betroffenen Managern.

▷ Keiner läßt sich gerne sagen, daß das, was er bisher gemacht hat, nicht richtig war.

▷ Realisierung kostet Geld.

Mangelnde Änderungsbereitschaft kann dazu führen, daß

▷ aufgrund der Problemstellung zum Planungsfeld gehörende Teile völlig ausgeklammert und tabuisiert werden,

▷ besonders bei zukunftsgerichteten offensiven Planungen durch die ständige Forderung nach neuen Analysen und Lösungsvorschlägen die Entscheidungen immer wieder hinausgezögert werden,

▷ kostspielige Planungen begonnen werden, ohne daß die Bereitschaft des Managements geklärt ist, für die Realisierung Geld bereitzustellen.

Auf jeden Fall gilt, daß sich der Aufwand für eine Planung nur bei einem hohen Wahrscheinlichkeitsgrad für die Realisierung rechtfertigt.

Der Organisationsplaner muß bei der Voruntersuchung in der Lage sein, derartige Widerstände zu erkennen, um methodisch richtig agieren zu können.

Um zu gemeinsamer Problemsicht und zum gemeinsam getragenen Entschluß des betroffenen Managements zu einer Planung zu kommen, bietet sich methodisch ein *Entscheidertraining* und/oder ein *Informationsmarkt* an. Dabei kann dem Management durch verbesserte Problem-Transparenz die Situation des Zugzwangs bewußt gemacht werden.

Planung der Planung: Wie läßt sich eine Organisation planen?

Erst auf der Basis von Problemanalyse und Analyse des Systems, also nachdem feststeht, daß eine Planung eingeleitet werden muß und kann, setzt die Planung der Planung ein.

Wie läßt sich Organisation planen? – Diese Frage muß in zweifacher Hinsicht beantwortet werden, nämlich

auf die Organisation selbst bezogen ...

Der Beplante

ist ~~Zielobjekt~~ Ideenquelle innovativer Planung. Er ist den Planungsmaßnahmen nicht wehrlos ausgesetzt und hat sich an den neuen Gegebenheiten ~~wortlos~~ aktiv ~~unterzuordnen~~ mitzubeteiligen. Er ~~soll~~ kann vielmehr ~~dankbar sein~~ erwarten, daß sich aufgrund des erzielten Rationalisierungserfolgs seine ~~Anwesenheit~~ Aufgaben ~~nicht erübrigt~~ verantwortlicher gestalten. Jede Kritik des Planungsergebnisses ist ~~un~~erwünscht, da sie ~~nur~~ die geistige ~~Beschränktheit~~ Anteilnahme des Beplanten zum Ausdruck bringt.

... sicherlich nicht nach obigem Motto, das inzwischen kräftige Korrekturen erfahren mußte

Planung kann keine Organisation verändern, aber die Organisation kann sich selbst mit Hilfe der Planung verändern!

Also: keine Planung am grünen Tisch!

...und auf die Planung bezogen...

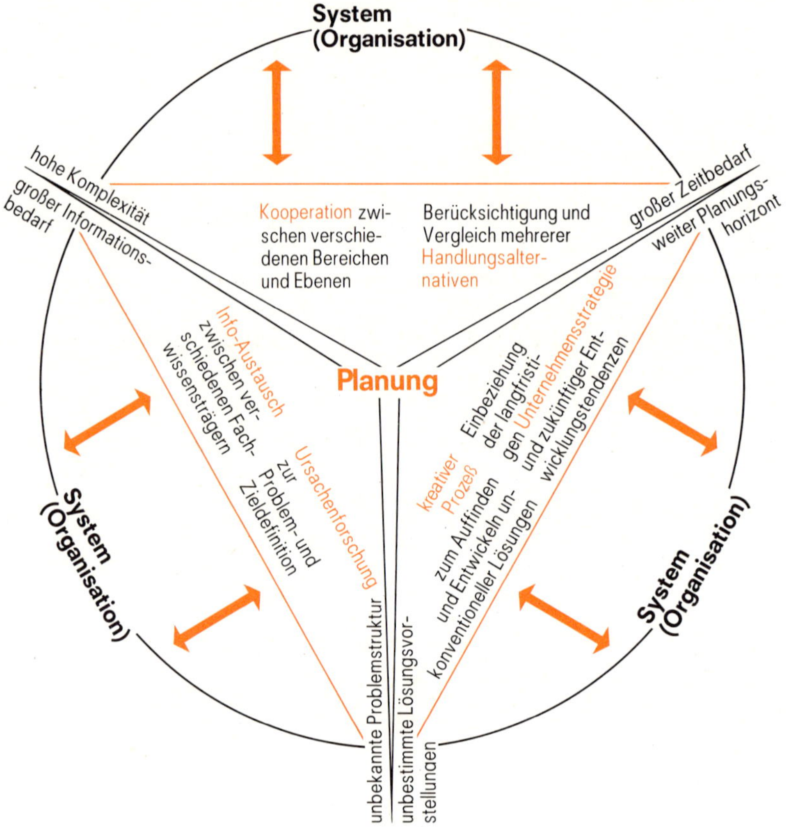

...durch
- ▷ Kooperation
- ▷ Informationsaustausch
- ▷ Ursachenforschung
- ▷ kreativen Prozeß
- ▷ Unternehmensstrategie
- ▷ Handlungsalternativen

innerhalb der Planung
und
mit dem beplanten System

Planung der Planung umfaßt

- ▷ die Wahl der Organisationsform für den Planungsprozeß sowie
- ▷ die Schaffung der organisatorisch-technischen Voraussetzungen

und findet ihren Abschluß in

- ▷ dem Planungsauftrag und
- ▷ der Information des beplanten Systems.

Wahl der Organisationsform für den Planungsprozeß

Daß die Art der Aufgabenabwicklung von den Bestimmungsfaktoren der jeweiligen Situation abhängt, ist einleuchtend. Trotzdem wird bei der Organisationsplanung häufig eine falsche Abwicklungsform gewählt – entweder in Verkennung der bestehenden Aufgabenstruktur oder wegen Unkenntnis des Leistungsprofils der Durchführungsformen Experten-Einsatz, Projekt-Management und Teamwork-Management. Unterschiedlich ist hierbei die Form der Zusammenarbeit zwischen den beteiligten Personen und die Art der Überwachung und Verantwortung für die Planung.

► Der Einsatz von Experten

setzt klar abgrenzbare Teilaufgaben voraus, die an einzelne vergeben werden können mit der Absicht, eindeutig formulierte Leistungsziele (Ergebnisse) innerhalb kürzester oder zumindest möglichst kurzer Zeit optimal zu verwirklichen.

Es handelt sich dabei meist um Aufgaben, wie sie in größerem Zusammenhang in *Netzplänen* erscheinen, also um termingebundene Aufträge, die Spezialwissen voraussetzen. Während der Nicht-Fachmann darin erhebliche Schwierigkeiten erblicken wird, denen er mit seiner Improvisationsfähigkeit kaum gewachsen ist, stellen sie für den Fachmann lediglich Anforderungen an dessen Routine.

Je mehr Abhängigkeiten jedoch zwischen Teilproblemen bestehen und je weniger genau die entsprechenden Schnittstellen definiert werden können, desto stärker muß vom Einsatz einzelner Experten abgesehen werden, weil sich die Abstimmung von Teilergebnissen äußerst schwierig gestaltet. Dabei kommt es – weitab vom gewünschten Gesamteffekt – eher zu bewußten oder unbewußten Prestigekämpfen, in denen jeder sein optimales Ergebnis zu verteidigen sucht. Abgesehen von suboptimalen Gesamtergebnissen leidet die Wirtschaftlichkeit eines solchen Verfahrens darunter, daß sich Abstimmungen meist nur an zeitlich unterschiedlich vorliegenden Teilergebnissen vornehmen lassen und als Korrekturmaßnahmen Teilwiederholungen zur Folge haben.

Bei Planungsaufgaben kommt häufig noch hinzu, daß die betroffene Hierarchie nicht vollständig und nicht rechtzeitig einbezogen wird. Das würde bei Organisationsplanungen, die meist eine Umstrukturierung der Hierarchie nach sich ziehen, zur Ablehnung der erarbeiteten Lösungen führen.

► Das Projekt-Management

berücksichtigt die entscheidende Rolle der Koordination bei der Durchführung umfangreicher Projekte durch die Person eines Projektleiters.

Der Projektleiter erhält vom Management den Auftrag und die Verantwortung für die Problemlösung und bildet nach fachlichen Gesichtspunkten eine Gruppe von Experten, die ihm fachlich und – soweit es sich um systeminterne Mitglieder handelt – meist auch disziplinarisch für die Dauer der Projektausführung unterstellt sind. Die Arbeit erfolgt unter räumlicher und zeitlicher Zusammenfassung der Projektgruppe, um eine laufende inhaltliche Abstimmung und den Informationsaustausch zu gewährleisten.

Der Projektleiter hat im Rahmen des Projektauftrages Entscheidungsbefugnis und wird vom Auftraggeber kontrolliert. Dies setzt voraus, daß der Projektauftrag genügend deutliche Aussagen über Umfang und Schwerpunkte des Aufgabenfeldes, über das Aufgabenziel und über den Zeitraum der Aufgabendurchführung enthält.

Die Form des Projekt-Managements hat sich deswegen bereits vielfach bei *Realisierungen* bewährt. Dabei sollen bestehende Konzepte durch Planung und Abstimmung der Detailaspekte im Rahmen bestimmter Zeitvorstellungen realisierungsreif gemacht und eingeführt werden (Musterbeispiel: Einführung von Dv-Verfahren). Die typische Anfangstätigkeit einer solchen Projektarbeit ist die Erstellung eines *Netzplanes* zur Präzisierung der Aufgabenelemente, der funktionalen Abhängigkeit und der Terminplanung. Der Netzplan stellt in der Regel die zweckmäßigste und zuverlassigste Basis für den Projektleiter dar, um die Durchführung der Projektarbeiten zu koordinieren und zu kontrollieren.

Zwei Gründe vor allem haben das Projekt-Management zu einem weitverbreiteten Instrument für planerische Aufgaben gemacht:

▷ Umfangreiche Aufgabenpakete lassen sich effizient bewältigen.

▷ Die Kompetenz- und Verantwortungsstrukturen stimmen mit den Prinzipien der Unternehmenshierarchie überein.

Es gibt planerische Aufgaben, welche die relativ determinierten Voraussetzungen für den Einsatz des Projekt-Managements nicht aufweisen. Komplexe Organisationsplanungen, die mehrere Funktionsbereiche und Hierarchieebenen betreffen, verlangen bei der Problem- und Zielformulierung eine erhebliche Anzahl an Such- und Entscheidungsprozessen, und zu Beginn der Arbeit liegt der genaue Umriß des Planungsfeldes noch nicht fest. In dieser Phase einen von allen Mitwirkenden akzeptierten Projektleiter zu finden, dürfte schwierig sein (Aus welchem Funktionsbereich kommt er? Unterliegt er nicht der Gefahr der Betriebsblindheit und den Zwängen des eigenen Bereichs? usw.).

Aus diesen Gründen können sich latente Widerstände gegen die Planung aufbauen und eine effektive Planung behindern.

Teamwork-Management

Organisationsplanung ist ein kooperativer Problemlösungsprozeß, bei dem alle betroffenen Wissens-, Kompetenz- und Verantwortungsträger des beplanten Systems gemeinsam mit Planungsexperten organisationsgestaltend wirksam werden.

Linienorganisation	Planungsinstanzen	Externe

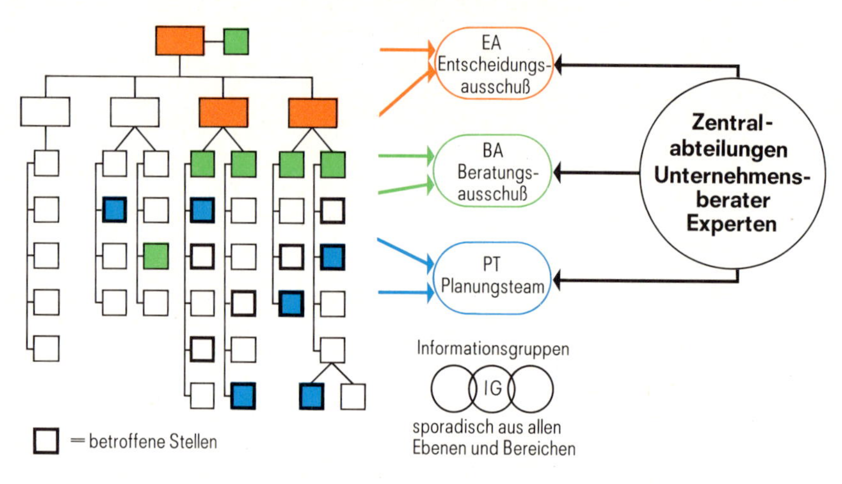

Funktionsträger (Aufbauorganisation)	Planungsträger	Planungsspezialisten
▷ im Rahmen der bestehenden Ablauforganisation kooperationsfähig ▷ im Interesse ihrer besonderen Verantwortungsbereiche kooperationswillig	▷ stehen außerhalb der hierarchischen Organisationsstruktur ▷ Planungsteam arbeitet hierarchiefrei und kooperiert mit Institutionen der Beratung (BA), Entscheidung (EA) und Information (IG)	▷ stellen Kooperation durch Methoden und Techniken her ▷ fördern Innovation durch Problemerfahrung (Analogien)

Die Planungsinstanzen

sind die aktiven Träger der Planung und spiegeln insgesamt das im Planungsfeld vorhandene Wissen und Wollen wider. Aufgabe der Voruntersuchung ist es, diesen Personenkreis bereits während der Problem- und Systemanalyse zu erkennen, um ihn – ergänzt durch das Top-Management als Entscheidungsträger – für die Dauer der Planung zu institutionalisieren. Obwohl sich die Zusammensetzung der Instanzen während des Planungsprozesses mit der Modifikation von Planungsfeld oder Problemschwerpunkten verändern kann, soll die Funktionszuordnung schon von Anfang an das Verantwortungsbewußtsein und Engagement der Beteiligten aktivieren.

Die Planungsinstanzen werden allein zum Zweck der Planung gebildet und lösen sich daher mit dem Ende der Planung wieder auf.

Die Vorteile von aufgabenorientiert zusammengesetzten Instanzen gegenüber dauerhaft installierten Stäben sind vor allem:

▷ Hohe Flexibilität und Anpassung an die jeweilige Aufgabensituation

▷ Mobilisierung neuer Ideen

▷ Von den üblichen Kompetenzstrukturen ungehinderte Kooperation und Entfaltung von Meinungen und Ideen

▷ Ausnutzen und erweitern des praktischen Erfahrungsschatzes durch wechselnde Aufgabenstellung und direkten zwischenbetrieblichen Erfahrungsaustausch

▷ Vermeiden einer Planungs-Bürokratisierung

▷ Aktivierung und Einbeziehung des gesamten betroffenen Systems

Das Einfrieren von Planungsinstanzen über Jahre hinweg führt zu einem abgewandelten Projekt-Management und damit zu einer zweiten formalisierten Organisationsstruktur.

► Das Planungsteam (PT)
(Team)

erhält den Planungsauftrag und die Verantwortung für die Durchführung des Problemlösungsprozesses. Damit stellt es das permanente Funktionszentrum der Planung dar. Es handelt intern kooperativ und für das System als kooperationsvermittelnde Zentrale.

Das Team erarbeitet

Im PT ist das für die Lösung des komplexen Problems notwendige Fach- und Methodenwissen vertreten.

eigenverantwortlich und hierarchiefrei

Das PT besitzt keinen von außen legitimierten Leiter und bestimmt das Planungsvorgehen selbst. **Alle Teammitglieder sind gleichberechtigt!** Die Aufhebung der üblichen Kompetenzgrenzen ermöglicht erst unbehinderte und offene Kooperation. Das Team kann aber koordinative Funktionen an einzelne oder mehrere Teammitglieder zeitlich begrenzt übertragen. Grundsätzlich sollten Funktionen nicht an eine Person gebunden, sondern austauschbar sein. Diese Form der Zusammenarbeit ist geeignet, eine verstärkte Aufgabenidentifikation und damit größere Effizienz zu erreichen.

im full-time-job

Planen ist keine Freizeitbeschäftigung!
Das Planungsteam als Dreh- und Angelpunkt des Planungsprozesses muß während der vereinbarten Planungszeit in räumlicher Einheit zusammenarbeiten können, um zielgerichtete Kontinuität zu gewährleisten. Unerläßlich ist deshalb für die Planungszeit die Freistellung aller Planer von ihren täglichen Aufgaben ihrer Dienststelle. Bewährt hat sich eine 4:1-Regelung, also ein für alle planungsfreier Tag je Woche (z.B. jeder Freitag), um den Systemmitgliedern die Fortführung der dringlichsten Abwicklungsgeschäfte innerhalb ihrer Dienststellen zu ermöglichen, ohne daß der Planungsprozeß während der übrigen Zeit in irgendeiner Form gestört wird. Den „Berufsplanern" hingegen dient der planungsfreie Tag zum Erfahrungsaustausch und dazu, methodisch und fachlich „up to date" zu bleiben.

durch Informationsverarbeitung und Ideenentwicklung

Im Team sollen Kenntnisse, Fähigkeiten und Initiativen aller Mitglieder voll zur Entfaltung kommen. Dabei ist auf Urheberrechte zu verzichten und der Mut zu unkonventionellen Lösungen zu fördern. Informationsvorenthaltung (private „Schreibtischunterlagen") und Ansätze zur Ideen- und Meinungszensur im Team verhindern Ursachenforschung, Entwicklung von Handlungsalternativen und tragfähige Entscheidungen.

optimale Problemlösungen.

Mit fortschreitender Ursachenforschung und Maximenentwicklung können sich Änderungen von Planungsfeld, Planungszielen und Planungszeit ergeben.
Ob die problemadäquaten Lösungskonzepte auch den soziotechnischen Möglichkeiten des beplanten Systems entsprechen, hängt nicht nur von der permanenten Einbeziehung der systemimmanenten Intentionen und Fähigkeiten in den Planungsprozeß ab, sondern in entscheidendem Maß auch von der Meinungsbildung und Schulungsfunktion der Planung für das System.

Die Rolle externer Planungsteammitglieder ist besonders darin zu sehen, allzu bequeme Anpassung der Planungsinhalte an bestehende System-Konventionen zu verhindern und statt dessen Lernprozesse des Systems zu aktivieren.

Zusammensetzung

Die falsche Auswahl der Teammitglieder stellt den Erfolg von Anfang an in Frage.

Ob ein Team, das **nur** aus Mitgliedern des beplanten Systems besteht, eine komplexe Planung durchführen kann, ist abhängig von

- ▷ dem Potential an spezifischem Fachwissen,
- ▷ dem Vorhandensein planungsmethodischen und problemlösungstechnischen Wissens,
- ▷ den Erfahrungen bei der Durchführung von Teamarbeit.

Für den zusätzlichen Einsatz externer Berater sprechen in der Regel folgende Punkte:

- ▷ größere Erfahrung aufgrund früherer Tätigkeiten in ähnlichen Problemsituationen,
- ▷ größere Unbefangenheit und Objektivität gegenüber Organisationsmitgliedern (kein Systemzwang),
- ▷ größere Unabhängigkeit und damit stärkere Kritikfähigkeit und -bereitschaft (keine Betriebsblindheit).

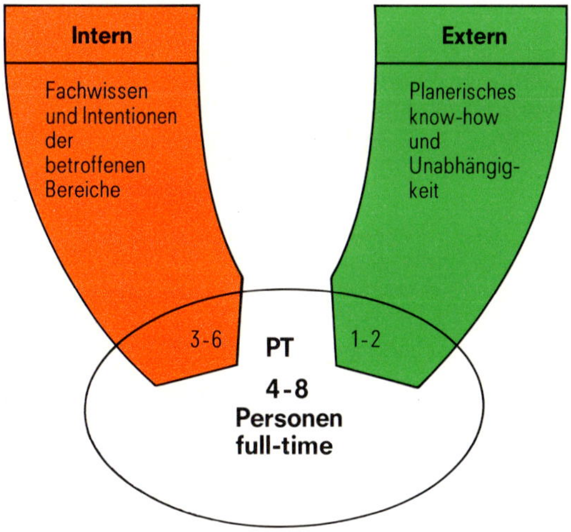

Die **Größe des Teams** sollte 8 Mitglieder nicht überschreiten, weil sonst die Menge an Informations- und Abstimmungsprozessen die Effizienz gefährdet.

Systemexterne Planungsteammitglieder
können Mitarbeiter anderer Unternehmensteile und von Zentralabteilungen sowie externe Unternehmensberater sein. Bei der Auswahl externer Unternehmensberater ist jeweils zu beachten, ob nicht die gewünschte Unabhängigkeit aus Akquisitionsgründen eingeschränkt und im Falle bereits häufig engagierter „Hausberater" die ursprüngliche Objektivität verlorengegangen ist.

Systeminterne Planungsteammitglieder
Die Auswahl der Systemmitglieder soll sich nicht allein auf Fachkenntnisse stützen, sondern daneben auch Fähigkeiten und Eigenschaften berücksichtigen, die für die Durchführung des Planungsprozesses notwendig sind:

- ▷ Bereitschaft zu kooperativer Arbeit
- ▷ Geistige Beweglichkeit (Flexibilität)
- ▷ Kreativität (selbständig und gemeinsam Ideen produzieren)
- ▷ Standvermögen (Konformitätsdruck nicht zu leicht erliegen)
- ▷ Kritikfähigkeit und Bereitschaft, Kritik zu ertragen
- ▷ Risikobereitschaft (Unsicherheiten und Unwissenheit ertragen können)
- ▷ Lern- und Lehrfähigkeit

Egozentrische Führernaturen sind für Teamarbeit auf jeden Fall ungeeignet!

Ein Patentrezept, um die Qualifikation von Mitarbeitern für die Teamarbeit festzustellen, gibt es nicht.

Man muß sich während der Voruntersuchung meist auf den Eindruck aus Einzelgesprächen und Gruppendiskussionen verlassen. Zusätzlich kann man vor Beginn der Planung erweiterte *Planungsseminare* (Kooperations und Methodentrainings) veranstalten, die das System über die Planungsinstanzen hinaus „planungsfähig" machen und Aufschluß über geeignete Mitarbeiter geben können.

Das zeitweise Freistellen gerade der fähigsten Mitarbeiter ist sicher problematisch, sollte jedoch im Interesse der Problemlösung durchgesetzt werden. Auch muß man sich der Gefahr bewußt sein, daß entbehrliche Mitarbeiter ins Team „weggelobt" werden, die die notwendige Qualifikation nicht mitbringen. Überhaupt muß sichergestellt sein, daß die Betroffenen durch die Entsendung in das Team nicht in ihrem Fortkommen gehemmt werden und aufs Nebengleis geraten. Tatsächlich erweitert sich normalerweise der Horizont der Teammitglieder während der Planung, so daß ein anschließender Einsatz bei schwierigeren Aufgaben innerhalb der Linie möglich wird.

Darüber hinaus muß stets die Möglichkeit offenstehen, neue Mitglieder einzubeziehen, falls das Team dies im Verlauf der Planung für nötig hält. Erstreckt sich eine Planung im Ausnahmefall über mehr als 9 Monate, sind solche Regenerationen sogar empfehlenswert, um Planungsmüdigkeit zu verhindern.

► Der Beratungsausschuß (BA)

soll die Einbeziehung der verantwortlichen Funktionsträger in den Planungsprozeß garantieren. Nur wenn die Intentionen dieses Personenkreises von Anfang an in die Planung eingehen und durch die Planung geformt werden, wird das Planungsergebnis unverfälscht realisiert werden können.

Funktion

Im Verlauf einer Planung kann ein Team mit verschiedenartigen Schwierigkeiten konfrontiert werden:

- ▷ Mißtrauen des beplanten Systems gegenüber dem Team,
- ▷ (Verhaltens-)Probleme innerhalb des Teams,
- ▷ thematische Schwierigkeiten (verlieren in Details und Nebenprobleme, inhaltliche Sackgassen).

Eine der Hauptfunktionen des Beratungsausschusses ist die Beseitigung derartiger Schwierigkeiten.

Der Beratungsausschuß hat die Aufgabe,

- ▷ das politisch-soziale Geschehen um die Planung zu steuern,
- ▷ dialektischer Gegenpol zum Team zu sein,
- ▷ sein Fachwissen und seine Absichten in die Planung einzubringen,
- ▷ Anregungen und neue Planungsansätze mit dem Team zu diskutieren,
- ▷ Planungsergebnisse auf ihre Realisierbarkeit zu prüfen und
- ▷ etwaige Veränderungen des Planungsfeldes mit dem Team abzustimmen.

Funktionen des EA

- ▷ Auswahl und Beauftragung des Planungsteams und des BA (evtl. im Anschluß an ein ET)
- ▷ Formulierung des Planungsauftrages und der Planungsdeterminanten
- ▷ Schaffung der Voraussetzungen (Raum, Zeit, finanzielle Mittel)
- ▷ Laufende Planungsrichtungsvorgabe bzw. -korrektur anhand der Unternehmensziele
- ▷ Entscheidungen, wenn zwischen PT und BA bezüglich wesentlicher Verfahrensfragen und Detailprobleme keine Einigung erzielt werden kann
- ▷ Sanktionierung der erarbeiteten Planungsgrundsätze (Maximen) und einzelner Lösungsbausteine
- ▷ Bestätigung einschneidender Veränderungen des Planungsfeldes und der Planungszeit
- ▷ Entscheidung über das Gesamtergebnis der Planung
- ▷ Freigabe der Ergebnisse zur *Realisierung*
- ▷ Bestimmung der Verantwortlichen und Freigabe der Mittel für die Realisierung

Zusammensetzung

Aus den genannten Funktionen und aus der Tatsache, daß bei komplexen Problemen meist bereichsüberschreitende Entscheidungen zu fällen sind, ergibt sich, daß im EA die hierarchischen Spitzen der Organisation vertreten sein müssen. Er sollte maximal 6 Personen umfassen und sich in jedem Fall auf das verantwortliche, entscheidungskompetente Management beschränken.

Änderungen des Planungsfeldes werden sich auf die Zusammensetzung des EA weniger unmittelbar auswirken als auf die des BA, weil von Anfang an gesichert sein muß, daß die Gesamtverantwortung der beplanten Organisation vertreten ist.

Arbeitsweise

Die Einbeziehung des EA durch das Planungsteam ist bestimmt durch die Funktionen des Entscheidungsausschusses.

Der EA soll zwar nicht mit den Tagesproblemen der Planung beschäftigt werden, andererseits dem Planungsprozeß in der Regel auch nicht länger als 8–10 Wochen fernbleiben, weil die Planung sonst im luftleeren Raum steht.

Maxime für EA-Sitzungen ist, die erarbeiteten Planungsgrundsätze und Handlungsalternativen unter besonderer Herausstellung der damit verbundenen Konsequenzen prägnant zu präsentieren (*Präsentation*), um in eine zielgerichtete Entscheidungsdiskussion gehen zu können. Erst jetzt sollten vom Team die jeweils benötigten Hintergrundinformationen und Detailaspekte eingebracht werden. Ob die Beteiligung des BA notwendig und zweckmäßig ist, muß sich im Einzelfall jeweils nach den sachlichen oder politischen Schwerpunkten der anstehenden Entscheidungsthemen richten.

► Die Informationsgruppen (IG)

sind im eigentlichen Sinn keine festen Instanzen. Sie werden bedarfsweise gebildet, um Kontakte zwischen dem Planungsteam und den Systemmitgliedern sowie zwischen den Systemmitgliedern selbst herzustellen und aufrechtzuerhalten. Dies ist notwendig, weil eine Organisationsplanung bei Mitgliedern der Organisation häufig auf Mißtrauen und Ablehnung stößt, das Team aber auf die Mitwirkung und Mithilfe des Systems angewiesen ist.

Funktion

- ▷ Bekanntmachung der Systemmitglieder mit Inhalt, Zielen und Ergebnissen der Planung (Verhinderung von Gerüchten und Spekulationen)
- ▷ Information des Teams über Vorstellungen, Ideen, Wünsche und spezielle Kenntnisse der von der Planung betroffenen Personen
- ▷ Motivation und Aktivierung der Betroffenen für Planungs- und Realisierungsmaßnahmen
- ▷ Ergänzung und Vertiefung des benötigten Fachwissens

Zusammensetzung

Für Informationsgruppen sind besonders solche Personen von Bedeutung, die

- ▷ positiven Einfluß auf Mitarbeiter haben,
- ▷ im Verlauf der Planung Widerstände aufbauen oder aufbauen könnten,
- ▷ ausreichende bereichs- oder fachbezogene Kenntnisse und Erfahrungen haben, um den Planungsprozeß unterstützen zu können (auch externe Fachberater),
- ▷ erwartungsgemäß unmittelbar von den Planungsergebnissen betroffen sein werden.

Größe und Zusammensetzung der Informationsgruppen richten sich jeweils nach der Form, in der sie einbezogen werden.

Formen

Je nach der Absicht und den Zielen, die durch die Einbeziehung von Informationsgruppen im Sinn der systemoffenen Planung verfolgt werden, stehen verschiedene Formen zur Verfügung.

Präsentationen und Diskussionen	(*Diskussionstechniken*) mit Informationsgruppen bis maximal 15 Personen ermöglichen die intensivste Zusammenarbeit zwischen PT und dem System.
Hearings	mit bis zu 6 Fachspezialisten eignen sich besonders dazu, internes und externes Fachwissen verfügbar zu machen.
Informationsmärkte	können weite Systemteile und Personenkreise besonders mit den Planungsergebnissen vertraut machen oder schon zu Beginn der Planung mit Problemen und Zielen konfrontieren und dafür aktivieren.
Informationsstände	in den Bereichen sollen hauptsächlich Interesse erzeugen, sich direkt mit der Planung in Verbindung zu setzen. Zielgruppen und Reaktionen sind dabei nicht zu kontrollieren.

Einen Sonderfall der Planungsinformation stellt der *Teambrief* dar, der als Motivationsblatt sporadisch eingesetzt werden kann, um dem Team die Arbeit mit dem System (und auch umgekehrt) zu erleichtern. Er enthält zu diesem Zweck Informationen über die Ziele der Planung, die Art der Planungsarbeit und die bevorstehenden Arbeitsfelder und wirbt um Verständnis für die Belastungen, die den Mitarbeitern des beplanten Systems während einer Planung oft nicht zu ersparen sind (z. B. bei Erhebungen).

Zusammenfassung

Die aufgrund komplexer Problemstellungen gewählte Organisationsform der Planung läßt sich jetzt folgendermaßen kennzeichnen:

▷ Der Planungsprozeß ist nicht nur ein fachlich-methodischer, sondern auch ein vielschichtiger psychologischer und soziologischer Vorgang. Er kann daher nur unter Beteiligung der Wissensträger und Einbeziehung aller betroffenen hierarchischen Ebenen erfolgreich durchgeführt werden.

▷ Die an der Durchführung Beteiligten sind institutionell und funktional eindeutig definiert und in den Planungsprozeß integriert.

▷ Die Planungsinstanzen stehen außerhalb der normalen Organisationsstruktur und sind auf die Dauer der Planung begrenzt. Sie sind arbeits- und informationsmäßig stark verknüpft und bilden ein integriertes Ganzes. Ort der Zusammenarbeit der Instanzen ist der Planungsraum.

Schaffung der organisatorisch-technischen Voraussetzungen

Planungsarbeit erfordert räumliche Bedingungen und Arbeitsmittel, die sich von den üblichen stark unterscheiden. Diese Voraussetzungen sind bereits vor Beginn des Planungsprozesses zu schaffen, damit das Planungsteam keine Zeit verliert.

Der Planungsraum

ist örtliches Zentrum der Planung und hat damit verschiedene Funktionen zu erfüllen:

- ▷ Aktions- und Planungsraum für das Team
- ▷ Informations- und Besprechungszentrum für die Planungsinstanzen
- ▷ Ort für Informationsveranstaltungen und Interviews
- ▷ Sozial- und Pausenraum für Planungsteam und Besucher

Unabdingbare Voraussetzung für effiziente Planungsarbeit ist also **ein** großer Arbeitsraum, um die notwendige Kooperation und Kommunikation zu gewährleisten. Dazu sollte eine möglichst ungegliederte und quadratische Fläche von etwa 100 m^2 zur Verfügung stehen. Die Lage des Planungsraumes im geographischen Zentrum des Planungsfeldes spart Wege und Zeit und dokumentiert außerdem die enge Verbindung mit dem beplanten Bereich.

Weniger günstig wäre es, die Planung irgendwo am Rande anzusiedeln, wo gerade Platz ist. Allzuleicht verbindet sich damit auch das Bewußtsein einer Randerscheinung oder Geheimsache, wozu der Zugang erschwert, wenn nicht verhindert ist. Die räumliche Präsenz der Planung und die personelle Präsenz der Planer innerhalb des beplanten Bereichs erfüllen dagegen die Voraussetzungen für die notwendige Systemoffenheit ideal. Der Aufwand, dort – beispielsweise durch Abbruch von Zwischenwänden – die erforderlichen räumlichen Dimensionen herzustellen, wird sich in jedem Falle auszahlen und ermöglicht über die Planung hinaus eine Nutzung als Informationszentrum, Seminarraum usw.

Sanitäre Einrichtungen sollten in der Nähe liegen.

Gestaltung und Ausstattung

Beispiel:

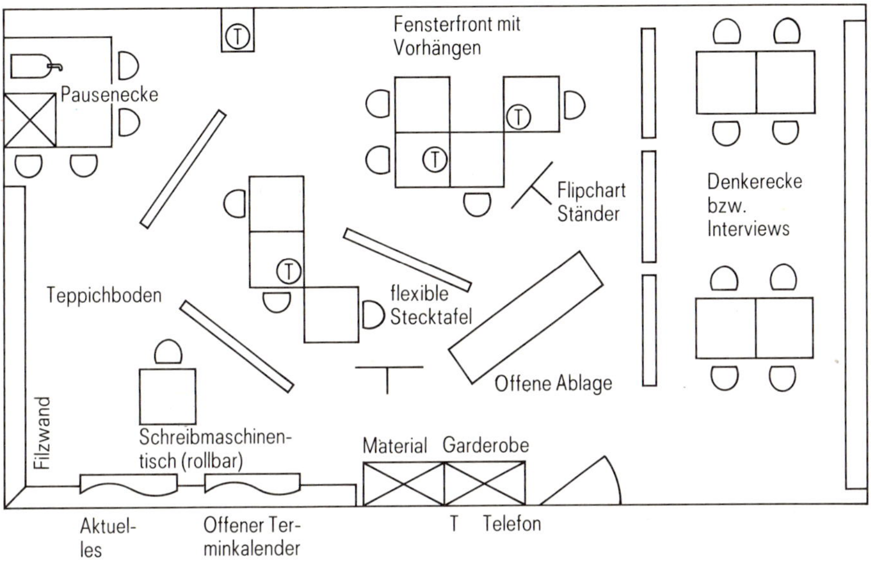

Der Planungsraum ist funktionsgerecht einzurichten, d. h., er muß Informationsoffenheit zulassen und wechselnden Teamsituationen (Team-, Einzel-, Kleingruppenarbeit, Präsentationen usw.) angepaßt werden können. Daraus lassen sich folgende Forderungen ableiten:

- ▷ Lärmdämpfung durch Teppichboden, Gardinen und Schallschluckplatten, um ungestörtes Arbeiten zu garantieren und die akustischen Bedingungen für Sitzungen in größerem Rahmen zu sichern
- ▷ Ausreichende und blendfreie Beleuchtung sowie gute Be- und Entlüftung
- ▷ Flexible raumtrennende Elemente, die als Visualisierungsflächen dienen und eine situationsgerechte Raumaufteilung zulassen (Stellwände, Steck- und Schreibtafeln)
- ▷ Leicht transportables Mobiliar (Drehrollenstühle, stapelbare Besucherstühle, Arbeitstische – 80 cm × 80 cm – ohne Schubladen)

- ▷ Belegung aller Wandflächen mit Weichfaserplatten als Demonstrationsfläche vom Boden bis zur Decke
- ▷ Fahrbare Hängeregistraturen als offene Ablage und rollbarer Schreibmaschinentisch mit Schreibmaschine und Schallschluckhaube
- ▷ Offenes Regal für Arbeitsmaterial und Garderobe
- ▷ Mindestens 2 Telefonanschlüsse (Haus- und Postapparat), damit alle Ansprechpartner im und außer Haus erreichbar sind und das Team erreichen können
- ▷ Einrichten einer kleinen Sozialecke mit Kühlschrank, Warmwasserbereiter und Kaffeemaschine (möglicherweise auch einige bequeme Sitzelemente), die nicht nur dem Team, sondern auch den Besuchern dient. Kleinigkeiten, wie Trinkbecher, Pappteller usw., sollten nicht vergessen werden.

Arbeitsmittel und Arbeitsmaterial

Der Bedarf an Arbeitsmitteln und Arbeitsmaterial für eine Planung erregt häufig starke Verwunderung. Prinzipiell muß davon ausgegangen werden, daß bei einer Planung nicht mit den üblichen – für Einzelbearbeitung und Weiterreichung konzipierten – Unterlagen gearbeitet werden kann, sondern in erster Linie großflächige und für Gruppen präsentationsfähige Darstellungsformen nach den Regeln der *Visualisierung* gewählt werden müssen.

Die angegebenen Mengen der nachfolgenden Checkliste sind als durchschnittliche Grundausstattung einer Planung zu verstehen und werden teilweise für die gesamte Planung, mindestens aber für mehrere Wochen oder Monate ausreichen.

Daneben genügt es, wenn als größere Geräte Kopiergerät, Tischrechenmaschine, Tageslichtprojektor und Zeichenmaschine zur Mitbenutzung vorhanden sind. Eine der vorhandenen Schreibdamen sollte für die Dauer der Planung so weit entlastet werden, daß sie als Teamassistentin für Schreib- und Visualisierungsarbeiten, Besorgungen und Betreuung der Gäste bei Veranstaltungen zur Verfügung steht.

Was braucht eine Planung?

	1	Polaroid-Kamera mit Farb- u. Schwarzweißfilm	
	1	Handdiktiergerät	
	1	Packpapierabroller 150 cm, stehend	
	1	Rolle Packpapier 150 cm Breite	
	2	Flipchart-Ständer	
	200	Flipchart-Bogen weiß 70 cm × 100 cm	
je	500	Karteikarten 10 cm × 21 cm, weiß, gelb, blau, rot	
je	100	Kreiskarten ∅ 10 cm u. 20 cm, weiß, gelb, blau, rot	
	10	Bogen farbiger Karton A2, 4 Farben	
je	20	Filzstifte edding Nr. 1	schwarz, rot, blau, grün
je	10	Filzstifte edding 500	schwarz, rot, blau, grün
je	10	Filzstifte edding 800	schwarz, rot, blau, grün
	20	große Klebestifte	
	20	Päckchen Markierungsnadeln „Eisbär"	
je	5	Rollen Tesaband 38 mm breit, gelb, blau, rot, grün	
	2	Rollen Tesakrepp 20 mm breit	
	5	Rollen Tesafilm mit Abroller	
	6	Satz Markierungspunkte selbstklebend (Avery 19 mm ∅), rot, grün, gelb	
	4	Knäuel Wolle, 4 Farben	
	1	Teewagen für Kleinmaterial	
je	1	Plastikeimer, Tafelschwamm, Tafellappen	
je	1	Paket Tafelkreide weiß, farbig	
	50	3 M Folien für Tageslichtprojektor, A4	
	1	Satz Folienschreiber mehrfarbig	
	20	Schreibblöcke A4 kariert, holzfrei	
	1000	Blatt Schreibmaschinenpapier A4	
	200	Blatt dto. A3	
	1	Block Transparentpapier A3	
	3	Sätze Kohlepapier	
	200	Taschen für Hängeregistratur	
je	20	Briefumschläge A6, A5, A4 – C6, C5, C4	
	1	Tippex	
	100	Gummiringe	
	20	Bleistifte weich	
	5	Bleistiftspitzer	
	20	Radiergummi	
	5	Papierscheren groß	
	2	Heftmaschinen mit Heftklammern	
	5	Lineale, davon eines 1 m lang	
	5	Papierkörbe	
	5	Aschenbecher	

Informationelle Voraussetzungen

Nach der Besetzung der Planungsinstanzen, der Einrichtung des Planungsraumes und der Bereitstellung der Arbeitsmittel sind alle Voraussetzungen für den Beginn der Planung gegeben. Es fehlen nur noch die Formulierung des Planungsauftrages und die Information des beplanten Systems.

Der Planungsauftrag

setzt die Planungsorganisation (Instanzen) und damit den Planungsprozeß in Kraft und garantiert die unternehmenspolitische Zielrichtung der Planung sowie ihre Durchführung.

Der Planungsauftrag ist somit charakterisiert durch den Spielraum, der bei der Festlegung der Planungsaufgabe, der Planungszeit, der Planungsinstanzen und des Planungsetats gelassen wird.
Er erfolgt durch das Top-Management, also durch den Entscheidungsausschuß.

Planungsaufgabe

Da komplexe Probleme meist nur vorläufige Aufgabendefinitionen zulassen, wird sich die Aufgabenformulierung auf die Nennung von erkannten Störungen und Schwachstellen sowie die Angabe globaler Leitlinien über die Planungsrichtung beschränken müssen. Eine genauere Definition kann erst im Laufe der Problemstrukturierungs- und Zielfindungsphase während der Planung erfolgen.

Planungszeit

Da der Zeitbedarf für die Planung von der Komplexität des Problems und der Planungsaufgabe abhängt, diese aber erst im Verlauf der Planung deutlich erkennbar werden, ist eine exakte Festlegung der Planungsdauer nicht möglich. Allerdings sollte ein gewünschter Endtermin bekanntgegeben werden, um einen „heilsamen“ Druck auszuüben.

Planungsinstanzen

Mit der Benennung der Planungsinstanzen und deren vorläufiger Zusammensetzung werden alle unmittelbar an der Planung Beteiligten in ihrer Funktion bestätigt und tragen dementsprechend Mitverantwortung am Planungsprozeß.

Planungsetat

Der Planungsetat enthält die geschätzten Kosten für Personal-, Raum- und Sachmitteleinsatz während der Planung. Dabei sollten mögliche Reisekosten der Planungsteam-Mitglieder – die bei fast allen Planungen plötzlich zum Problem werden – von vornherein einkalkuliert werden.

Der Planungsetat kann zunächst nur unter Hinweis auf die notwendige Änderung unzulänglicher Organisationsstrukturen und -prozesse bzw. durch die Entschlossenheit des Managements gerechtfertigt werden, neue unternehmenspolitische Ziele zu setzen und zu verwirklichen. Mit der Freigabe des Planungsetats ist die Durchführung des Planungsprozesses finanziell gesichert.

Das folgende Beispiel zeigt den Entwurf eines Planungsauftrages, den eine Unternehmensberatungsgesellschaft dem Management aufgrund einer Voruntersuchung unterbreitet hat.

Anmerkung:

In diesen Planungsauftrag sind von seiten des Systems die zu benennenden Personen (Instanzen), zusätzliche eigene Anforderungen an den Etat sowie evtl. noch weitere Angaben zur Zielrichtung der Planung hinzuzufügen. Danach kann dieser Planungsauftrag an alle Planungsinstanzen verteilt werden.

Information des Systems (Einführungsschreiben)

Um dem Planungsteam die Unterstützung des beplanten Systems zu sichern, ist es bereits **vor** Aufnahme der Planungsarbeit wichtig, daß das obere Management alle betroffenen Systemmitglieder, aber auch den Betriebsrat, **offiziell** informiert über

- ▷ Zweck,
- ▷ Art und Methodik,
- ▷ voraussichtliche Dauer der Planung,
- ▷ Planungsinstanzen.

Auf diese Weise ist es von vornherein möglich, den Aufbau von Informationsbarrieren zu vermeiden und Verunsicherung abzubauen, weil „mit offenen Karten“ gespielt wird.

Die weiterhin permanent notwendige Gestaltung des Informationsaustausches liegt dann vor allem in den Händen des Planungsteams.

Das folgende Beispiel eines Einführungsschreibens ist nicht identisch mit der Situation des Beispiels für den Planungsauftrag.

. . . . . ., . . Juni 1973

Nr. . . .

Verteiler

alle Dienststellen . . .
alle Mitglieder der Planungsinstanzen
Kreis . . . . . .
. . . .
. . . .
Betriebsrat

. . . **-Rundschreiben**

Organisationsplanung auf den Gebieten Auftragsabwicklung und Fertigungssteuerung

In Zusammenarbeit mit der zentralen Organisationsabteilung (ZBO) soll im Geschäftsbereich . . . . eine Planung der gesamten Auftragsabwicklung vorgenommen werden mit dem Ziel, den notwendigen Aufwand zu reduzieren und den Arbeitsablauf zu straffen und zu beschleunigen. Im speziellen soll untersucht werden, ob eine organisatorische Zusammenfassung aller Auftragsabwicklungsaktivitäten in einem sogenannten Auftragsabwicklungszentrum sinnvoll ist.

Nur mit einer Beschleunigung und Rationalisierung der innerbetrieblichen Auftragsabwicklung und einer kurzfristigen und flexiblen Fertigungssteuerung können wir den immer kürzer werdenden Dispositionsgewohnheiten unserer Kunden gerecht werden. Die Planung, die am . . . 6. 1973 beginnt und etwa 4 Monate dauern soll, wird von folgenden Planungsinstanzen durchgeführt:

1. Entscheidungsausschuß

Herr	(Bereich)
Herr	(. . . . . .)
Herr	(. . . . . .)
Herr	(. . . . . .)
Herr	(ZBO)

2. Beratungsausschuß

Herr	(Bereich)
Herr	(. . . . . .)
Herr	(. . . . . .)
Frau	(. . . . . .)
Herr	(. . . Org/Dv)
Herr	(ZBO)
Herr	(. . . . . .)

3. Planungsteam

Herr	(Bereich)
Herr	(. . . . . .)
Herr	(. . . . . .)
Herr	(. . . . . .)
Herr	(. . . Org/Dv)
Herr	(ZBO)
Herr	(ZBO)

Die Mitglieder des Planungsteams werden absprachegemäß für den Zeitraum der Planung von ihren jetzigen Funktionen vollständig freigestellt mit Ausnahme jeweils eines Tages pro Woche (Freitag). An diesem Tag können Aufgaben in der eigenen Dienststelle weiterverfolgt werden; im übrigen sind jedoch die Planungsteammitglieder keinesfalls – auch nicht telefonisch (außer an dem erwähnten Tag pro Woche) – in Angelegenheiten ihrer Dienststelle anzusprechen. Für den Erfolg der Arbeit ist es wesentlich, daß das Planungsteam alle erforderlichen Informationen erhält. Im Rahmen ihrer Aufgabenstellung sind die Mitglieder des Planungsteams deshalb zu jeglichen, dem Untersuchungszweck dienenden Fragestellungen an alle Mitarbeiter und Vorgesetzten aller Dienststränge autorisiert. Die Mitglieder des Planungsteams sind verpflichtet, die Informationen nur für diese Aufgabe zu verwenden.
Das Team arbeitet im Raum Nr. . . . und ist telefonisch unter der Nummer . . . . zu erreichen. Es wird darum gebeten, dem Team jede gewünschte Unterstützung bei seiner Arbeit zu geben.

Der Entscheidungsausschuß wird voraussichtlich alle 6 bis 8 Wochen einen halben Tag zusammentreten; der Beratungsausschuß alle 3 bis 4 Wochen einen Tag.

. . . . Leitung

gez.

. . . .

Planungsprozeß

VORFELD	Die Entscheidung für die Planung und die Planung der Planung	PLANUNGS-PROZESS	Die Verwirklichung der Planungsergebnisse
• Planung **in** und Planung **an** Organisationen • Der Weg zur Planung	VOR-UNTERSUCHUNG	Das Planungsprinzip und die Phasen der Planung	REALISIERUNG

Nach der Information des beplanten Systems treten die Planungsinstanzen im Rahmen eines *Planungsseminars* zu einer konstituierenden Sitzung zusammen. Während des Seminars erfolgt zum einen die gegenseitige Bekanntmachung, zum anderen ein Vertrautmachen des *Teams* (teilweise auch EA und BA) mit Methoden und Techniken der Planungsarbeit. Dieses Seminar hat außerdem das Ziel, im Team bereits den Ansatz zu einem „Wir-Gefühl" zu entwickeln. Im Anschluß an diese meist 3tägige Veranstaltung beginnt für das Team der Planungsprozeß.

Das Planungsprinzip

Um die gestellte Aufgabe lösen zu können, muß das Team eine Reihe von Aktivitäten entfalten. Im Gegensatz zu hierarchisch eingegliederten Gruppen kann das Planungsteam frei wählen,

- ▷ welche Tätigkeiten es durchführen will,
- ▷ welche Reihenfolge dabei eingehalten wird,
- ▷ welche Einzelziele angesteuert werden.

Dennoch gibt es bestimmte Gesetzmäßigkeiten im Planungsablauf und Verhaltensweisen in der Teamarbeit, die — in der Praxis mehrfach erprobt — bei der Planungsarbeit beachtet werden müssen. Das Team hat sich als erstes die Gesetzmäßigkeiten bewußt zu machen und sie zu akzeptieren. Als Ganzes ergeben sie das Planungsprinzip.

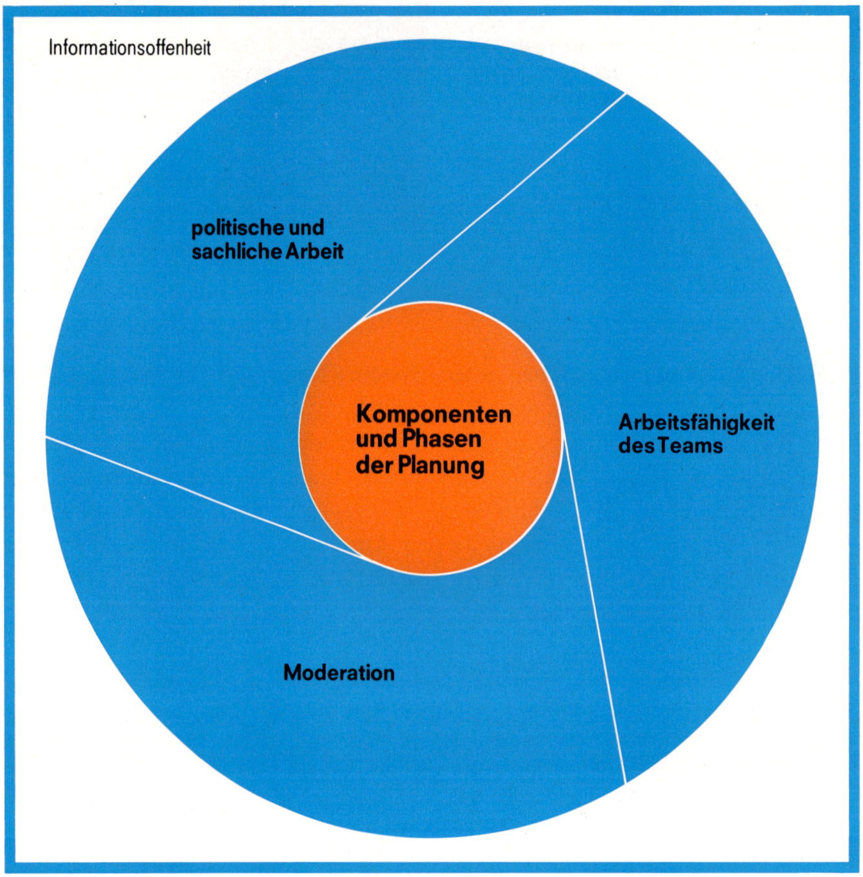

Arbeitsfähigkeit eines Planungsteams

Da von einem Team während der gesamten Planungszeit

- ▷ hierarchiefreies Denken und Arbeiten,
- ▷ starkes Engagement und
- ▷ große Kreativität

verlangt werden, muß es bestimmte Regeln für die Zusammenarbeit berücksichtigen, die diesen Forderungen entsprechen.

1 Ständiger Rollenwechsel für

- ▷ Moderation
- ▷ Ist-Aufnahmen, Analysen, Modellentwicklung
- ▷ Verwaltungs- und Schreibarbeiten (protokollieren, dokumentieren)
- ▷ Kritik („Advocatus Diaboli")
- ▷ politisch-diplomatische Arbeit

2 Informationen müssen für alle Teammitglieder leicht zugänglich sein. Deshalb

- ▷ laufend Daten, Meinungen und Resultate visualisieren
- ▷ Beschlüsse über Vorgehensweise groß anschreiben („Papierhierarch")
- ▷ offene Ablage bzw. Planungsjournal anlegen und führen
- ▷ Terminkalender (Sitzungen, Interviews, Urlaubstermine usw.) für alle sichtbar im Planungsraum führen

3 Einhaltung der bei der Teamarbeit notwendigen Arbeitsformen, insbesondere

- ▷ zeitweilige Bildung von Kleingruppen für determinierte Aufgaben
- ▷ „Strategische Sitzungen" über Vorgehensweise und
- ▷ Ausarbeitung von Modellvorstellungen nur im Plenum durchführen

4 Aufbau eines Informations- und Kommunikationsnetzes und Schaffung eines Vertrauensklimas im beplanten Bereich durch:

- ▷ regelmäßige Publikationen (Rundschreiben oder Teamzeitung)
- ▷ Tag der offenen (Planungsraum-)Tür
- ▷ Einladungen zu Informations- oder Diskussionsrunden
- ▷ Aufbau eines *Informationsmarktes*
- ▷ Beachtung der Interview-Regeln *(Interview)*

Informationsoffenheit

Ein Baustein jeder erfolgreichen Planung ist die Informationsoffenheit sowohl im Team als auch speziell gegenüber dem System, um Unbehagen und Gerüchte dort gar nicht erst aufkommen zu lassen. (Gegenüber dem Betriebsrat besteht sogar Informationspflicht.)

Einige Informationen jedoch dürfen nicht weitergegeben werden:

Informationen	Grund
Nicht kontrollierte Ist-Daten und Analysen	Bei Fehlern bzw. Fehlinterpretationen leidet die Glaubwürdigkeit des Teams
Noch nicht vom EA gebilligte Modelle	Der Auftraggeber sollte Resultate als erster kennen
Geschäftliche Zielsetzungen	Die Weitergabe solcher Informationen ist ausschließlich Aufgabe der Geschäftsleitung
Spezielles Firmen-Know-how	Dem Wunsch nach vertraulicher Behandlung muß entsprochen werden
Personenbewertungen und Vorschläge zu Stellenbesetzungen	Vermeidung von Unruhe und Schutz der Mitarbeiter
Informationsgeber	Vermeidung der Bloßstellung eines Informationsgebers

Die Qualität einer Planungsarbeit steht im direkten Zusammenhang mit der Menge und der Zuverlässigkeit der Informationen, die an das Team herangetragen werden oder die es sich beschafft. Je nach Stand der Planung sind die benötigten Informationen und die Informationsgeber ganz verschieden.

Aus der Funktion bestimmter Informationsgeber resultiert meist die Art der Information, die das Team von ihnen zu erwarten hat:

Informationsgeber	Art der Information
Sachbearbeiter	Ist-Daten, Schwachstellen im Ablauf, punktuelle Verbesserungsvorschläge
Systeminterne im Team	Politische und sachliche Verhältnisse im beplanten Bereich
Organisatoren im Team	Methoden und Techniken der Planungsarbeit
BA-Mitglieder	Hinweise für die Vorgehensweise und die Plausibilität der gefundenen Resultate
Opinion-leader	Größere Zusammenhänge, Verbesserungsmöglichkeiten, informelle Organisationen, allgemeines Stimmungsbild
EA-Mitglieder	Wünsche des Auftraggebers bezüglich der zu leistenden Planungsarbeit und der Resultate; Unternehmensziele
Betriebsrat	Betriebsverfassung, Wahrung der Interessen der Arbeitnehmer

Verhältnis politischer zu sachlicher Arbeit

Bei der Organisationsplanung garantiert sachlich richtige Arbeit noch lange nicht den Erfolg, wenn die politisch-psychologische Arbeit zu kurz kommt. Das Verhältnis von sachlicher zu politischer Arbeit ist von der Aufgabenstellung abhängig.

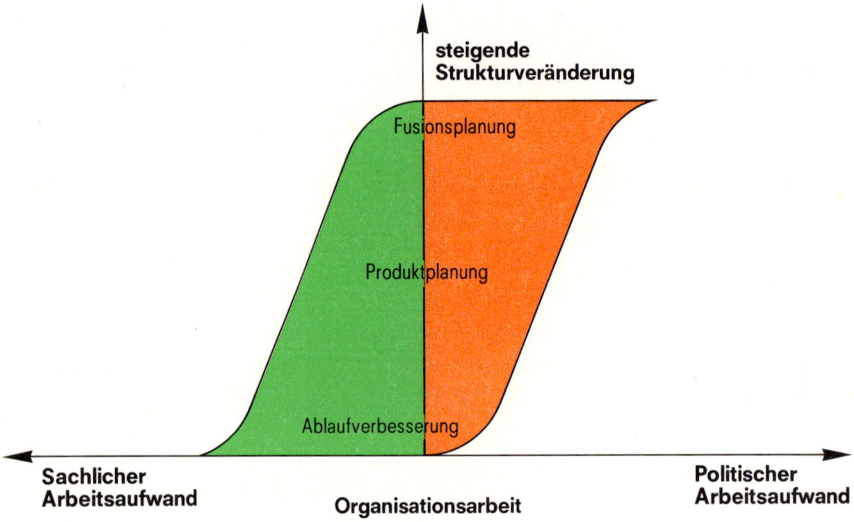

▷ Planungsfeld abgrenzen	▷ Historie eruieren
▷ Bildung von Hypothesen und Maximen	▷ Sympathien und Antipathien feststellen
▷ Ziele formulieren	▷ Langfristige Ziele der Geschäftsleitung einbeziehen
▷ Analysen durchführen	▷ Spezielle persönliche Faktoren einkalkulieren (z. B. Dauer bis zur Pensionierung, verwandtschaftliche Beziehungen usw.)
▷ Schwachstellen suchen	▷ Kräfte- und Einflußfelder ermitteln
▷ Modelle entwickeln	▷ Einzel- und Gruppeninteressen aufdecken
	▷ Machtpositionen berücksichtigen
▷ Wirtschaftlichkeitsberechnungen anstellen	▷ Statussymbole, Nebeneinkünfte u. ä. Randerscheinungen berücksichtigen

Je mehr strukturelle Veränderungen durch die Planung bewirkt werden sollen, desto größer ist der Anteil an politischer Arbeit. Bei der Lösung politischer Probleme muß das Team in starkem Maße die Hilfe des BA und des EA beanspruchen.

Anwendung der Moderation während der Planungsarbeit

Während der Planung lassen sich zwei Formen von Tätigkeiten unterscheiden:

- ▷ Planungsaktivitäten mit *Moderation* (z. B. Meinungsbildung, kreative Prozesse, Strategieentwicklung, Anstoß zu Routinearbeiten)
- ▷ Einzel- und Kleingruppenarbeiten unter Anwendung der *Ist-Aufnahme- und Analysetechniken* (für Routinearbeiten, wie Daten sammeln, auswerten, analysieren)

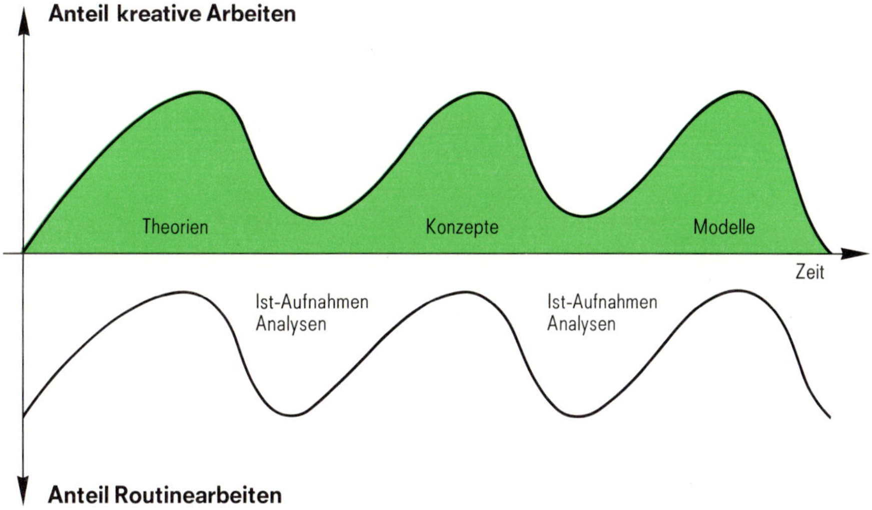

Alle Teamtätigkeiten, die Kreativität erfordern, sollten durch Moderation angeregt, begleitet und gesteuert werden und müssen im Plenum durchgeführt werden, damit die Gedanken aller Teammitglieder verwertet werden können.

Die routinemäßigen Tätigkeiten bedürfen keiner Moderation. Die dabei angewendeten Techniken sollten jedoch vorher von den Organisatoren erläutert werden, falls die Notwendigkeit dazu besteht.

Die beiden Komponenten der Planungsarbeit

Aufgabe der Organisationsplanung ist es, neue realisierbare Wege und Lösungen zu finden. Dazu gehört die Bildung abstrakter Modelle ebenso wie die Berücksichtigung der Gegebenheiten des Systems.

Ideal-vorstellungen

Ist-Zustand

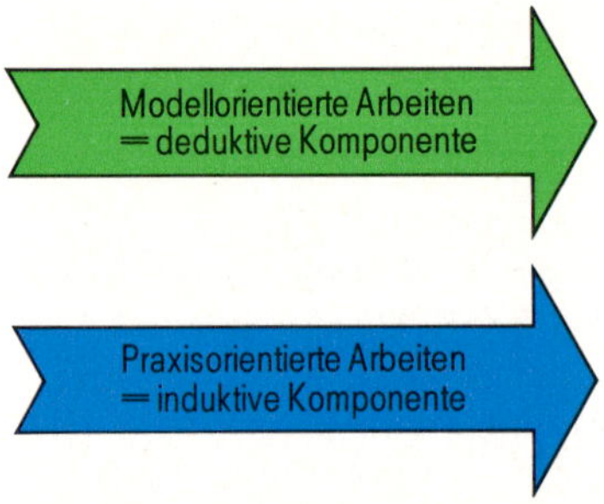

Aufbauend auf allgemeingültigen betriebswirtschaftlichen Erkenntnissen werden in einem kreativen Prozeß Idealmodelle entwickelt.

Anhand von Ist-Erhebungen werden einzelne Mängel des Ist-Zustandes aufgedeckt und daraus auf größere Teilbereiche anwendbare Verbesserungsvorschläge entwickelt.

Diese beiden Komponenten bestimmen gemeinsam den gesamten Planungsprozeß!

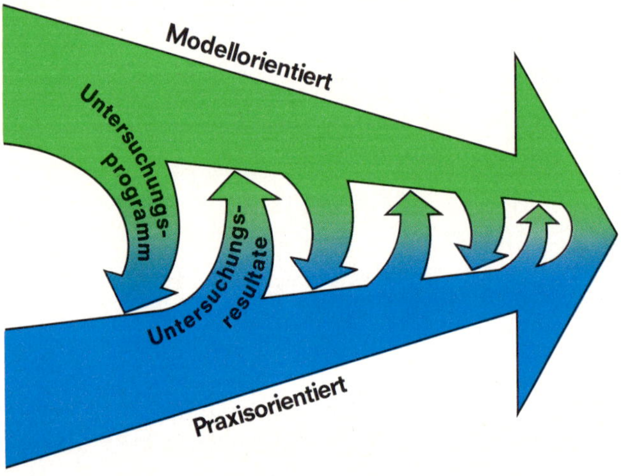

Jedes **Planungsergebnis** entsteht aus dem Zusammenwirken beider Komponenten, die sich laufend gegenseitig beeinflussen.

Planung ist also ein laufendes Wechselspiel zwischen modell- und praxisorientierter Arbeit, wobei die Modelle ständig verfeinert und die Untersuchungen vertieft werden. Arbeitet ein Team vorwiegend im modellorientierten Bereich, so spricht man von einer Planung mit deduktivem Charakter, arbeitet es überwiegend im praxisorientierten Bereich, so bezeichnet man die Planung als induktiv.

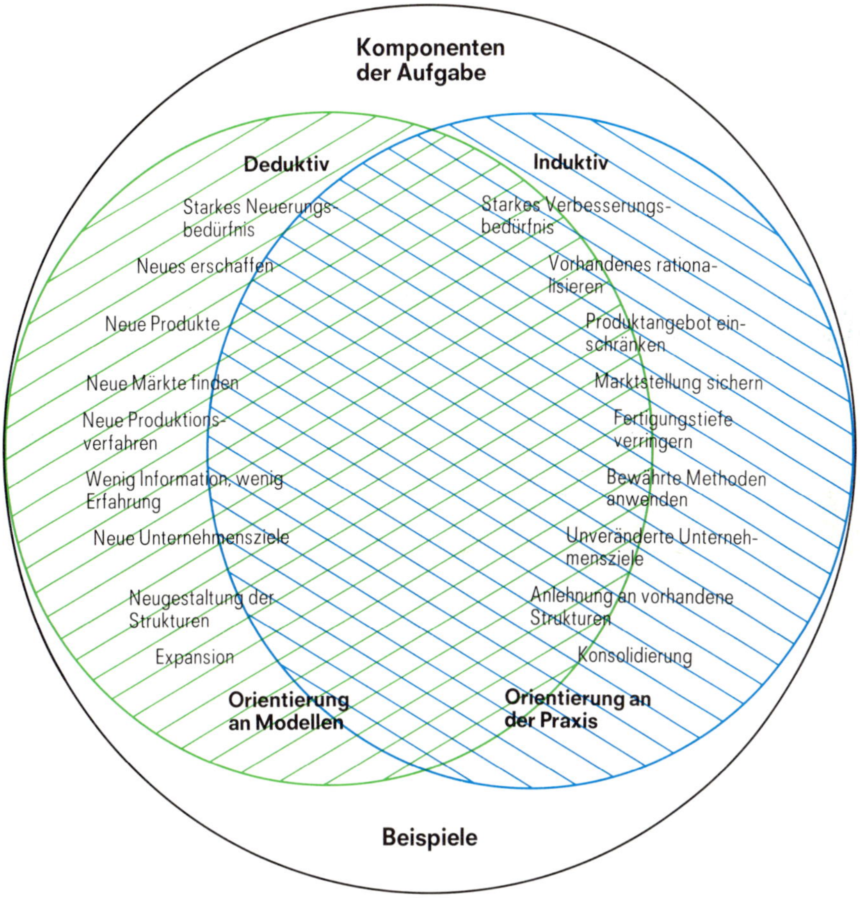

Neben der Aufgabenstellung bestimmen oft auch persönliche Neigungen der Teammitglieder (Praktiker, Theoretiker), wo der Schwerpunkt der Arbeit liegt. Natürlich ist der beste Erfolg zu erwarten bei einer Übereinstimmung von persönlichen Neigungen und Aufgabenstellung.

Die Planungsphasen

Da jede komplexe Planung von ihrer Problemstellung und den Beteiligten abhängig ist und deshalb die Einzelschritte bezüglich der Dauer, des Aufwandes, der Auswahl, der u. U. nötigen Wiederholungen und der Reihenfolge verschieden sind, ist keine allgemeingültige Einteilung des Planungsprozesses möglich. Als Meilensteine können jedoch die EA-Sitzungen und die dabei zur Entscheidung stehenden Planungsergebnisse angesehen werden.

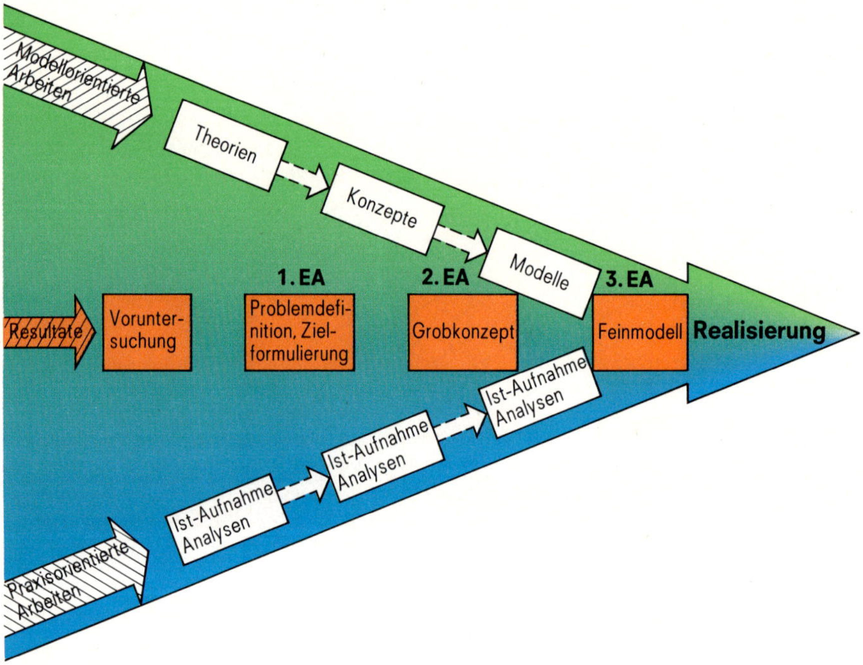

Durch fortlaufende Annäherung der beiden Komponenten wird ein Planungsergebnis angestrebt, in dem die theoretischen Erkenntnisse und die praktischen Gegebenheiten in Einklang gebracht sind.

Akzeptiert der EA Resultate nicht oder fordert er wesentliche Änderungen oder Ergänzungen, so muß die entsprechende Phase wiederholt werden.

Stellt sich bei der Problemdefinition und Zielformulierung das Problem als zu vielschichtig heraus, wird man Problemkreise bilden und diese nach ihrer Priorität zeitversetzt abhandeln.

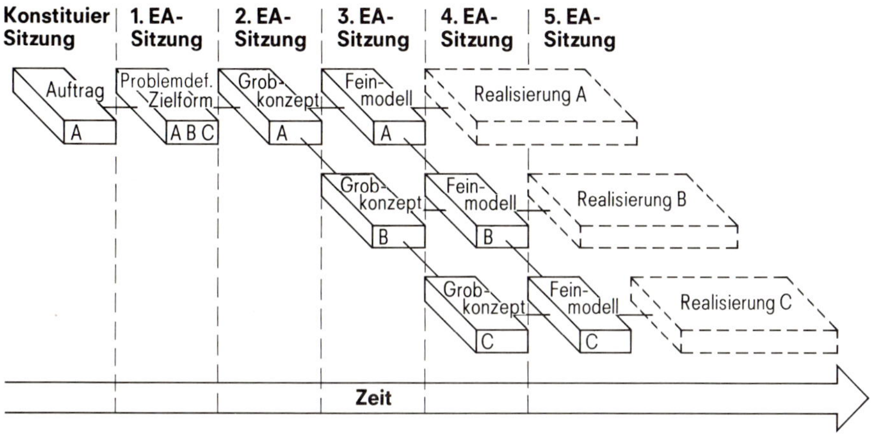

Problemdefinition und Zielformulierung

Diese erste Phase des eigentlichen Planungsprozesses ist charakterisiert durch einen hohen Grad der Unsicherheit und der Suche nach den Ursachen des Problems sowie einer gemeinsamen Zielformulierung. Dabei treten häufig folgende Schwierigkeiten auf:

▷ Voruntersuchung und Aufgabenstellung sind nicht hinreichend genau oder überhaupt nicht erfolgt. Die Folge ist, daß das Team dies zunächst nachholen muß.

▷ Aus der Unsicherheit oder dem Tatendrang des Teams („Wir müssen erst mal was tun") entschließt man sich zu einem **voreiligen** Einstieg in die Ist-Aufnahmen.

▷ Das im Team vertretene Fachwissen wird vom Team selbst und den anderen Planungsinstanzen überschätzt, so daß **ohne** ausreichende Ist-Aufnahme sofort mit der Ist-Analyse begonnen wird.

▷ Die Phase der Problemdefinition und Zielformulierung wird in ihrer Bedeutung unterschätzt oder sogar für überflüssig gehalten.

Als Ausgangsinformation wird das Team die Voruntersuchung, die Aufgabenstellung und das vertretene Wissen analysieren. Je nachdem, ob man in der Planung vorwiegend induktiv oder deduktiv vorgehen möchte, sind der Einstieg und die zu behandelnden Arbeitsschritte verschieden:

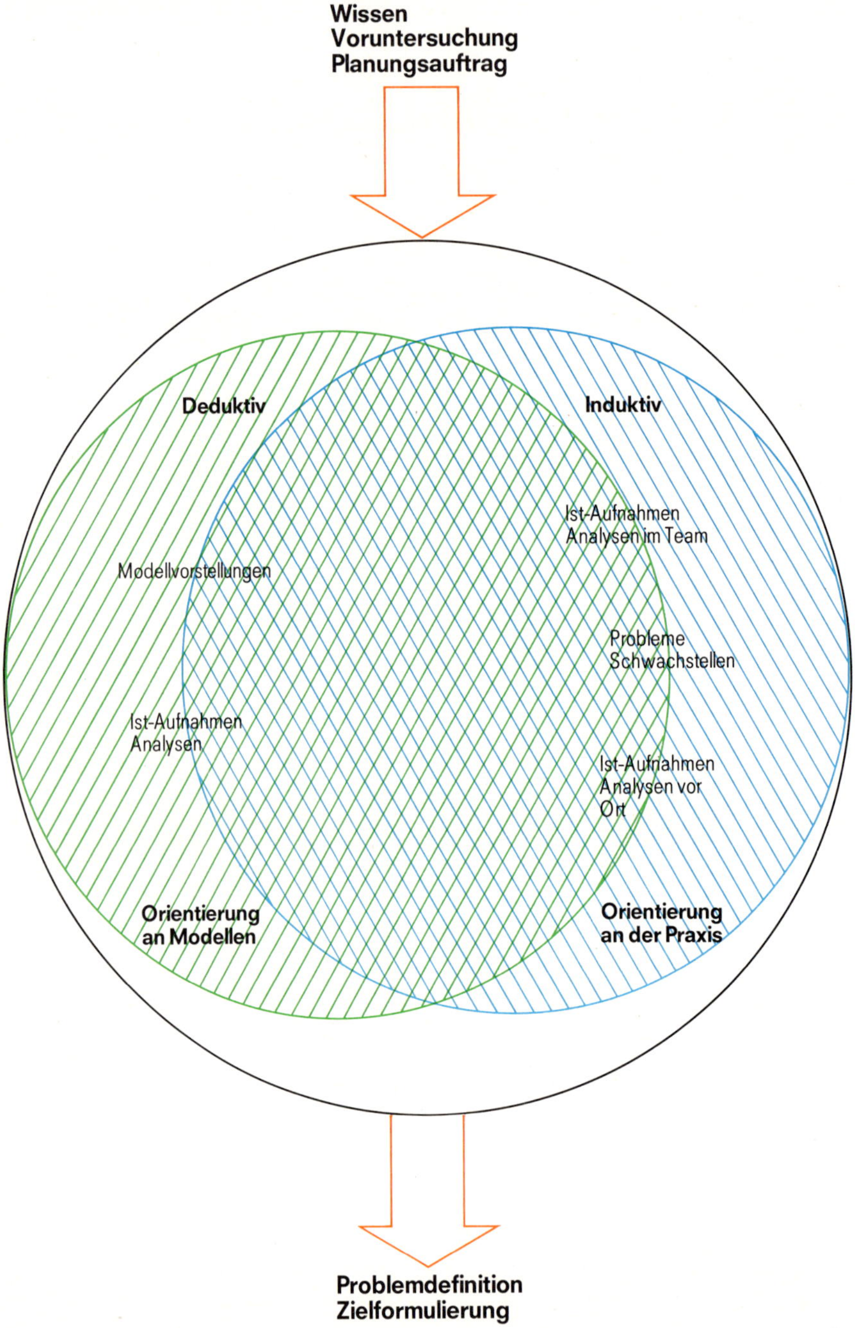
Wissen
Voruntersuchung
Planungsauftrag
Deduktiv
Induktiv
Modellvorstellungen
Ist-Aufnahmen
Analysen
Ist-Aufnahmen
Analysen im Team
Probleme
Schwachstellen
Ist-Aufnahmen
Analysen vor
Ort
Orientierung
an Modellen
Orientierung
an der Praxis
Problemdefinition
Zielformulierung

Beschreibung der ersten Planungsphase bei vorwiegend modellorientierter Arbeitsweise

Die Erfahrung hat gezeigt, daß jede organisatorische Arbeit mehr oder weniger bewußt von Modellvorstellungen geleitet wird. Es hat sich als günstig erwiesen, diese **Modellvorstellungen** jedes einzelnen Teammitglieds von Anfang an in die Bewußtseinsebene zu bringen und nach entsprechender Offenlegung und Diskussion einen Abgleich im Sinne einer Teammeinung zu erwirken.

Dieser erste Schritt erfordert einen sehr hohen Zeit- und Moderationsaufwand, ohne daß gleich Erfolge sichtbar werden. Der Aufwand lohnt sich jedoch, da eine Abstraktion von Anfang an originelle Ansätze bringt und Lösungen bewirken kann, die althergebrachte und erstarrte Formen unberücksichtigt lassen. Um ein Abgleiten in absurde Theorien zu verhindern, ist es ratsam, themenorientiert vorzugehen:

- ▷ Systemabgrenzung
- ▷ Struktur des Planungsproblems
- ▷ Zukünftig wirksame Einflußgrößen
- ▷ Bildung von Hypothesen

Diese Themen können einzeln oder kombiniert behandelt werden, wobei sich auch eine Folge ergeben kann. Anhand praktischer Beispiele soll die Bearbeitung dieser Themen erläutert werden.

► Systemabgrenzung

Als erstes wird das Team klären, wo das Problem beginnt, wo es endet und wodurch es beeinflußt wird (hier Betrachtung nach dem Prinzip des „schwarzen Kastens“)

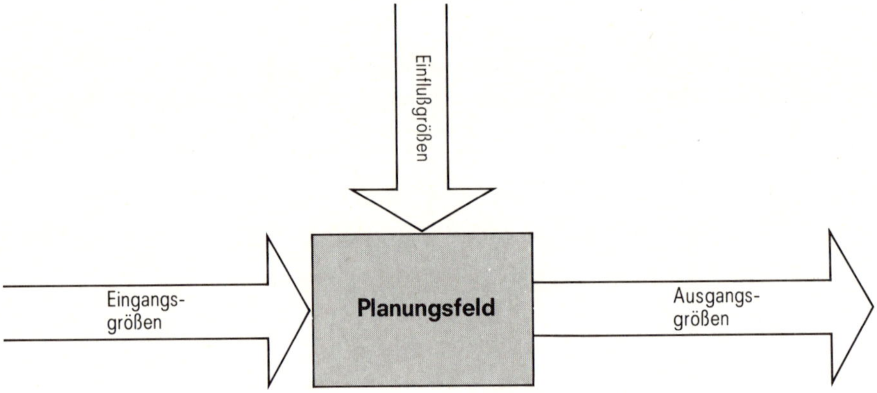

Beispiel:

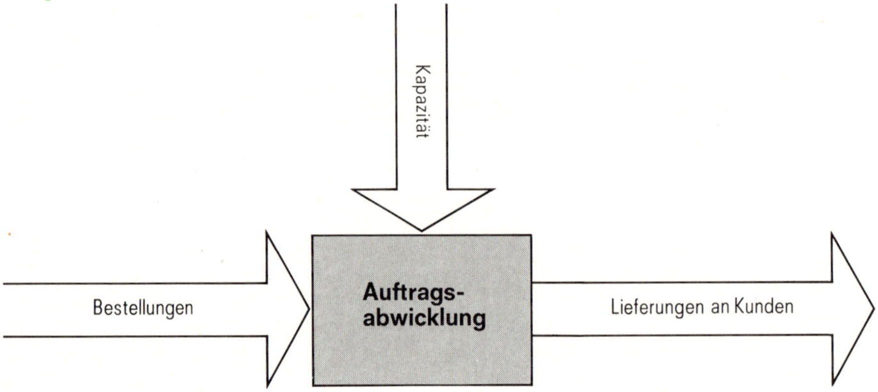

Anschließend wird sich das Team überlegen, welche Funktionen im Planungsfeld unbedingt ausgeführt werden müssen.

► Struktur des Planungsproblems

Hierbei werden die im Planungsfeld liegenden Probleme nach übergeordneten Gesichtspunkten definiert.

Beispiel:

Aufgabenstellung

In einem expandierenden Unternehmen werden für die neu herausgebrachten Produkte die technischen Unterlagen für den Außendienst nicht rechtzeitig fertig.

⇩

Zuordnung (zu möglichen Kriterien)

Betrifft	Gebiet	Lösung erwünscht	Natur		
Kosten Zeiten Leistung Qualität Wachstum	Kaufm. Techn. DV	kurzfristig mittelfristig langfristig	Aufbau Ablauf	Einzel Massen	punktuell komplex

⇩

Arbeitsprogramm

Abläufe mit Zeiten erfassen
Zuwachsraten erfassen, extrapolieren
Ist-Aufnahmen in Labor, Fertigung, Montage, Prüffeld
Rechtzeitig die wichtigsten Schwerpunkte herausfinden und auf kurzfristige Lösungen prüfen
Handhabbare Problempakete schaffen

⇩

Vorgehensweise

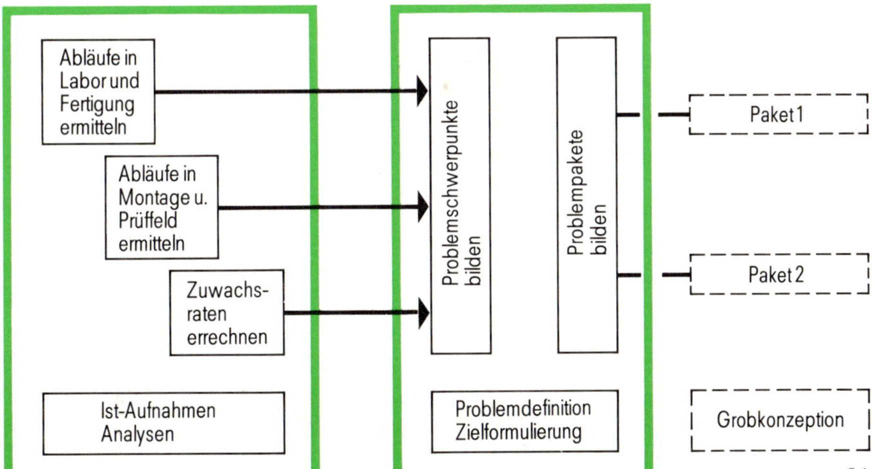

► Zukünftig wirksame Einflußgrößen

Alle Modelle und Vorschläge, die von einem Team erarbeitet werden, müssen zukunftsorientiert sein, d.h. zukünftig wirksame Einflußgrößen berücksichtigen.

Solche Einflußgrößen können sein:

▷ zu erwartende gesetzliche Regelungen,
▷ neue Zielsetzungen des Managements,
▷ Veränderungen des Arbeitsmarktes,
▷ neue Tarifabkommen,
▷ Verteuerung der Energie, Rohstoffe, Transporte,
▷ neue Computer-Generation, angekündigte Anwenderprogramme.

Beispiel:

Aufgabenstellung

Standortsuche für eine neue Fertigungsstätte im Ausland

⇓

Einflußgrößen

Qualifizierte Arbeitskräfte nötig
Expansionsmöglichkeiten gefordert
Gewinnabführung erwünscht

⇓

Schlußfolgerungen

Standort dort suchen, wo qualifizierte Kräfte vorhanden und Bodenpreise nicht zu hoch sind; keine Devisenbestimmungen

⇓

Arbeitsprogramm

Umfragen starten, Statistiken auswerten, Literaturstudium, Befragung einschlägiger Organisationen

► Bildung von Hypothesen

Zunächst sind Hypothesen (Behauptungen bzw. Vermutungen) über Einflußgrößen in der Aufbau- und Ablauforganisation zu formulieren. Damit sind die notwendigen Voraussetzungen gegeben für

▷ zielgerichtete Steuerung der Erhebungen,
▷ Beschränkung der Informationen auf ein vertretbares Minimum.

Aufgrund dieser Daten werden die Hypothesen

entweder bewiesen → verfeinert
oder widerlegt → verworfen.

Werden neue Hypothesen gebildet, so sind diese wieder durch Aufnahme von Fakten zu überprüfen, zu verfeinern usw. Dieser Vorgang wird so lange wiederholt, bis das Team über die Symptome zu den wirklichen Ursachen des Problems vorgedrungen ist. Daraus können dann konkrete Zielformulierungen abgeleitet werden.

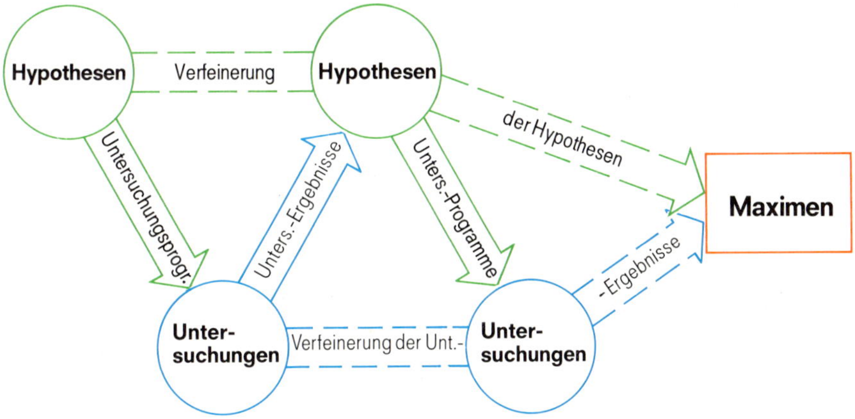

Beispiel:

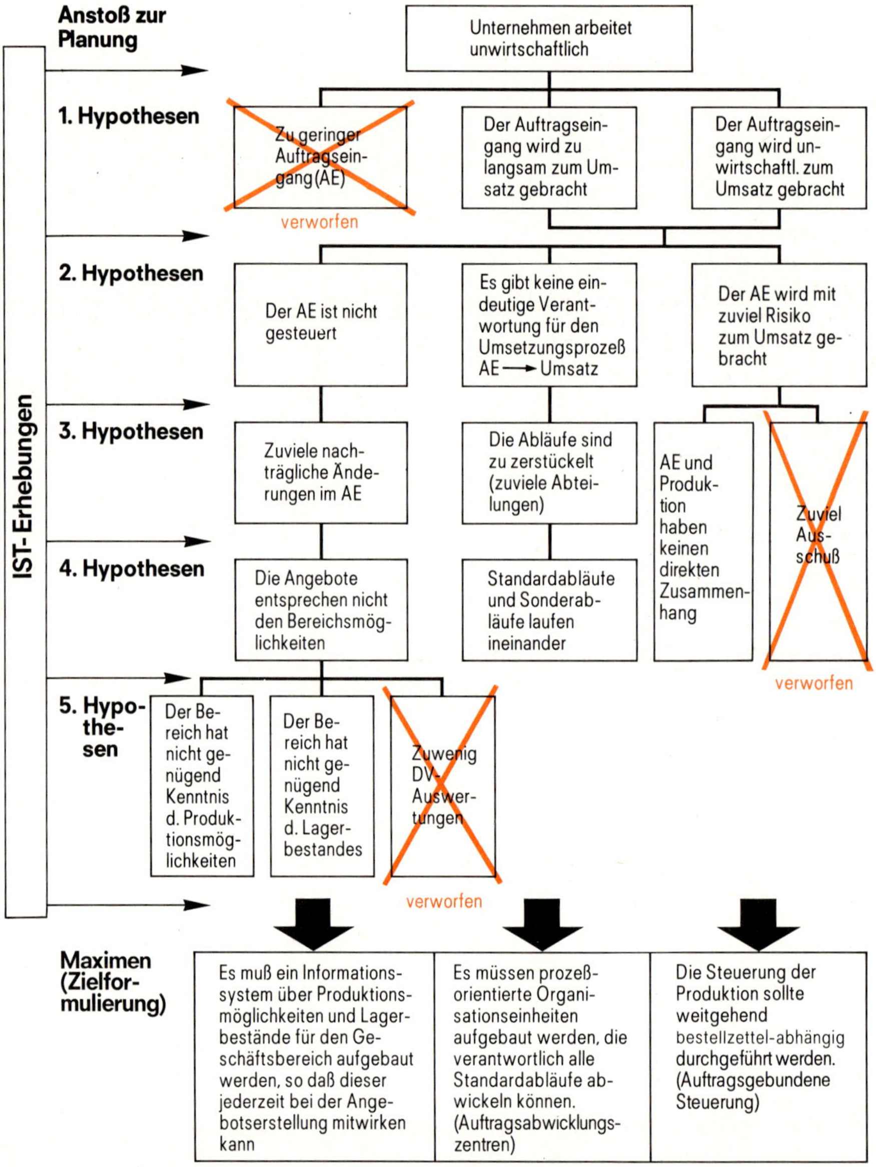
Anstoß zur Planung
Unternehmen arbeitet unwirtschaftlich
1. Hypothesen
Zu geringer Auftragsein-gang (AE)
verworfen
Der Auftragsein-gang wird zu langsam zum Um-satz gebracht
Der Auftragsein-gang wird un-wirtschaftl. zum Umsatz gebracht
2. Hypothesen
Der AE ist nicht gesteuert
Es gibt keine ein-deutige Verant-wortung für den Umsetzungsprozeß AE → Umsatz
Der AE wird mit zuviel Risiko zum Umsatz ge-bracht
3. Hypothesen
Zuviele nach-trägliche Ände-rungen im AE
Die Abläufe sind zu zerstückelt (zuviele Abtei-lungen)
AE und Produk-tion haben keinen direkten Zusammen-hang
Zuviel Aus-schuß
verworfen
4. Hypothesen
Die Angebote entsprechen nicht den Bereichsmög-lichkeiten
Standardabläute und Sonderab-läufe laufen ineinander
5. Hypo-the-sen
Der Be-reich hat nicht ge-nügend Kenntnis d. Produk-tionsmög-lichkeiten
Der Be-reich hat nicht ge-nügend Kenntnis d. Lager-bestandes
Zuwenig DV-Auswer-tungen
verworfen
IST-Erhebungen
Maximen (Zielfor-mulierung)
Es muß ein Informations-system über Produktions-möglichkeiten und Lager-bestände für den Ge-schäftsbereich aufgebaut werden, so daß dieser jederzeit bei der Ange-botserstellung mitwirken kann
Es müssen prozeß-orientierte Organi-sationseinheiten aufgebaut werden, die verantwortlich alle Standardabläufe ab-wickeln können. (Auftragsabwicklungs-zentren)
Die Steuerung der Produktion sollte weitgehend bestellzettel-abhängig durchgeführt werden. (Auftragsgebundene Steuerung)

Dieser erste Arbeitsschritt bei der vorwiegend modellorientierten Arbeitsweise dient der Bildung einer Teammeinung und Übersicht über

- ▷ Grobabgrenzung des Problems,
- ▷ Grobdefinition des Problems,
- ▷ Aufstellung eines vorläufigen Arbeitsprogrammes,
- ▷ Beschluß über eine vorläufige Vorgehensweise,
- ▷ Hypothesen über Einflußgrößen und Zusammenhänge.

Der nachfolgende Schritt – Durchführung des Arbeitsprogrammes – (Ist-Aufnahmen und Analysen) dient im wesentlichen dazu, Material zu sammeln, mit dem das Team seine Ansichten vertiefen und verfeinern kann. Bei dieser Arbeit vor Ort wird das Team insbesondere versuchen, mit dem BA und anderen Mitgliedern des Systems seine derzeitige Problemsicht auf ihre Plausibilität zu prüfen und wertvolle Hinweise auf

- ▷ Randbedingungen der Planung (Determinanten) sowie
- ▷ Schnittstellen zwischen beplantem und nicht beplantem Bereich

zu erhalten. Nach Abschluß dieses Schrittes kann das Team das erarbeitete Material entscheidungsreif aufbereiten.

Beschreibung der ersten Planungsphase bei vorwiegend praxisorientierter Arbeitsweise

Es wurde eingangs gesagt, daß bei vorwiegend induktiven Planungen eine starke Orientierung am Ist-Zustand erfolgt. Bei einer guten Besetzung des Planungsteams wird viel individuelles **Wissen über den Ist-Zustand** eingebracht. Man kann also ohne weiteres eine Ist-Aufnahme **im** Team beginnen, bei der das individuelle Wissen zu einem Team-Wissen verschmolzen wird.

Auch hier empfiehlt es sich, durch Moderation eine themenzentrierte Abarbeitung vorzunehmen.

Hier einige Beispiele:

Thema	Erste Zielrichtung
Definition	Die Teammitglieder müssen die gleiche Sprache sprechen (Abkürzungen!)
Ist-Zustand	Das vorhandene Wissen im Team muß festgehalten und abgeglichen werden
Probleme, Schwachstellen	Welche Probleme und Schwachstellen sind bekannt und müssen gelöst werden?
Randbedingungen	Vorhandene Richtlinien sowie gesetzliche Bestimmungen müssen berücksichtigt werden
Politik	Nicht sachbezogene Probleme frühzeitig erkennen

Nach dieser Vorphase, die eine Stoffsammlung darstellt, wird das Material gesichtet, nach neuen Themen geordnet und analysiert.

Thema	Ziel
Ursachen der Probleme und Schwachstellen	Für jedes Problem und jede Schwachstelle wird die Ursache gesucht, denn man will nicht „Symptome", sondern die „Krankheit" heilen. Hier entstehen die ersten Hypothesen
Schwerpunktprobleme bilden	Die Einzelprobleme werden zu wenigen Schwerpunktproblemen zusammengefaßt, die evtl. die gleichen Ursachen haben, um einen ersten Überblick zu gewinnen
Abgrenzung des Planungsfeldes	Es muß entschieden werden, welche Probleme zur Planung gehören und welche nicht. (Die vorläufige Grenze ist in der Praxis dort zu sehen, wo der Einfluß des Auftraggebers endet.)
Weiteres Vorgehen	Zielrichtung der Ist-Aufnahmen bestimmen, geeignete Techniken (*Ist-Aufnahme-Techniken*) wählen, Zeitvorstellungen entwickeln

Besteht im Team Einigkeit über diese Themen, wird es – evtl. in Kleingruppen – Ist-Aufnahmen vor Ort durchführen, um

- ▷ neue Daten und Fakten,
- ▷ Beweismittel für die aufgestellten Vermutungen und
- ▷ neue Schwachstellen zu ermitteln.

Abschluß der ersten Planungsphase

Es wurden bislang zwei mögliche Wege aufgezeigt, wie ein Planungsteam zu Problemdefinitionen und Zielformulierungen und dabei zu folgenden Aussagen kommen kann.

Beispiel:

Systemabgrenzung:	„Die Funktionen . . . müssen neu hinzukommen/rationalisiert werden/entfallen, wobei die Abteilungen/Dienststellen . . . betroffen werden."
Strukturen des Problems:	„Die wesentlichen Gesichtspunkte dieser Planung sind (z. B.) Wachstum sichern und Durchlaufzeiten verkürzen."
Zukünftig wirksame Einflußgrößen:	„Die zu erarbeitende Problemlösung muß (z. B.) den zukünftigen Sicherheitsbestimmungen Rechnung tragen."
Bildung von Maximen:	„Das Team beabsichtigt, mit der Planung folgende Ziele zu erreichen: . . ., . . ., (z. B.) die Lieferbereitschaft muß erhöht werden."
Abgrenzung des Planungsfeldes:	„Die folgenden Probleme und Schwachstellen fallen in den Bereich der Planung . . ., . . ."
Ursachen des Problems:	„Folgende Ursachen wurden erkannt: . . ., (z. B.) Engpaß in Abt. . . ., wegen Personalmangel."
Problemschwerpunkte:	„Folgende Schwerpunkte konnten festgestellt werden: . . ., (z. B.) die Weiterbildungsmöglichkeiten für das Personal sind nicht ausreichend."
Weiteres Vorgehen:	„Die folgenden Schritte sind vorgesehen: . . ., . . . Ein Grobkonzept soll bis Dez. 19 . . vorgelegt werden. Voraussichtlicher Abschluß der Planung ist März 19 . ."

Es ist durchaus möglich, daß manche der genannten Punkte die Ergebnisse der Voruntersuchung bestätigen. Das Gegenteil ist aber auch möglich, z. B.:

Aussage	Grund
Die Aufgabenstellung muß neu formuliert werden	Sie entspricht nicht den wirklichen Problemen und ihren Ursachen
Die Instanzen müssen ergänzt bzw. neu besetzt werden	Die wichtigsten Ursachen liegen nicht im Einflußbereich der Instanzen
Die Zeitvorstellungen des Auftraggebers sind nicht realistisch	Die Probleme sind viel komplexer, als ursprünglich angenommen

Das nun zur Entscheidungsreife gebrachte Material wird in einer Beratungsausschußsitzung erläutert und diskutiert.

Ziele dieser Sitzung sind:

▷ Interpretationsfehler zu finden und zu korrigieren
▷ Prüfung auf Vollständigkeit
▷ Prüfung auf Plausibilität
▷ Verständlichkeit der Visualisierungen verbessern
▷ Voraussichtliche Verhaltensweisen der EA-Mitglieder erfragen
▷ BA-Mitglieder überzeugen und als „Mitstreiter" gewinnen

Nach dieser Zusammenkunft erfolgen die notwendigen Korrekturen, die im Extremfall zu neuen Ist-Aufnahmen und Analysen führen.

Bei der **1. EA-Sitzung**, bei der alle Planungsinstanzen anwesend sind, verfolgt das Team folgende Ziele:

▷ Abstimmung mit dem EA über die Problemdefinition
▷ Bestätigung der Zielformulierung durch den EA
▷ Genehmigung der weiteren Vorgehensweise und Termine

Ziele einer EA-Sitzung sind **nicht:**

- ▷ Präsentation aller erhobenen Daten
- ▷ Präsentation aller Analysen
- ▷ Darlegung der angewandten Techniken
- ▷ Jammern über Schwierigkeiten
- ▷ Allgemeine Leistungsschau

Daher soll diese Präsentation kurz gehalten werden (30–40 min.) und nur das beinhalten, worüber eine Übereinstimmung oder Entscheidung erzielt werden soll. Beweismaterial sollte erst auf Anfrage vorgezeigt werden. Ein Protokoll wird angefertigt und allen EA- und BA-Mitgliedern zugesandt. Eine EA-Sitzung kann folgende Resultate und Auswirkungen haben:

Resultat	Auswirkungen für das Team
Ablehnung wesentlicher Punkte	Entweder Planung einstellen oder erste Phase der Planung von vorne beginnen
Ablehnung unwesentlicher Punkte	Beginn der zweiten Planungsphase mit gleichzeitiger Neubearbeitung bzw. Anpassung der abgelehnten Punkte
Annahme aller Punkte	Beginn der zweiten Phase und gleichzeitige Absicherung durch ein ausführliches Protokoll, daß der EA wirklich alle Punkte befürwortet

Für diese zweite Phase der Planung besteht jetzt eine solide Ausgangsbasis:

Grobkonzeption

Zielrichtung der Planung Einzelziele, die verwirklicht werden sollen Planungsfeld	und einige wichtige	Daten Fakten Zusammenhänge

Bei der Durchführung des ersten Planungsabschnittes hat ein erster Annäherungsprozeß zwischen theoretischen Überlegungen und praktischen Bedingungen stattgefunden. Dieser Weg wird in dieser Phase konsequent weitergeführt, so lange, bis ein Konzept erarbeitet ist, das in groben Zügen die Lösung der Planungsaufgabe schildert. Die Prinzipien dieser Lösung müssen so präzise dargestellt sein und deren Konsequenzen so deutlich sichtbar werden, daß eine Grundsatzentscheidung getroffen werden kann. Diese soll in der Regel über alle weiteren Phasen hinweg bis hin zur Realisierung ihre Gültigkeit behalten.

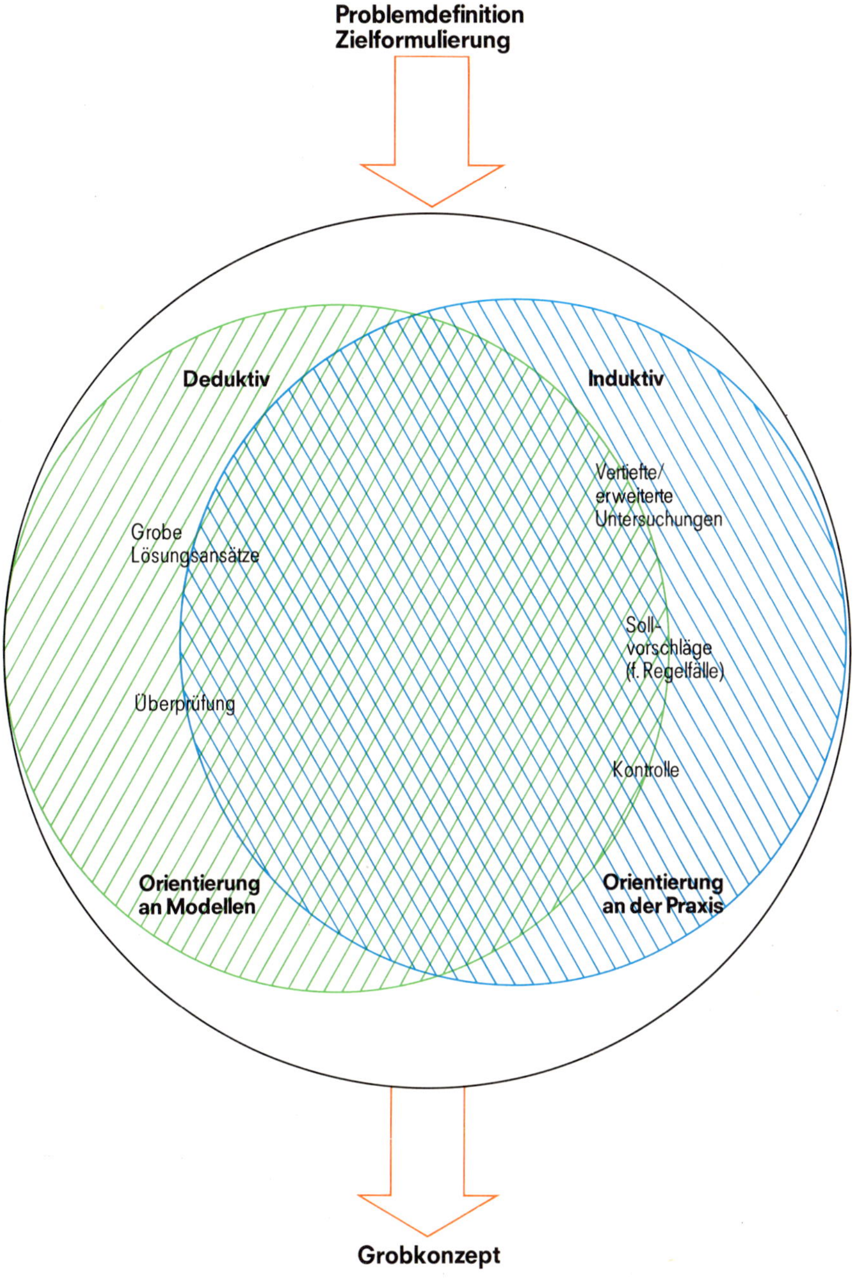
Problemdefinition
Zielformulierung
Deduktiv
Induktiv
Grobe
Lösungsansätze
Überprüfung
Vertiefte/
erweiterte
Untersuchungen
Soll-
vorschläge
(f. Regelfälle)
Kontrolle
Orientierung
an Modellen
Orientierung
an der Praxis
Grobkonzept

Beschreibung der zweiten Planungsphase bei vorwiegend modellorientierter Arbeitsweise

► Grobe Lösungsansätze

Es gilt jetzt, die Einzelziele, die verwirklicht werden sollen, umzustrukturieren und operational zu gestalten, um zu einem hypothetischen Lösungsansatz zu kommen.

Beispiel aus der Disposition:

Einzelziele

- ▷ Die Lieferbereitschaft muß höher werden
- ▷ Die Bestände müssen gesenkt werden

Einzelziel (operational)	Einzelziel (operational)
Bestände dürfen nur so hoch sein, daß eine marktübliche Lieferzeit eingehalten werden kann.	Die Durchlaufzeiten müssen so verkürzt werden, daß eine weitgehende Auftragssteuerung möglich wird.

Grobe Skizzierung eines Lösungsansatzes (hypothetisch)

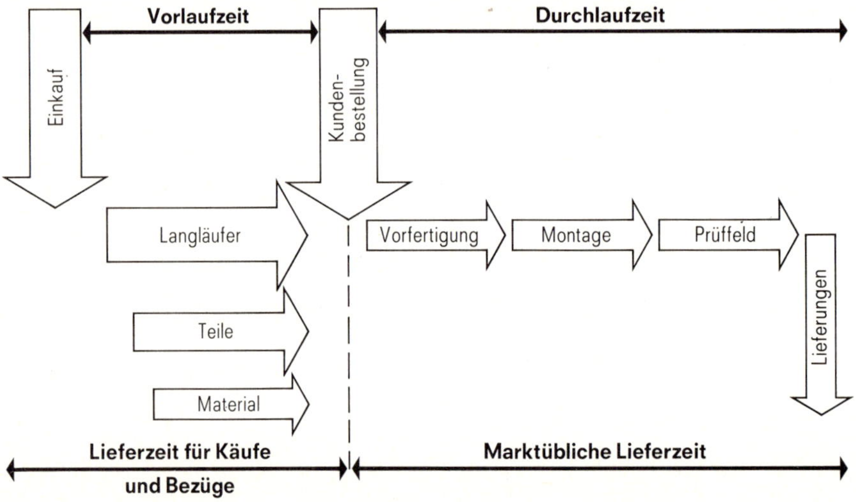

Das Team nimmt vorläufig an, daß es genügt, ausgesprochene Langläufer, einige Teile und Verbrauchsmaterial auf Lager zu halten, um die marktübliche Lieferzeit zu erreichen. Durch gezielte Ist-Aufnahmen wird das Team dieses Grobkonzept auf Realisierbarkeit prüfen, z.B. durch

- ▷ Untersuchung der Laufzeitkette,
- ▷ Untersuchung über die marktüblichen Lieferzeiten,
- ▷ *ABC-Analyse*,
- ▷ Untersuchung der Langläufer (Lieferzeit und Wert),
- ▷ Anzahl Kundenbestellungen und wirtschafliche Losgrößen.

Komplexe Planungen ergeben meistens eine ganze Reihe von Konzeptionen, die sich auf einzelne oder mehrere System-Teile beziehen. Diese Konzeptionen (z.B. von Ablauf- und Aufbauorganisation) müssen wiederum einander angepaßt werden, wenn gegenseitige Abhängigkeiten bestehen.

Man verwendet dazu die Grundgedanken des *System-Engineering*. Ein Gesamt-System wird in Haupt- und Untersysteme aufgeteilt (Hierarchisierung), und diese Einzelsysteme werden auf Input und Output untersucht.

Die Konzeption des Hauptsystems wird, nach entsprechender Kontrolle, beibehalten, die Konzeptionen der Untersysteme werden der Reihe nach an die Konzeption des Hauptsystems angepaßt. Je niedriger die Hierarchiestufe ist, desto größer ist in der Regel die Anpassung.

Hat man nun ein Grobkonzept, das alle relevanten Systemteile erfaßt, so wird man diese auf **politische** und **sachliche** Realisierbarkeit überprüfen.

► Überprüfung

Das Team wird die durch die Konzeptionen betroffenen Führungskräfte und Opinion-leaders ansprechen und deren Meinung über die Problemlösung erfragen. Aus dem Unterschied zwischen der Teammeinung und der Meinung der Befragten kann der erwartete Widerstand gegen eine Realisierung eruiert werden. Sind die Meinungen allzu konträr, so ist erforderlich,

sachlich:

daß das Team versucht,
die Konzeption auf ihre Plausibilität
und Qualität zu überprüfen, durch

- ▷ Betriebsvergleiche,
- ▷ Kennzahlenvergleiche und
- ▷ gezielte Ist-Aufnahmen *(Ist-Aufnahme-Techniken)*.

politisch:

- ▷ die Ursachen für die Meinungsunterschiede zu finden,
- ▷ zusätzliche Überzeugungsarbeit zu leisten,
- ▷ evtl. die Lösungen zu überarbeiten.

Beschreibung der zweiten Planungsphase bei vorwiegend praxisorientierter Arbeitsweise

► Vertiefende Untersuchungen

Nach der Problemdefinition und Zielformulierung wird das Team tiefergehende Untersuchungen vor Ort durchführen, bestehend aus Detail-Ist-Aufnahmen und Analysen.
Diese Arbeit wird im Prinzip während der gesamten Planung durchgeführt (bei stark induktiven Planungen kann sie bis zu 80% des Gesamtaufwandes betragen); sie konzentriert sich jedoch ganz wesentlich in dieser Planungsphase:

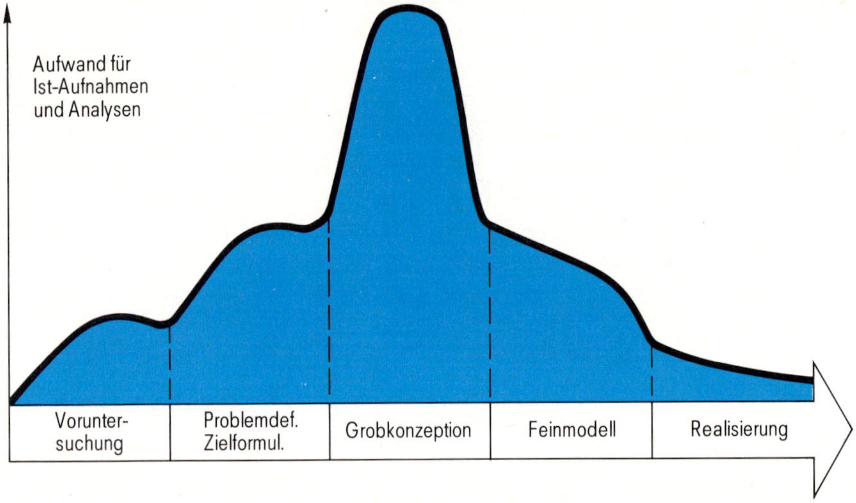

Es ist daher besonders wichtig, angesichts dieses „Arbeitsberges" die notwendige Energie und Zeit möglichst rationell einzusetzen. Hierfür wird das Team ein **Untersuchungsprogramm** entwickeln, während der Durchführung laufend überwachen und ggf. modifizieren.

Der Inhalt dieses Programmes kann wie folgt gegliedert sein:

- ▷ Ziele der Untersuchungen
- ▷ Detaillierungsgrad und Kontrolle
- ▷ Wahl der Ist-Aufnahme-Techniken (Datenerfassung)
- ▷ Wahl der Darstellungstechniken (Datenaufbereitung)
- ▷ Terminplan
- ▷ Personaleinsatz
- ▷ Wahl der Analysetechniken (Datenauswertung)

Ziele der Untersuchungen

Das Ziel jeder Untersuchung ist vorerst die Einsammlung von Informationen über den Ist-Zustand im Planungsfeld, um anschließend nach einer geeigneten Aufbereitung (Umformung, Verdichtung, Visualisierung usw.), eine aussagekräftige Analyse durchführen zu können. Die Schwachstellen-Analyse, die einen Vergleich zwischen Ist-Zustand und Soll-Vorstellungen darstellt, gibt Aufschluß über Verbesserungsmöglichkeiten und erwirkt somit die eigentlichen Soll-Vorschläge. Die hier gebildeten Schritte

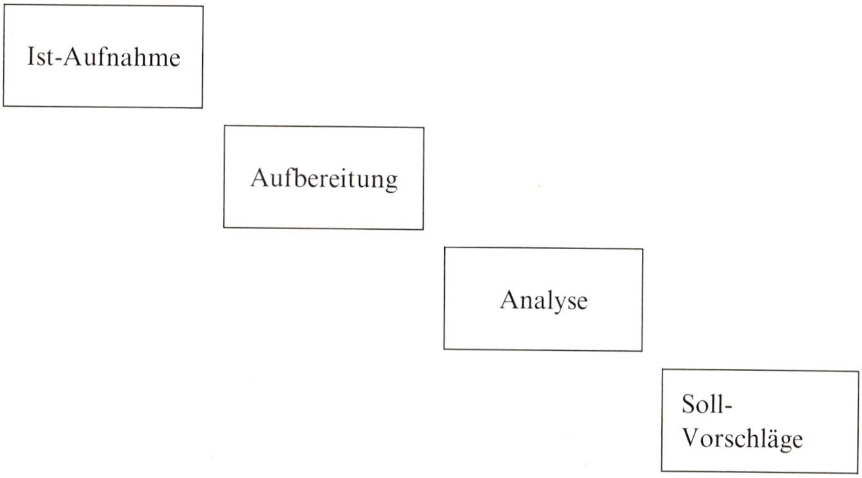

laufen zwar in jedem Einzelfall nacheinander ab, es ist jedoch unmöglich, einen dieser Schritte zum Abschluß zu bringen, ohne jeweils die ganze Kette stets vor Augen zu haben, da jeder Schritt die nachfolgenden wesentlich beeinflußt.

Jedenfalls wird das Team eine Themenauswahl treffen und festlegen, welche Detailinformationen zu diesen Themen eingeholt werden sollen. Für die Wahl und Reihenfolge der Themen und die Tiefe der Erhebungen kann kein Rezept gegeben werden. Instinkt und Erfahrung sind hier maßgebend. Erfahrungsgemäß sind oft nur 60–70% der erhobenen Daten für die Erstellung der Soll-Vorschläge unmittelbar verwertbar. Dennoch ist dieser Aufwand gerechtfertigt, um gegenüber kritischen Systemmitgliedern kritikfähig und glaubwürdig zu werden.

Beispiel für die Themenauswahl einer Ist-Aufnahme bei Planung einer Auftragsabwicklung:

Thema	Erwünschte Detailinformationen
Bestell- und Lieferverkehr (Grunddaten teilweise aus Voruntersuchung)	• Anzahl und Wert der Bestellungen, aufgeteilt nach Inland und Ausland • Durchschnittliche Anzahl Bestellpositionen pro Bestellung, Inland und Ausland • Durchschnittliche Anzahl Lieferungen, aufgeteilt nach verschiedenen Fertigwarenlagern
Personal	Anzahl, Qualifikation und Altersstruktur des Personals, nach Abteilungen und Arbeitsplätzen; Fluktuationsraten
Arbeitsablauf	• Arbeitsplatzbeschreibungen • Belegfluß für einige repräsentative Geschäftsvorfälle • Verwendete Vordrucke • Arbeitsschritte
Kommunikation	• Schriftverkehr • Besuche • Telefongespräche } Anzahl nach beteiligten Abteilungen und Schlüsselpositionen
Zeiten	Durchlaufzeiten einiger repräsentativer Aufträge (z. B. nach Dispositionsart) mit Angaben der Bearbeitungs- und Liegezeiten
Kosten	Ermittlung der Bearbeitungskosten für einige repräsentative Aufträge
DV-Einsatz	• Auftragseingangserfassung und -bewertung • Disposition • Statistik • Lagerbestandsfortschreibung • Fakturierung } (Disposition bis Fakturierung) Experten befragen und vorhandene Verfahrensbeschreibungen lesen

Ungeachtet der speziellen Planungsaufgabe empfiehlt es sich immer, zwei Ist-Aufnahme-Themen zu bearbeiten:

- ▷ Normalfälle – Sonderfälle
- ▷ Informelle Organisation

Normalfälle – Sonderfälle

In der Phase der Grobkonzeption sucht das Team Lösungen für den Bereich der Normalfälle. Durch Bildung einiger Kriterien in Form von Polpaaren, wie

häufig – selten
wertvoll – wertlos
wichtig – unwichtig

und anschließender Zuordnung von Ist-Daten versucht das Team, in einem möglichst frühen Stadium der Ist-Aufnahme Sonderfälle von den weiteren Ist-Aufnahmen vorerst auszuschließen.

Informelle Organisation

Jede festgelegte Organisation wird durch eine informelle Organisation überlagert. In den meisten Fällen ist durch diese die Funktionsfähigkeit eines Systems erst gegeben. Geführt wird die informelle Organisation durch Opinion-leaders, die z. B. in Ausschüssen und Arbeitskreisen zusammenkommen. Diese „alten Hasen" kennen die Möglichkeiten und Schwächen sowie die Lücken der Organisation bestens. Sie nützen ihr Wissen, um Probleme zu lösen, die sonst in den installierten Organisationen unlösbar würden; meistens umgehen sie sinnlos gewordene Abläufe und erstarrte Strukturen. Eine Ist-Aufnahme und Analyse darüber, wie die informelle Organisation funktioniert, bringt oft sehr wertvolle Hinweise für die Bildung von Problemlösungskonzepten.

Detaillierungsgrad und Kontrolle

Vor Beginn der Untersuchungen sollten die Fragen nach dem notwendigen Detaillierungsgrad und der Kontrolle der zu erhebenden Daten beantwortet werden.

Bei der vorherigen Festlegung des Detaillierungsgrades der Ist-Aufnahme kommt es darauf an, das richtige Maß zwischen genügendem Erkenntniswert und minimalem Aufwand zu finden.

Die vertretbare Bandbreite läßt sich wie folgt darstellen:

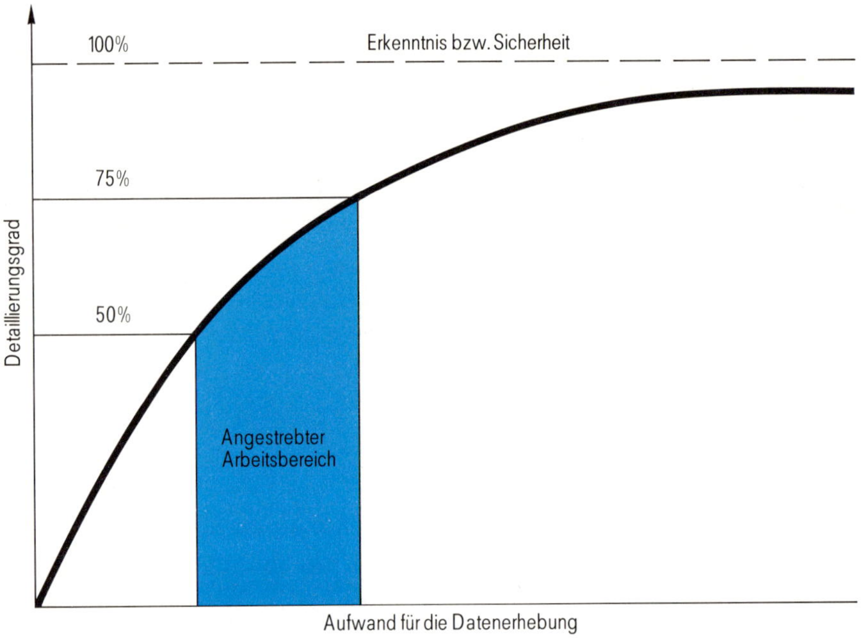

Das Team muß die Bereitschaft haben, ein gewisses Maß an Unsicherheit zu ertragen, deshalb Mut zur Lücke!

Die Behauptung: eine nicht kontrollierte Zahl (oder Aussage) ist eine falsche Zahl, hat sich schon in vielen Fällen als richtig erwiesen. Die Fehlerursachen liegen nicht unbedingt in der Unkenntnis oder dem schlechten Willen des Befragten, sondern meistens in der falschen Auslegung. Ein Planungsteam sollte deshalb alle Zahlen und Aussagen, die es verwerten will, durch Befragung mehrerer Personen kontrollieren.

Beispiel:

Die Ist-Aufnahme des Auftragsbestandes für ein Produkt ergab 1 Mill. DM.

Mögliche Auslegungen:

- ▷ Der Auftragsbestand gilt für das laufende Geschäftsjahr.
- ▷ Der Auftragsbestand ist nicht zeitlich limitiert.
- ▷ Der Auftragsbestand bezieht sich nur auf bestätigte Aufträge.
- ▷ Der Auftragsbestand bezieht sich auch auf Reservierungen.

Allgemein ist zu sagen, daß ein Team lieber mit weniger, aber kontrollierten Zahlen operieren sollte als mit einer Vielzahl von nicht eindeutig auslegbaren Daten.

Wahl der Ist-Aufnahme-Techniken

Vor Beginn der Ist-Aufnahme vor Ort muß entschieden werden, welche Ist-Aufnahme-Techniken auch im Hinblick auf die darauffolgende Auswertung angewendet werden sollen. Über die Variations- und Kombinationsmöglichkeiten der Techniken kann mit Hilfe einer Matrix schnell ein Überblick gewonnen und eine Mehrfachbefragung einzelner Mitarbeiter vermieden werden.

- ▷ Fast alle angeführten Planungstechniken (z.B. Schnittstellenuntersuchungen, Bildung von Hypothesen usw.) können in allen Abschnitten der Planung eingesetzt werden.

Beispiel (Fortführung von S. 96)

Thema	Form der Darstellung und Aufbereitung				
	Interview	*Selbst-aufschreibung*	*Beobachtung vor Ort*	*Fragebogen*	*Unterlagenstudium*
Bestell- und Lieferverkehr	×				×
Personal	×			×	
Arbeitsablauf	×	×	×		
Kommunikation		×	×		×
Durchlaufzeiten	×	×			×

Der Planer wird z.B. in einer Interviewsitzung mit dem Befragten mindestens zwei Fragenkomplexe abhandeln.

Wahl der Darstellungstechniken

Da bei den Ist-Aufnahmen eine Vielzahl von Daten und Informationen erhoben wird, muß rechtzeitig die Aufbereitungsform festgelegt werden.
Damit wird sichergestellt, daß

▷ die Arbeit zügig vorangetrieben wird,

▷ die Übersicht stets bewahrt bleibt,

▷ analytische Überlegungen frühzeitig angestellt werden,

▷ Zwischenresultate gewonnen werden, um die Vorgehensweise überprüfen zu können.

Anhand des bisherigen Beispiels – Auftragsabwicklung – sollen einige Möglichkeiten angeführt werden.

Thema	Form der Darstellung und Aufbereitung			
	Verdichtung und Auflistung	Auflistung nach Ordnungssystem	Matrix	Ablaufplan
Bestell- und Lieferverkehr		×		
Personal	×			
Arbeitsablauf				×
Kommunikation			×	
Durchlaufzeiten	×			

Terminplan

Bei größeren Planungen ist es von vornherein ausgeschlossen, alle Ist-Aufnahmen gleichzeitig auszuführen oder zu beenden. Es muß daher unter Berücksichtigung der Möglichkeiten des beplanten Bereichs und des Teams eine eindeutige Arbeitsfolge festgelegt werden. Auf Termine und Urlaubszeiten sowie besondere Belastungszeiten (z. B. Abschlüsse, Inventur) aller Betroffenen ist dabei einzugehen.

Als Steuerungsmittel bietet sich das *Balkendiagramm*, bei starken gegenseitigen Abhängigkeiten der *Netzplan* an.

Der Aufbau des Terminplans richtet sich also nach

- ▷ Prioritäten der Themen,
- ▷ Belastung der Beplanten und des Teams,
- ▷ vorgesehener Zeit,
- ▷ Randbedingungen (z. B. feste Termine).

Personaleinsatz

Nun muß entschieden werden, wer welches Thema bearbeitet. Es ist fast zur Regel geworden, für jede Arbeit vor Ort mindestens 2 Personen einzusetzen, da einerseits eine Absicherung (habe ich richtig gesehen? habe ich richtig gehört?), andererseits eine Arbeitsteilung möglich wird (einer fragt – anderer notiert, einer liest – anderer schreibt usw.). Bei Teams mit 6 bis 8 Mitgliedern wird man 3 bis 4 Kleingruppen bilden, die je ein Thema bearbeiten. Man versucht, diese Kleingruppen mit je einem Fachkenner und einem Organisator zu besetzen, damit die Arbeit fachlich und methodisch richtig durchgeführt wird.

Wahl der Analysetechniken

Die Ist-Aufnahmen erfolgen aufgrund der Problemdefinition, um die vermuteten Schwachstellen zunächst zu bestätigen und endlich zu beseitigen. Da die verschiedenen Verfahren der Analyse Auswirkungen auf die zu erhebende Datenmenge und ihre Genauigkeit haben, sollte bereits vor Beginn der Erhebung eine vorläufige Entscheidung über die zu verwendende Technik fallen. Eine Verlagerung der Themenschwerpunkte kann natürlich dazu führen, daß eine andere Analysetechnik eingesetzt werden muß.

Die folgende Matrix zeigt, welche Analysetechniken bei dem bisherigen Beispiel eingesetzt werden.

Thema	Analysetechnik			
	Kommunikations-Analyse	*Netzplan*	*ABC-Analyse*	*Multimoment-Auswertung*
Bestell- und Lieferverkehr			×	
Personen und Funktionen				×
Kommunikation	×			
Arbeitsschritte und Arbeitszeiten		×		

► Von der Ist-Analyse zum Soll-Vorschlag

Dieser Abschnitt der induktiven Vorgehensweise läßt sich folgendermaßen darstellen:

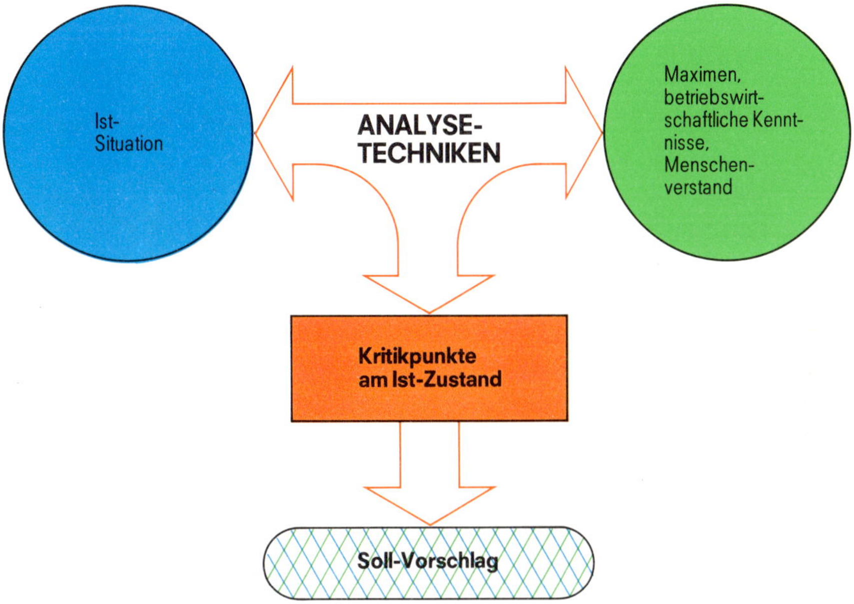

Der im Verlauf der Untersuchungen aufgenommene Ist-Zustand wird kritisch – Punkt für Punkt – unter die Lupe genommen. Dabei stützt sich das Team, das diese Analyse als Gesamtheit vollziehen sollte, auf die während der Voruntersuchung und der Zielformulierung gefundenen Maximen, auf seine (betriebswirtschaftlichen) Kenntnisse, auf Analysetechniken und auf den gesunden Menschenverstand.

Das Ergebnis der Analyse – die einzelnen Kritikpunkte – wird dazu benutzt, um in einem weiteren Schritt, der neben Erfahrungen und Beispielen aus anderen Bereichen einen erheblichen Anteil an Kreativität erfordert, einen Soll-Vorschlag zu entwickeln.

Diese beiden Schritte, die Analyse und die Umsetzung in einen Soll-Vorschlag, erfolgen für die verschiedenen untersuchten Themen. In einem dritten Schritt werden die einzelnen Soll-Vorschläge aufeinander abgestimmt und zu einem Grobkonzept vereinigt.

Sowohl für die Kritik am Ist-Zustand als auch zur Überprüfung von Soll-Vorschlägen läßt sich eine Reihe von Maximen formulieren:

Maximen z. B. für die Ablauforganisation

- ▷ Die Organisation sollte nach Regelfällen ausgerichtet sein
- ▷ Die richtige Information gehört zur rechten Zeit an die richtige Stelle
- ▷ Die Zahl der Arbeitsstationen ist zu minimieren
- ▷ Ablaufmäßig zusammengehörende Tätigkeiten sollten von einer Person wahrgenommen werden
- ▷ Die Organisation muß unabhängig von einzelnen Personen sein
- ▷ Rechtfertigungsarbeiten sollten ausgeschlossen werden
- ▷ Doppelarbeit ist zu vermeiden
- ▷ Arbeitsmittel müssen optimal eingesetzt sein
- ▷ Die Arbeit ist qualitativ (Fähigkeit) und quantitativ (Belastbarkeit) richtig zu verteilen
- ▷ Leistungs- und Aufwandskontrolle ist notwendig

Maximen z. B. für die Aufbauorganisation

- ▷ Möglichst einfache Organisation
- ▷ Möglichst flexible Organisation
- ▷ Grundsatz des kürzesten Befehlsweges
- ▷ Arbeitsgerechte Kontrollspanne
- ▷ Förderung von Delegation und Kommunikation
- ▷ Organisatorische Trennung von Linien- und Stabsfunktionen
- ▷ Eindeutige fachliche und disziplinarische Weisungsbefugnisse

Beispiel: Ablaufanalyse und Soll-Konzept bei der Eingangsphase einer Auftragsabwicklung

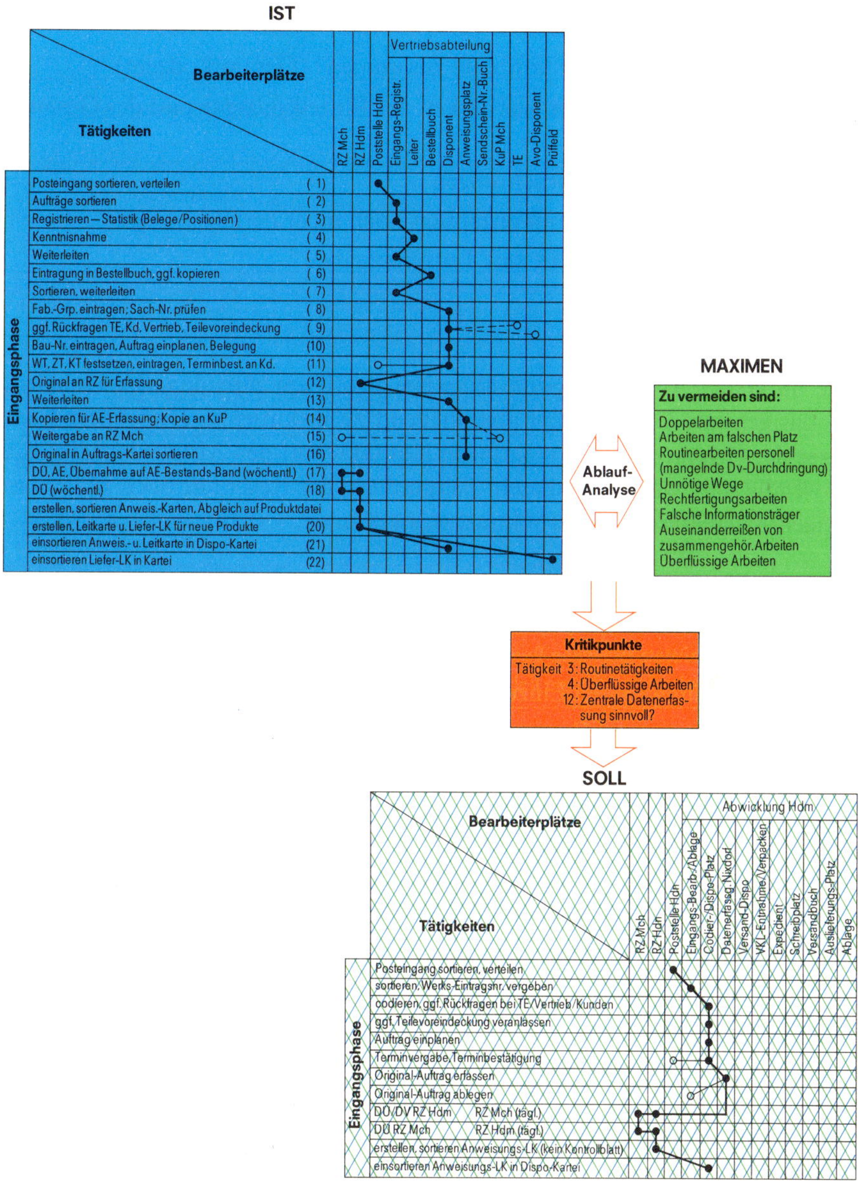

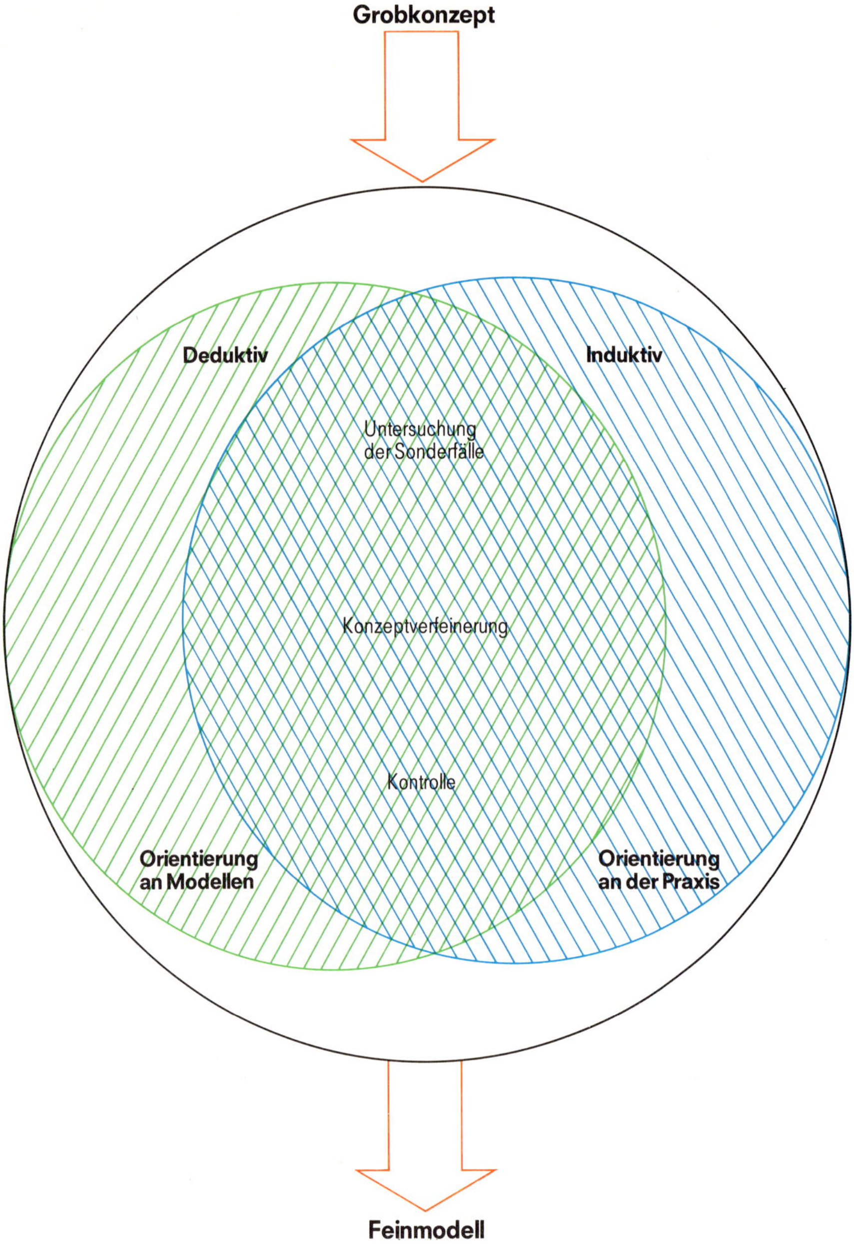
Grobkonzept
Deduktiv
Induktiv
Untersuchung der Sonderfälle
Konzeptverfeinerung
Kontrolle
Orientierung an Modellen
Orientierung an der Praxis
Feinmodell

Untersuchung der Sonderfälle

Das bislang aufgestellte Grobkonzept basiert auf Regelfällen. Im realisierungsreifen Feinmodell muß jedoch auch beschrieben werden, wie Sonderfälle abgewickelt werden können.

Hierzu einige am gegenwärtigen Ist-Zustand orientierte Ansätze:

▷ Aufbau von Checklisten
Alle vom Team durchgeführten Ist-Aufnahmen und Interviews werden zu Checklisten verarbeitet (z. B. Liste aller Funktionen, aller Kundengruppen usw.). Die im Konzept nicht berücksichtigten Sonderfälle werden besonders ausgewiesen und auf ihre sachliche und politische Wichtigkeit geprüft.

▷ Normen und Richtlinien
Alle bestehenden Normierungen und Richtlinien werden gesammelt und auf ihre Kompatibilität mit dem Konzept geprüft.

▷ Kalkulationen
Sämtliche gegenüber dem Ist-Zustand veränderten relevanten Werte werden kalkuliert, z. B. Durchlaufzeiten, Losgrößen, Personalkosten, Stückkosten, Gemeinkosten usw.

▷ Neue Schnittstellen
Alle durch das neue Modell entstehenden Schnittstellen werden beschrieben und in ihren Auswirkungen berücksichtigt.

Daneben müssen vorausschauend auch einige zukunftsorientierte Ansätze gewählt werden:

▷ Fehleranalyse
Im Rahmen des Grobkonzeptes werden alle möglichen Fehler, die auftreten können, einschließlich Pannen (z. B. menschliches Versagen) simuliert und ihre Auswirkungen abgeschätzt. Wo es aus Risikogründen richtig erscheint, werden im Modell Kontrollen und zusätzliche Sicherheiten eingebaut (z. B. Erstellung von Duplikaten wichtiger Unterlagen).

▷ Neue Randbedingungen

Jedes Konzept bewirkt die Entstehung neuer Randbedingungen, die frühzeitig erkannt und berücksichtigt werden müssen (höheres Anforderungsniveau an die zukünftigen Führungskräfte, bessere Qualifikation der Mitarbeiter usw.).

▷ Lebensdauer

Welche wirtschaftliche Nutzungsdauer sollen die auf Sonderfällen basierenden Lösungen haben? Sind die Einzellösungen bezüglich ihrer Lebensdauer in etwa abgeglichen? Wieviel soll in wahrscheinlich kurzlebige Detaillösungen investiert werden?

▷ Einpassung

Welche Auswirkungen hat das Gesamtkonzept im Detail auf die Struktur der Firma, Personal, Finanzen und allgemeine Hilfsmittel? Wie sollen z. B. die Anforderungsprofile für Stellenbesetzungen aussehen?

Konzeptverfeinerung

Das durch die vorangegangenen Untersuchungen zutage geförderte Material wird nun zur Verfeinerung und Anpassung des Modells an die Praxis verarbeitet. Hier einige zu lösende Aufgaben:

▷ Ausarbeitung von neuen Normierungen und Richtlinien sowie Annullierung der überholten
▷ Erstellung detaillierter Ablaufpläne für die Regelfälle
▷ Einbau von Zusätzen für wichtige Sonderfälle
▷ Gestaltung von Details (z. B. Raum, Hilfsmittel)
▷ Festlegung von Einführungsstufen und Einführungszeiten
▷ Aufbau eines Informations- und Schulungsprogrammes

Häufig ist hier nicht mehr genau festzulegen, was **noch** in den Planungsprozeß oder **schon** zur Realisierung gehört. Generell kann man jedoch sagen, daß Arbeiten, die eine Weisungsbefugnis voraussetzen, auf alle Fälle Bestandteil der Realisierung sein müssen.

Kontrolle

Die abschließende Kontrolle soll im wesentlichen über zwei Punkte Aufschluß geben:

- ▷ Nachweis der Wirtschaftlichkeit des zur Realisierung vorzuschlagenden Feinmodells
- ▷ Nachweis der Erfüllung der gestellten Aufgabe im Sinne des Planungszieles

Um in den abschließenden BA- und EA-Sitzungen zu einer positiven Entscheidung über das nun erstellte Feinmodell zu kommen, ist besonders zu belegen, daß

- ▷ die langfristigen Ziele der Geschäftsleitung berücksichtigt sind,
- ▷ die Finanzsituation berücksichtigt ist (für Einführungskosten),
- ▷ das Modell wirtschaftlich ist und im System operational angewandt werden kann,
- ▷ die organisatorische Eingliederung bei neuen Organisationseinheiten optimal gelöst ist,
- ▷ der Aufwand (Kosten, Zeit, Personen) für die Realisierung möglichst genau geschätzt und vertretbar ist.

Wieder sollte der BA zunächst in einer getrennten Sitzung von der Richtigkeit des Feinkonzeptes überzeugt werden, bevor der EA die Entscheidung über die Realisierung trifft.

Von der Planung zur Realisierung

Mit der Präsentation des Feinkonzeptes (Soll-Vorschlag) vor dem Entscheidungsausschuß endet meist der Planungsprozeß. Dabei entscheidet der EA, ob

- ▷ das Feinkonzept in der vorgestellten Form oder mit verändertem Inhalt verabschiedet wird und
- ▷ die Planungsergebnisse realisiert werden.

Während der abschließenden Sitzung hat der EA folgende Entscheidungsalternativen:

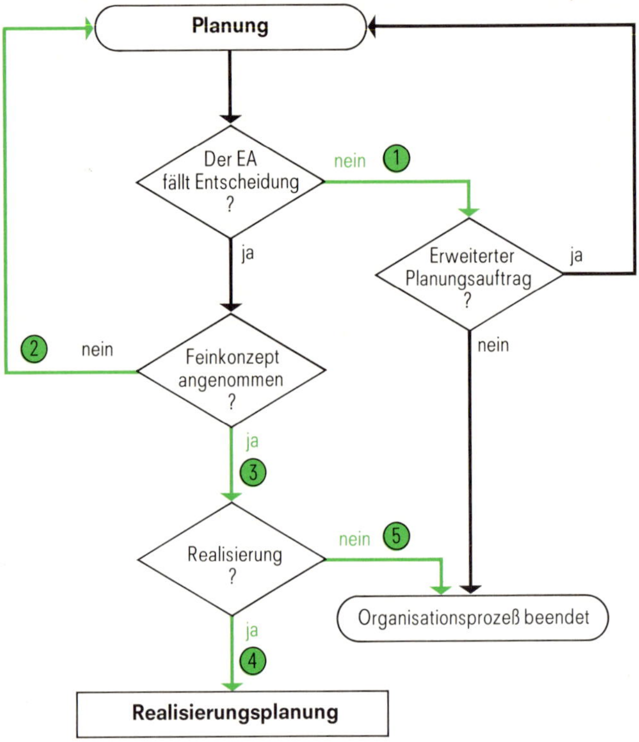

① Der Entscheidungsausschuß kann sich nicht einigen (über das Feinkonzept bzw. die Realisierung) und fällt deshalb keine Entscheidung. Dies sollte im Protokoll festgehalten und allen an der Planung Beteiligten mitgeteilt werden. Gelegentlich erweitert der EA auch die Planungsaufgabe, um weitere Informationen zu sammeln oder auch nur, um die Entscheidung zu verzögern.

② Der Entscheidungsausschuß lehnt das vorgeschlagene Feinkonzept ab. Der Planungsprozeß wird dann fortgesetzt, um die Änderungswünsche des Entscheidungsausschusses einzuarbeiten. Danach wird eine neue Präsentation vor dem Entscheidungsausschuß anberaumt.

③ Der Entscheidungsausschuß nimmt das Feinkonzept in der vom Planungsteam erarbeiteten Form oder mit geringfügigen Änderungswünschen an. Der Planungsprozeß endet mit der Einarbeitung von Änderungen und der Erstellung des *Planungsberichtes*.

④ Beschließt der EA auch die Realisierung der Planungsergebnisse, so folgt als nächster Schritt die Realisierungsplanung.

⑤ Der Entscheidungsausschuß lehnt die Realisierung ab oder verschiebt sie auf einen unbestimmten Zeitpunkt. Eine Vertagung ist in den meisten Fällen eine verdeckte Ablehnung und führt dazu, daß die Planungsergebnisse schließlich als Papierstapel in Aktenschränken deponiert werden.

Häufig wird eine Ablehnung der Realisierung mit besonders heftiger und gezielter sachlicher Kritik an Detailfragen begründet (meist persönliche Gründe).

Realisierung

VORFELD	Die Entscheidung für die Planung und die Planung der Planung	PLANUNGS-PROZESS	Die Verwirklichung der Planungs-ergebnisse
• Planung **in** und Planung **an** Organisationen • Der Weg zur Planung	VOR-UNTERSUCHUNG	Das Planungs-prinzip und die Phasen der Planung	REALISIERUNG

In der Realisierungsphase sind neue Aufbau- und Ablauforganisationen, aber auch betriebswirtschaftliche bzw. DV-Verfahren zu realisieren und die vorgesehenen Sachmittel im Unternehmen einzuführen.

Im Gegensatz zum Planungsprozeß handelt es sich bei der Realisierung um verhältnismäßig determinierte Aktivitäten. Während des Planungsprozesses entfernt sich das Team methodisch und sachlich relativ weit vom Ist-Zustand und bildet Modelle. Im Rahmen des Feinkonzeptes erfolgt dann wieder die Rückkehr zur Realität. Da im Verlauf des Realisierungsprozesses eine Vielzahl von arbeits- und damit zeitaufwendigen Detailaufgaben zu lösen sind, beansprucht dieser häufig das Dreifache der Planungszeit.

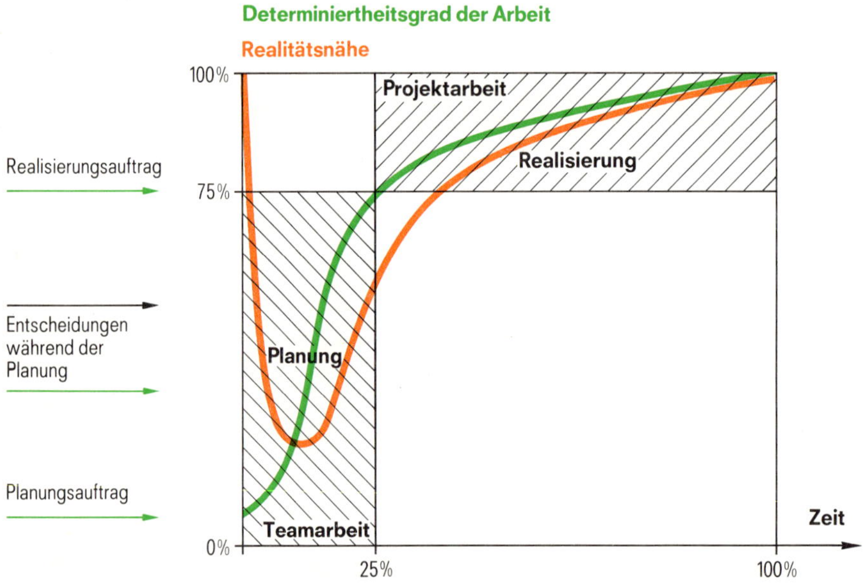

Planungs- und Realisierungsprozesse unterscheiden sich aber auch in Aufgaben und Methodik. Deshalb ist es sinnvoll, innerhalb eines Organisationsprozesses bei Planung und Realisierung unterschiedliche Organisationsformen (Teamwork-/Projektmanagement) anzuwenden und dabei teilweise auch personell – bei den Aufgabenträgern – eine Schnittstelle zu markieren.

Der Realisierungsprozeß läßt sich ähnlich wie der Planungsprozeß in einzelne Phasen unterteilen:

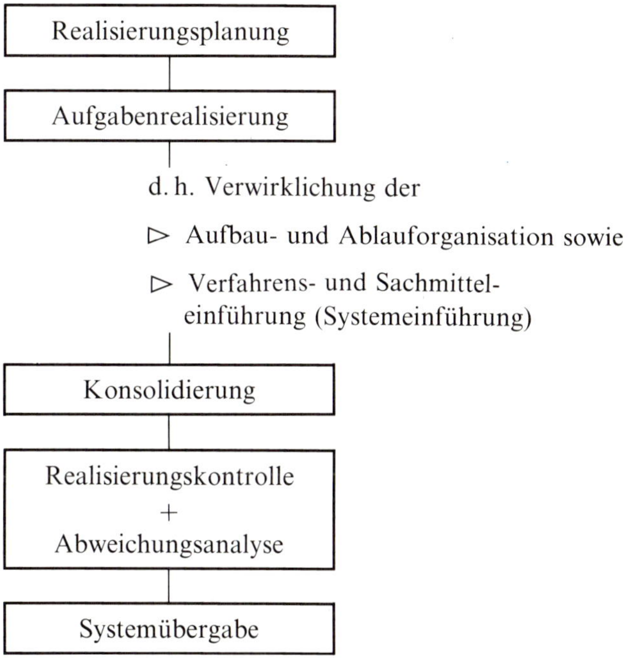

Wie beim Planungsprozeß sind auch hier innerhalb dieser Phasen die einzelnen Aktivitäten keinesfalls zwingend. So können z. B. Arbeitsgänge übersprungen werden oder andere auszuführen sein.

Realisierungsplanung

Sie wird teilweise noch von den Planungsinstanzen (Team, EA), aber überwiegend von den Realisierungsinstanzen bzw. den betroffenen Leitungsebenen wahrgenommen. Die Realisierungsplanung umfaßt im einzelnen

- ▷ Realisierungszeit- und -vorgehensplan
- ▷ Realisierungsinstanzen
- ▷ Realisierungsauftrag
- ▷ Termin- und Personalaufwandplan
- ▷ Informationswege und -flüsse
- ▷ Planung organisatorisch-technischer Voraussetzungen

Realisierungszeit- und -vorgehensplan

Das Planungsteam muß – u. U. schon im Rahmen des Feinkonzeptes – auch Realisierungsabschnitte definieren, die Reihenfolge der einzelnen Abschnitte und ihre gegenseitige Abhängigkeit aufzeigen sowie Realisierungszeit und Personalbedarf abschätzen. Dies läßt sich am besten in einem *Netzplan* darstellen.

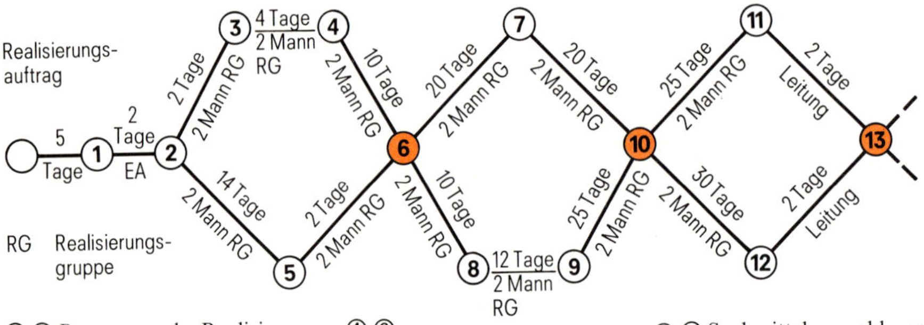

①-② Benennung der Realisierungsinstanzen und -personen und Arbeitsaufnahme

②-③ Termin-/Personalaufwandplan

③-④ Festlegung der Informationen und Informationsflüsse

②-⑤ Steuerung und Überwachung organisat.-techn. Veränderungen

④-⑥, ⑤-⑥ Sonderfallregelung

⑥-⑦ Verfahrensbeschreibung „Fertigungsregelung"

⑥-⑧ Verfahrensbeschreibung „Lagerdisposition Ff"

⑧-⑨ Verfahrensbeschreibung „Lagerdisposition RHB"

⑦-⑩, ⑨-⑩ Sachmittelauswahl, -entwurf, -bestellung

⑩-⑪ Stellen-, Arbeitsplatzbeschreibungen der techn. Stellen

⑩-⑫ Stellen-, Arbeitsplatzbeschreibungen der kaufm. Stellen

⑪-⑬, ⑫-⑬ Personalplanung

⑥ ⑩ ⑬ Ecktermine für wichtige Abschnitte

Die Realisierungsinstanzen

sowie die Personen, mit denen sie besetzt werden, sind durch den EA im *Realisierungsauftrag* zu benennen. Diese Personen werden entweder vom Realisierungsleiter oder von den EA-Mitgliedern über ihre Funktionen und Aufgaben informiert.

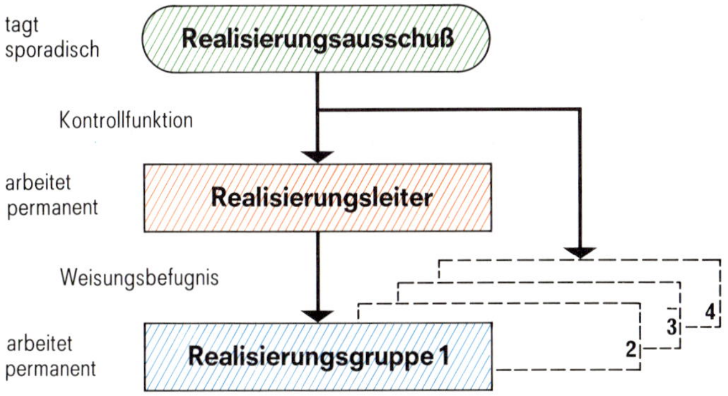

Die Realisierungsgruppe (RG) setzt die Planungsergebnisse in detaillierte Beschreibungen und Sachmittel um und führt diese im Unternehmen ein. Je nach Umfang der Realisierungsaufgabe besteht die RG aus zwei oder mehr Mitgliedern. Dabei ist besonders darauf zu achten, daß auch Planungsteammitglieder in die RG einbezogen werden, um die Identifikation mit den Planungsergebnissen zu gewährleisten. Diese Identifikation ist unbedingte Voraussetzung für die Lösung von Detailproblemen, ebenso wie Motivations- und Überzeugungsfähigkeit für den Abbau von möglichen Widerständen.

Häufig ist es vorteilhaft, eine „rollierende" RG einzusetzen, in der Planungsteammitglieder die Kerngruppe bilden. Diese wird entsprechend der Problemstellung durch Bereichspezialisten ergänzt, die nach Lösung der Einzelprobleme wieder ausscheiden.

Mögliche RG-Zusammensetzung	Vorteile	Nachteile
das Planungsteam (PT) realisiert allein	• Exakte Interpretation der Planungsergebnisse • Identifikation mit den Planungsergebnissen • Informationsvorteil • Flexibilität bei Realisierungschwierigkeiten	• Widerstände aus dem Bereich • Mangelnde Detailkenntnisse bei Sonderfällen • Planungsmüdigkeit • Hohe Kosten (falls mit Unternehmensberatern geplant wird)
RG besteht aus PT-Mitarbeitern und Bereichsfachleuten	• Praxisnähe und Planungsideen sind vertreten und ermöglichen optimale Realisierungsbedingungen	
RG ohne PT-Mitarbeiter	• Praxisnähe	• Das Gedankengut der Planung muß teilweise noch einmal erarbeitet werden • Mangelnde Identifikation mit den Planungsergebnissen • Mangelndes Engagement

Die optimale Zusammensetzung der RG liegt demnach vor, wenn Erfahrungsträger des beplanten Bereiches mit PT-Mitgliedern zusammenarbeiten.

Bei umfangreichen Realisierungsarbeiten empfiehlt es sich, mehrere RG einzusetzen.

Eine reibungslose Realisierung ist nur möglich, wenn auftretende Probleme schnell und gründlich beseitigt werden. Die RG ist bei der Lösung dieser Probleme häufig überfordert und benötigt die Unterstützung durch den Realisierungsleiter bzw. den Realisierungsausschuß.

Der Realisierungsleiter (RL) ist verantwortlich für den Realisierungserfolg und sollte deshalb mindestens der mittleren Management-Ebene angehören. Die Aufgaben des RL liegen in der Vorbereitung, Durchsetzung und Überwachung der Realisierung. Bei Problemen ist der RL Verbindungsmann zwischen der RG und den Bereichen.

Der RL hat gegenüber der RG Weisungsbefugnisse; im Gegensatz zur Planung ist eine Hierarchisierung (d.h. Projektmanagement) zweckmäßig.

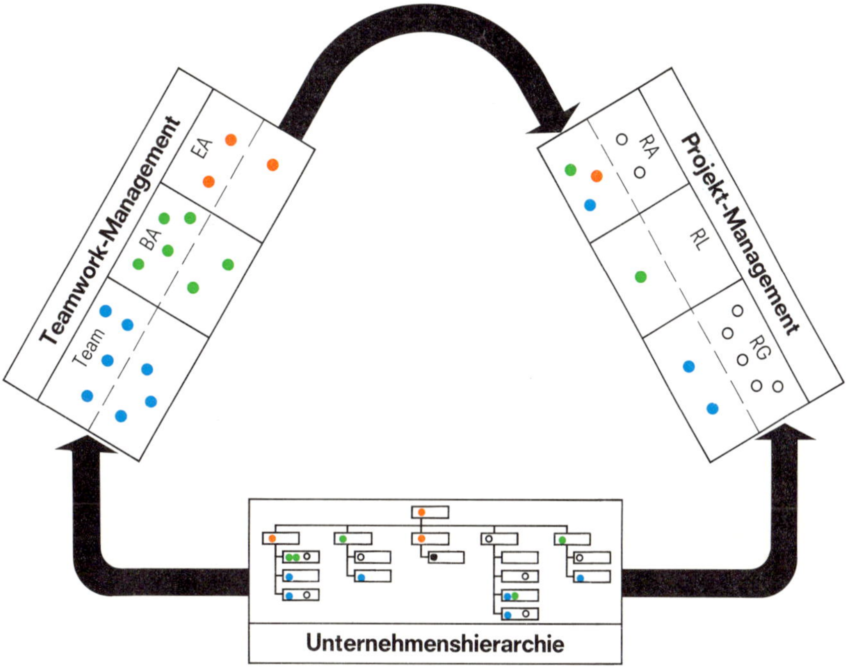

Der Realisierungsausschuß (RA) hat primär Kontrollfunktionen:

- ▷ sporadische Überwachung der Realisierungsschritte
- ▷ Einhaltung der Planungsgedanken

Im RA sollten Vertreter des Entscheidungsausschusses, Beratungsausschusses und des Planungsteams vertreten sein, um die Verantwortung der ehemaligen Planungsinstanzen bis zur Beendigung der Realisierung aufrechtzuerhalten. Der RA tritt fallweise auf Veranlassung des RL, der RG oder aber aus eigenem Wunsch zusammen.

Realisierungsauftrag

Wesentliche Komponenten des Realisierungsauftrages sind die Inhalte der Realisierungsentscheidung, die Besetzung der Realisierungsinstanzen und die Festlegung des Realisierungsbeginns. Dies wird dem Team in schriftlicher Form und von allen Entscheidungsausschußmitgliedern unterschrieben mitgeteilt.

Der Realisierungsprozeß sollte zeitlich lückenlos an die Planung anschließen. Eine Verzögerung führt entweder dazu, daß aus der Planung keine Erfahrungsträger mehr zur Verfügung stehen oder daß die Ergebnisse und Probleme der Planung selbst den Teammitgliedern nicht mehr so geläufig sind.

Termin- und Personalaufwandplan

Zur Festlegung des Zeit- und Personalbedarfes und zur Überwachung der Realisierung ist es zweckmäßig, einen Termin- und Personalaufwandplan aufzustellen. Dieser zeigt die einzelnen Tätigkeiten in ihrer zeitlichen Reihenfolge und voraussichtlichen Dauer sowie den Personalbedarf (manpower) und die berufstypologische Bezeichnung des erforderlichen Realisierungspersonals.

Beispiel:

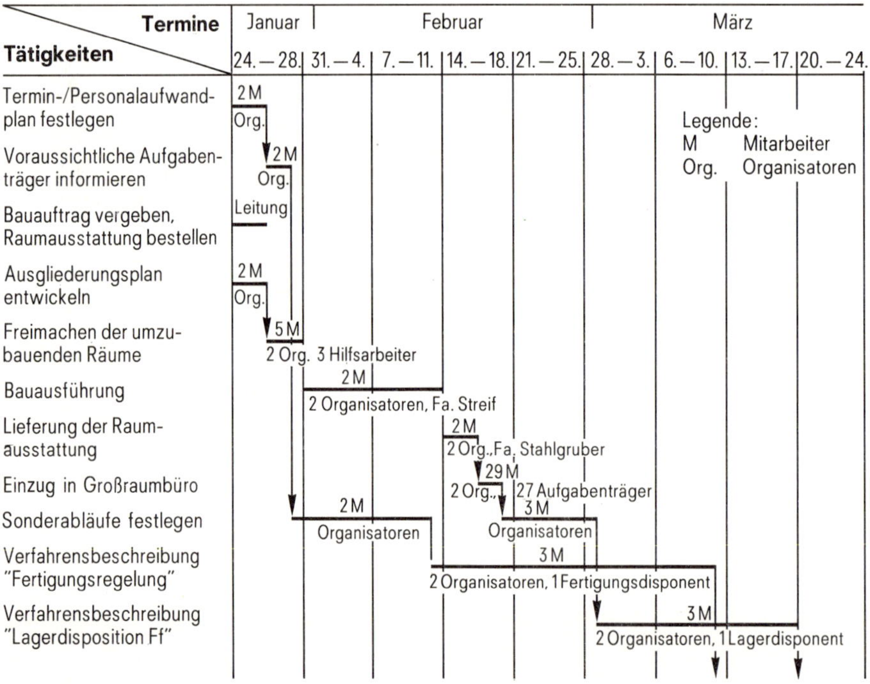

Personalanforderung in Urlaubsperioden niedrig halten.

Außerordentliche Vorkommnisse berücksichtigen (z. B. Fußball-Weltmeisterschaft).

Informationelle Voraussetzungen

Eine der ersten Aufgaben der RG ist, den über die Realisierung zu informierenden Personenkreis zu ermitteln. Zielgruppen sind dabei insbesondere

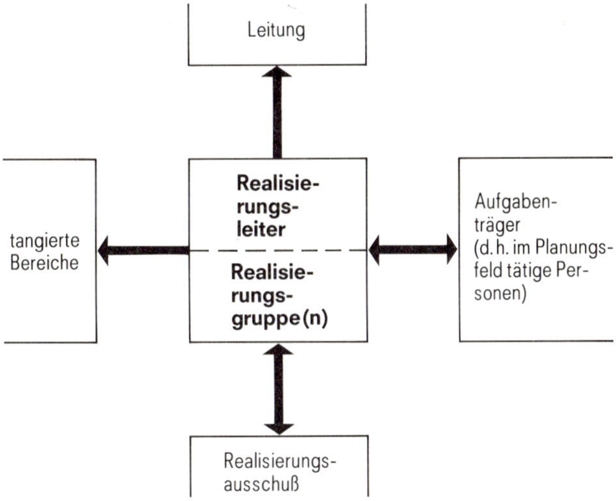

Die Informationen für die **Aufgabenträger** können sich von der einmaligen Präsentation von Arbeitsergebnissen bis zu mehrtägigen Diskussionen und Motivationsgesprächen erstrecken. Dabei können fachliche Anregungen der Aufgabenträger zu Ergänzungen des Feinkonzeptes führen.

Tangierte Bereiche sind Abteilungen oder Personen, die von der Realisierung nur am Rande betroffen sind, da sich z. B. Kommunikationswege oder Sachmittel ändern. Diese Bereiche erhalten laufend von RL oder RG die für ihre Arbeit erforderlichen Informationen (Arbeitsanweisungen, Organigramme, Verfahrensbeschreibungen).

Die Werk-, Geschäftsbereichs- oder Unternehmens**leitung** wird fallweise über die Realisierungsfortschritte vom Realisierungsleiter und von der Realisierungsgruppe informiert und um Unterstützung gebeten.

Der **Realisierungsausschuß** wird in festen Intervallen (z.B. monatlich) über den Realisierungsstand unterrichtet, aber auch über Schwierigkeiten, die vom RL oder der RG nicht beseitigt werden können.

Planung organisatorisch-technischer Voraussetzungen

Die Realisierung der Planungsergebnisse beinhaltet meist auch organisatorisch-technische Veränderungen, z. B.

- ▷ bauliche Umgestaltungen, Umzüge (z.B. Großraumbüros, Rechenzentrum),
- ▷ Änderung maschineller Ausstattungen (DV-Anlagen, Maschinen, Transportmittel).

Diese Veränderungen müssen qualitativ, quantitativ und zeitlich bereits durch das Planungsteam geplant und eingeleitet werden (Wirtschaftlichkeitsrechnungen, Einholen von Angeboten, Gegenüberstellen von Alternativen, Einführungsplan usw.). Die Vergabe von Bauaufträgen oder Bestellung von Maschinen erfolgt durch die im RA eingegliederten zuständigen Entscheidungsträger der Linie. Die Bauausführung, Installation von Maschinen und Anlagen sowie die Einführung steuert und überwacht die Realisierungsgruppe.

Aufgabenrealisierung

Sachliche Ergebnisse einer Organisationsplanung können sein:

- ▷ eine neue oder geänderte Ablauf- und/oder Aufbauorganisation,
- ▷ neue oder geänderte betriebswirtschaftliche und/oder DV-Verfahren,
- ▷ neue oder verbesserte Sachmittel.

Die Ablauforganisation (Soll-Ablauf) wird im Feinkonzept für die Standardabläufe folgendermaßen beschrieben:

in Arbeitsschritten, d.h. zeitliche und räumliche Verrichtungen an einem Objekt
in Gruppierungen, d.h. Zuordnung von Arbeitsschritten auf Stellen
in Abläufen, d.h. zeitliche und räumliche Reihenfolge von Arbeitsschritten bei allen Stellen des Planungsfeldes

Das Feinkonzept trifft in bezug auf die Aufbauorganisation (Soll-Struktur) Aussagen über notwendige Stellen (Abschätzung der Arbeitsleistung pro Aufgabenträger), deren weisungsgebundene und wichtigste Kommunikationsbeziehungen sowie ihre organisatorische und räumliche Stellengruppierung. Außerdem werden berufstypologische Anforderungsprofile für die Aufgabenträger (Stelleninhaber) angegeben.

Die Beschreibung erfolgt für Ablauf- und Aufbauorganisation in Form von Arbeitsabläufen, Formular-Durchlaufplänen, Organigrammen, Kommunikationsdiagrammen, Büro-Layouts usw.

Während des Realisierungsprozesses wird die geplante Ablauf- und Aufbauorganisation um die Beschreibung der Sonderabläufe ergänzt und in Stellenbeschreibungen, Arbeitsplatzbeschreibungen und Arbeitsanweisungen detailliert. Diese

- ▷ zeigen dem Inhaber seinen Aufgabenbereich,
- ▷ erschweren die Weiter- und Rückdelegation von unbequemen Aufgaben,
- ▷ erleichtern die Dienstaufsicht und Erfolgskontrolle,
- ▷ liefern Kriterien zur Aufgaben- und Leistungsanalyse,
- ▷ dienen als Unterlage bei Einstellgesprächen,
- ▷ sind ausgezeichnete Einarbeitungshilfen für neue Mitarbeiter.

Alle genannten Unterlagen sollten während der gesamten Realisierungsphase dokumentiert, vervielfältigt und in eine Ringmappe (=*Organisationsmappe*) einsortiert werden.

Die Stellenbeschreibung

▷ zählt die Zielsetzung und Aufgaben einer Stelle auf und erläutert, wodurch der Aufgabenumfang bestimmt wird und wie die Ergebnisse weiterverwendet werden,

▷ zeigt die Eingliederung des Stelleninhabers in die formale Aufbauorganisation, beschreibt dessen Kompetenz- und Verantwortungsbereich, umreißt das Anforderungsprofil an den Stelleninhaber, dokumentiert dessen rechtliche und innerbetriebliche Befugnisse und regelt die Stellvertretung,

▷ muß von der obersten Leitung des beplanten Bereichs und dem zuständigen Personalleiter verabschiedet und unterzeichnet sein, bevor sie dem Stelleninhaber ausgehändigt wird.

01 Bezeichnung der Stelle

02 Rang des Stelleninhabers

03 Vorgesetzte(r) des Stelleninhabers
(Stellenbezeichnung, nicht Name)

04 Unmittelbar unterstellte Mitarbeiter

05 Stellvertretung
Stelleninhaber wird vertreten durch ...
Stelleninhaber vertritt ...

06 Zielsetzung der Stelle (Hauptaufgabe)

Fachaufgaben:	Planungsaufgaben Entscheidungsaufgaben Ausführungsaufgaben Kontroll- und Überwachungsaufgaben
Sonderaufgaben:	Organisationsaufgaben Personalaufgaben Sonstige Aufgaben

07 Befugnisse des Stelleninhabers
Vertretungsbefugnisse (rechtliche Befugnisse)
Verfügungsbefugnisse (Berechtigungen)
Unterschriftsbefugnisse

08 Schriftliche Informationen der Stelle
Eingehende Informationen
Ausgehende Informationen

09 Zusammenarbeit mit anderen Stellen

10 Mitarbeit in Ausschüssen, Konferenzen, Arbeitskreisen
Innerbetriebliche
Außerbetriebliche

11 Einzelaufträge außerhalb des Aufgabengebietes

12 Bewertungsmaßstab für die Stelle

13 Anforderungen an den Stelleninhaber

14 Bemerkungen zur Änderung der Stellenaufgabe
Änderungsdienst für Stellenbeschreibungen

Die Arbeitsplatzbeschreibung

▷ zählt die Einzelaufgaben eines Arbeitsplatzes auf, erläutert ihren Sinn, beschreibt zu verwendende Verfahren und Sachmittel sowie die zeitliche und örtliche Ablauforganisation des Arbeitsplatzes,

▷ gibt die an- und abgehenden Informationen an, enthält Hinweise auf Gestaltung, Lagerung und Nutzung von Sachmitteln und umreißt die Gestaltung des Arbeitsplatzes,

▷ beschreibt die durchschnittliche Belastung des Arbeitsplatzinhabers und den Schwierigkeitsgrad der Aufgaben, regelt die disziplinarische Einordnung und Vertretung,

▷ muß vom zuständigen Abteilungsleiter des beplanten Bereiches, vom zuständigen Personalleiter sowie vom Betriebsrat verabschiedet und unterzeichnet werden, bevor sie dem Arbeitsplatzinhaber übergeben wird.

01	Bezeichnung des Arbeitsplatzes
02	Name des Arbeitsplatzinhabers
03	Anforderungen an den Arbeitsplatzinhaber (Berufsbezeichnung)
04	Vorgesetzter des Arbeitsplatzinhabers (Stellenbezeichnung, nicht Name)
05	Stellvertretung Arbeitsplatzinhaber wird vertreten durch .... Arbeitsplatzinhaber vertritt ....
06	Befugnisse des Arbeitsplatzinhabers Verfügungsbefugnisse (Berechtigungen) Unterschriftsbefugnisse
07	Zusammenarbeit mit anderen Stellen/Arbeitsplätzen intern: schriftlich, mündlich extern: schriftlich, mündlich
08	Entscheidungsaufgaben
09	Ausführungsaufgaben (Katalog der Arbeitsanweisungen), gegliedert nach Aufgabenpaketen und unter Berücksichtigung des zeitlichen Ablaufs
10	Zu verwendende Sachmittel (Arbeitsmittel) in alphabetischer Reihenfolge Bezeichnung und Aufgabe der Sachmittel Einsatz und Handhabung der Sachmittel Verweis auf technische Beschreibung der Sachmittel
11	Arbeitsplatzgestaltung
12	Schwierigkeitsgrad der Aufgaben am Arbeitsplatz
13	Belastung des Arbeitsplatzinhabers Physische Belastung Psychische Belastung
14	Änderungsdienst für Arbeitsplatzbeschreibungen

Stelle und Arbeitsplatz müssen nicht identisch sein – mehrere Arbeitsplätze können einer Stelle zugeordnet sein.

Die Arbeitsanweisung

- ist eine Form der Mitteilung über veränderte bzw. neue Abläufe oder Sachmittel für bestimmte Arbeitsplätze,
- schreibt dem Adressaten vor, was zu tun ist, aber nur pauschal, wie es zu tun ist. Sie bezieht sich in der Regel nur auf einen Teil der Aufgaben und Tätigkeiten und wendet sich an den Arbeitsplatzinhaber sowie dessen Vorgesetzten und tangierte Bereiche,
- muß die genaue Bezeichnung der geänderten bzw. neuen Tätigkeiten enthalten, bei Änderungen auch den Hinweis, welche Tätigkeit ersetzt wird.

Der Ressortverteilungsplan

tritt für die oberste Ebene eines Unternehmens an die Stelle der Stellenbeschreibung. Der Ressortverteilungsplan kann verrichtungsorientiert (Forschung und Entwicklung, Fertigung, Vertrieb usw.), objektorientiert (Werk A, Werk B; Produkt A, Produkt B), bei Kleinbetrieben häufig berufstypologisch (Technische und Kaufmännische Leitung) gegliedert sein.

Er sollte die Zuständigkeiten klar gegeneinander abgrenzen, die rechtlichen und innerbetrieblichen Befugnisse und die Stellvertretung der einzelnen Ressortleiter klarstellen und möglichst vollständige und eindeutige Organigramme für jedes Ressort enthalten.

Verfahren

Die im Verlauf der Planung formulierten Verfahren bzw. Formeln müssen im Verlauf der Realisierung in ablaufbezogene Arbeitsanweisungen umgesetzt werden (je Arbeitsplatztyp). Dabei sollten Verfahren, Abläufe sowie mathematische Formeln, soweit möglich, durch Darstellungen verdeutlicht werden (*Visualisierung*).

Oft lautet eine Teilaufgabe der Realisierung: Ein betriebswirtschaftliches Verfahren X ist auf die Datenverarbeitungsanlage zu übernehmen und abzuwickeln. Bei Dv-Verfahren beginnt die Realisierung mit dem Durcharbeiten und Ergänzen des Dv-Pflichtenheftes. Danach folgt die Programmierung mit der Erstellung detaillierter Datenfluß- und Programmablaufpläne und anschließender Codierung.

Programme müssen vor ihrem endgültigen Einsatz getestet werden. Bei Programmen mit bis zu 5000 Befehlen kann mit 4 bis 6 Testläufen, bei Programmen um die 10000 Befehle kann mit 20 bis 25 Testläufen durchschnittlich gerechnet werden.

01 Zweck und Aufgaben des Verfahrens

Zusammenfassende Darstellung der Ziele und der Aufgaben, die das Verfahren/Programm löst

02 Beschreibung der Eingabedaten (Stammdaten) und Datenträger

Herkunft, Erfassung (Datenträger), Aufbau (Schlüssel, Kennziffern, Datenformat usw.) und Bedeutung der Eingabedaten

03 Bei Dv-Verfahren: Beschreibung der Datenstruktur

Datenfelder, Datensätze, Dateien der Eingabe und Ausgabe, Daten-/Dateivolumen

04 Beschreibung der Lösungsoperationen in ihrem zeitlichen Ablauf

Herkunft, Aufbau, Leistung und Verwendungsspielraum der mathematischen Formeln, Vorgabe von unabhängigen Variablen und Faktoren in den mathematischen Gleichungen und Angabe des Gültigkeitsbereichs

Bei Dv-Verfahren: Angabe der zeitlichen Reihenfolge der Bearbeitungsschritte und Art der Bearbeitung, Programmablaufpläne

05 Bei Dv-Verfahren: Abgrenzung der einzelnen Verfahrens-/Programmbausteine gegeneinander mit Schnittstellenangaben, Verknüpfungsart und erforderlicher Arbeitsspeicherplatz

06 Beschreibung der Ausgabedaten und Datenträger

Aufbau (Sätze, Tabellen usw.), Ausgabeform (Datenträger und Listenbild), Bedeutung und Verwendung der Ausgabedaten

07 Beschreibung der Kontrollen und Sicherungen

bei der Eingabe, während der Verarbeitung, bei der Ausgabe, mit Angabe der Fehlerbehandlung, Vorschriften für treuhänderische und organisatorische Sicherheit (Aufbewahrungs-, Sperrfristen, Datenschutz)

08 Beschreibung der Anschlußstellen an benachbarte Verfahren/Programme

Verträglichkeit mit anderen Verfahren/Programmen

09 Hinweise auf ähnliche Verfahren mit Angabe wesentlicher Unterscheidungsmerkmale

10 Bei Dv-Verfahren: Angaben über den Einsatz des Verfahrens/Programmes

DVA-Konfiguration, Mindestarbeitsspeichergröße, Betriebssystem, Programmiersprache, Programmbearbeitungszeit, Ablaufturnus, Normen- und Einsatzvorschriften

11 Beurteilung des Verfahrens

Unmittelbar meßbare Vorteile: Kosten, Zeit, Personal, Raum
Mittelbar erfaßbare Vorteile: aktuelle Berichterstattung, bessere Beständedisposition usw.

12 Verwaltung, Wartung und Pflege des Verfahrens

Angabe der Wartungs- und Verwaltungsstelle und der Stelle für den Änderungsdienst, Hinweis auf Wartungs- und Verwaltungsvorschriften

Sachmittel

Die eingesetzten Sachmittel bestimmen wesentlich die Art und die Reihenfolge der Verrichtungen während des Arbeitsablaufes. Schon während des Planungsprozesses muß überlegt werden, welche Sachmittel an welcher Stelle eingesetzt werden können. Die endgültige Auswahl (Prospekte, Kataloge, Angebote) bzw. der Entwurf des geeignetsten Sachmittels wird während des Realisierungsprozesses vollzogen.

Für jedes Sachmittel müssen bei der Realisierung

▷ Aufgabe,
▷ Einsatz und Handhabung,
▷ technische Details,

angegeben werden. Die Aufgaben, der Einsatz und die Handhabung der Sachmittel werden in den Arbeitsplatzbeschreibungen und den Arbeitsanweisungen beschrieben.

Sachmittel im Büro dienen der

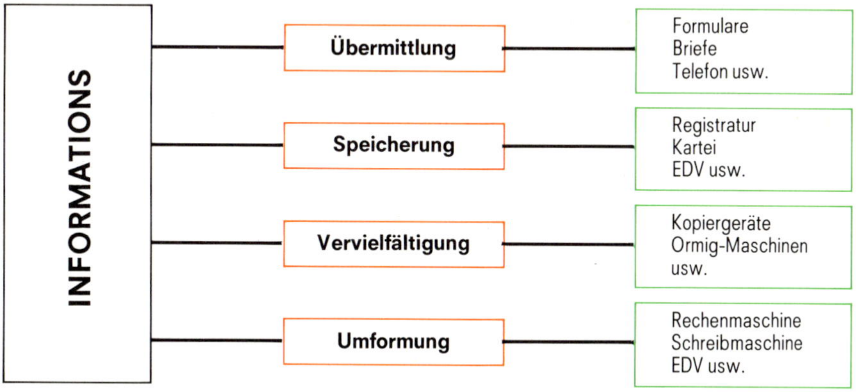

Wichtigstes Sachmittel im Büro ist nach wie vor insbesondere das Formular (Vordruck). Durch generelle Richtlinien zur Erstellung von Vordrucken und durch eine zentrale Vordrucksammlung lassen sich zusätzliche Rationalisierungseffekte erzielen.

Die Beschaffung von Sachmitteln ist Angelegenheit des Einkaufes. Die Gestaltung des Sachmittels und die Beschreibung der technischen Details bei Neu-Entwurf ist Aufgabe der Realisierungsgruppe. Sachmittel sollten sorgfältig und unter Ausnutzung kreativer Arbeitstechniken entwickelt und aufgrund umfassender Vergleiche am Markt ausgewählt werden. Mit der Zeit zu geizen wäre hier fehl am Platz, denn Sachmittel sind häufig kostenintensiv und – einmal eingeführt – schwer wieder abzulösen.

Systemeinführung

Jedes Planungsergebnis kann als System mit den Subsystemen Aufbauorganisation, Ablauforganisation, Verfahren und Sachmittel aufgefaßt werden. Sind alle notwendigen Strukturen und alle Arbeitsabläufe fixiert, alle erforderlichen Stellen- und Arbeitsplatzbeschreibungen sowie Arbeitsanweisungen für die neuen Verfahren und Sachmittel erstellt, so kann mit der Systemeinführung begonnen werden.

Für die Systemeinführung gibt es drei Strategien:

Die schlagartige vollständige Einführung

ist wegen möglicher Schwachstellen in der Planung gefährlich und bringt die größte Unruhe in das Unternehmen. Sie kommt hauptsächlich bei aufbauorganisatorischen Änderungen in Frage.

Bei der Einführung einiger Verfahren, z. B. eines neuen Fertigungssteuerungsverfahrens, müssen große Menschengruppen schlagartig vom Stichtag ab anders arbeiten. Hier wird es sinnvoll sein, die Mitarbeiter vor dem Stichtag auf einer **Betriebsversammlung** zu informieren und ihnen Sinn und Zweck des neuen Verfahrens zu erläutern.

Die zeitlich stufenweise Einführung

Bei einem größeren Personenkreis bzw. bei Neu- oder Reorganisation von Abläufen und ggf. Strukturen ist die stufenweise Einführung vorzuziehen. Dabei werden jeweils 5 bis 10 Personen zu einer Gruppe zusammengefaßt, die ab einem bestimmten Termin nach dem neuen System arbeiten soll. Auf diese Weise kann sich die Realisierungsgruppe auf einen überschaubaren Realisierungsabschnitt konzentrieren und evtl. auftretende Planungsfehler ausfindig machen und korrigieren. Bei einer größeren Gruppe von Personen und größeren Abschnitten wird die Fehlersuche bedeutend schwieriger.

Die zeitlich parallele Einführung zum bisherigen System

Dv-Verfahren werden zweckmäßigerweise zeitlich parallel zum bestehenden System eingeführt. In den seltensten Fällen arbeiten neue Dv-Verfahren fehlerfrei und noch seltener können Menschen auf dem neuen Instrument Datenverarbeitung ohne Umlernschwierigkeiten „spielen". Die Dauer des Parallellaufes hängt von der Güte des Dv-Verfahrens, der Umstellungsfähigkeit und der Motivation der Betroffenen ab, überschreitet jedoch selten ein halbes Jahr.

Der zeitlich parallele Lauf eines alten und eines neuen Systems verursacht Kosten, die aber bei weitem niedriger sind als diejenigen, die entstehen, wenn ein neues Verfahren nicht zufriedenstellend arbeitet und das alte System bereits abgeschafft ist.

In jedem Fall beginnt die Einführung mit der **Schulung der betroffenen Mitarbeiter**. Einige Zeit vor dem Einführungsstichtag sollten die Betroffenen ihre Stellen- und Arbeitsplatzbeschreibungen zugeschickt bekommen. Die Mitarbeiter werden zugleich zu einem Informations- und Diskussionsgespräch eingeladen. Die Realisierungsgruppe kann nicht davon ausgehen, daß alle Mitarbeiter ihre Beschreibungen oder Anweisungen durchlesen oder vollständig verstehen. An Informations- und Schulungstagen besteht dann Gelegenheit, den einzelnen Mitarbeiter mit dem neuen System oder Subsystem vertraut zu machen, Zweifel und Unbehagen zu beseitigen und ihn für seine neuen Aufgaben zu motivieren.

Die Schulung erfolgt in den Schritten

Erklären und Begründen des neuen Systems

↓

Vorführen eines Standardablaufes

↓

An einem oder mehreren Fallbeispielen die Betroffenen selbst arbeiten lassen

Bei der Schulung sollte der Personenkreis 10 Mitarbeiter nicht überschreiten (u. U. stufenweise Einführungsgespräche). Am Einführungsstichtag sollten alle Realisierungsgruppenmitglieder und Spezialisten für diesen Einführungsschritt anwesend sein, um die Mitarbeiter zu beraten.

Konsolidierung

Die Konsolidierungsphase beginnt mit dem Einführungsstichtag. Während dieser Phase sollten in dem betroffenen Bereich keine weiteren Planungen und Realisierungen in Angriff genommen werden.

Das Arbeiten nach und in einem neuen System mit anderen Vorgesetztenverhältnissen, Kompetenzen und Verantwortungen, mit geänderten Abläufen, Verfahren und Sachmitteln, in einer noch nicht gewohnten Arbeitsumgebung bringt für die Betroffenen auch eine hohe psychische Belastung. Jede Veränderung organisatorischer Art hat neben der sachlichen Änderung auch Folgewirkungen auf Machtbefugnis, Aufstiegschancen und informelle Beziehungen. Die betroffenen Personen reagieren unsicher und mit Vorbehalten, manchmal sogar bewußt mit massivem Widerstand.

Erst nach 5 bis 10 Tagen werden die Mitarbeiter mit den neuen Tätigkeiten vertrauter sein und sich neue informelle Beziehungen abzeichnen. Treten Konflikte auf, so müssen diese rasch erkannt und beseitigt werden, um das neue System nicht in Frage zu stellen. Als Instrument dazu empfehlen sich Gruppensitzungen (feedback-sessions), an denen alle diejenigen teilnehmen, zwischen denen Spannungen bestehen. Der Moderator (ein Mitglied der Realisierungsgruppe) macht die Konflikte allen Beteiligten transparent, fordert sie zur Abgabe von möglichen Lösungen auf und verweist auf Konsequenzen der gemachten Vorschläge. Eventuelle Änderungen müssen in die *Organisationsmappe* übernommen werden.

Kontrolle und Abweichungsanalyse

Die Realisierung wird während des gesamten Prozesses durch den RL und sporadisch durch den RA überwacht. Die Kontrolle erfolgt durch Vergleich der realisierten Ergebnisse mit den Planungsergebnissen. Ergeben sich wesentliche Differenzen, so schließt sich eine Abweichungsanalyse durch RG und RL an.

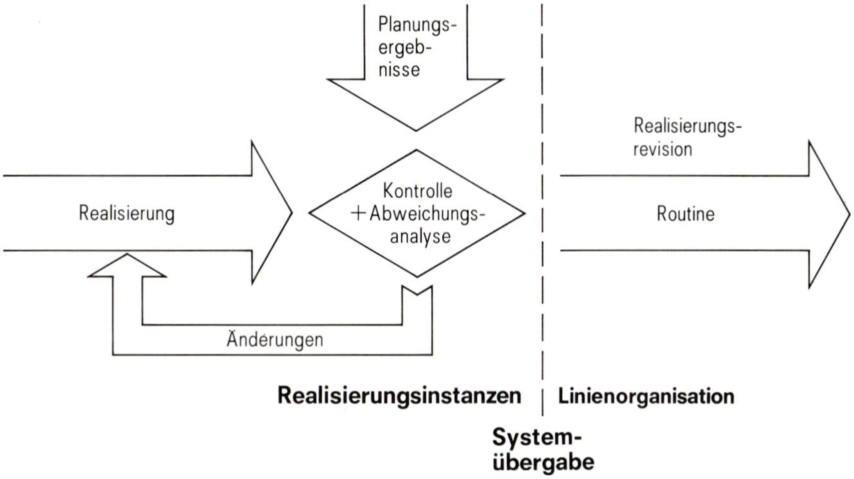

Die Abweichungsanalyse soll die Ursachen der Abweichung klarstellen. Diese lassen sich in vier Gruppen einteilen:

① Objektive Abweichungen aufgrund unterschiedlicher Planungs- und Realisierungssituationen

② Erforderliche Abweichungen aufgrund unzureichender oder fehlerhafter Planung des Planungsteams

③ Abweichungen aufgrund fehlerhafter Auslegung von Planungsergebnissen durch die Realisierungsgruppe

④ Abweichungen aufgrund von Unzulänglichkeiten der Aufgabenträger im Planungsfeld

Ein, spätestens zwei Monate nach dem Einführungsstichtag kann der Realisierungsleiter die Realisierungsinstanzen auflösen. Dies sollte in schriftlicher Form erfolgen mit Hinweisen auf evtl. zukünftige Kontrollmaßnahmen (mit Termin- und Zeitspannenangabe) sowie der Benennung der Linien-/ Stabsinstanzen, an die das neue System übergeben wird.

Systemübergabe

Sie erfolgt ein bis zwei Tage vor der Auflösung der Realisierungsinstanzen in einem abschließenden Round-table-Gespräch zwischen dem Realisierungsleiter, der Realisierungsgruppe und den systemübernehmenden leitenden Linien- und Stabsstellen. Dabei erhält das System – in der Regel die zuständige Organisationsabteilung – die vollständigen Realisierungsunterlagen in Form der **Organisationsmappe**.

Mit der Übergabe der vollen Verantwortung endet der Realisierungsprozeß. Kompetenz, Verantwortung, Pflege und Verwaltung der eingeführten Organisation, Verfahren und Sachmittel obliegen nun ausschließlich den Linieninstanzen (Linien- und Stabsstellen).

Nach einem halben bis dreiviertel Jahr sollten ein oder zwei Mitglieder des Planungsteams und der Realisierungsgruppe eine ein- bis dreitägige **Realisierungsrevision** im beplanten Bereich durchführen. Sinn dieser Revision ist

▷ festzustellen, ob die Planungsziele vollzählig und vollständig verwirklicht werden konnten (Erfolgskontrolle für Planungen),

▷ evtl. Vorgaben über Arbeitsvolumen und Zeitabläufe, die nicht wirklichkeitsnah genug angesetzt waren, zu revidieren (Arbeits- und Leistungsanpassung),

▷ den Linieninstanzen gezielte Verbesserungs- und/oder Anpassungsvorschläge bezüglich des neu eingeführten Systems machen zu können.

Grundinstrumentarium der Organisationsplanung

Bei jeder Organisationsplanung gibt es bestimmte Grundinstrumente, die das Team arbeitsfähig machen und der Planung mit zum Erfolg verhelfen können. Sie alle betreffen zunächst die Arbeit des Planungsteams selbst, erhalten aber durch ihre Strahlung nach außen erst ihre eigentliche Bedeutung.

Zur Vorbereitung der Beteiligten (PT, BA, EA) auf die Planung dient das **Planungsseminar.** In seinem Verlauf lernen sich die Personen kennen, die zu den einzelnen Instanzen gehören, werden Planungsmethoden und Techniken vermittelt und die Funktionen der Instanzen dargestellt.

Der nächste Abschnitt beschäftigt sich mit dem **Team.** Hier werden Arbeits- und Verhaltensweisen und damit die Ansprüche an die Teammitglieder erläutert. Hinzu kommt die Einbeziehung der Umwelt in die Planung durch das Team.

Mit dem kurzen Abriß über **Visualisierung** wird versucht, dem Team einen Leitfaden an die Hand zu geben, wie es während der gesamten Planungszeit gemeinsame Arbeitsunterlagen, präsentable Darstellungen und damit gleichzeitig eine Basis für den späteren Planungsbericht schaffen kann.

Der Abschnitt über **Präsentation** gibt Hinweise darüber, wie Probleme und Lösungen den verantwortlichen Gruppen und den an der Planung Interessierten dargestellt und wie dabei Zuhörer und Zuschauer zu aktiven Sitzungsteilnehmern gemacht werden können.

Der abschließende Hinweis auf den **Planungsbericht** stellt u.a. dar, wie ein solcher Bericht aussehen sollte und welche Bedeutung er besonders für die Phase der Realisierung hat.

Planungsseminar

Dieses Seminar zu Beginn einer Planung ist eine Informationsveranstaltung, die die Teilnehmer durch gemeinsame Aktivitäten motivieren und zum Erfolg führen soll. Das 2- bis 4tägige Seminar wird bei einem maximalen Teilnehmerkreis von 25 Personen (EA, BA, Team) von 2 bis 3 planungsneutralen Moderatoren gemeinsam durchgeführt (team-teaching).

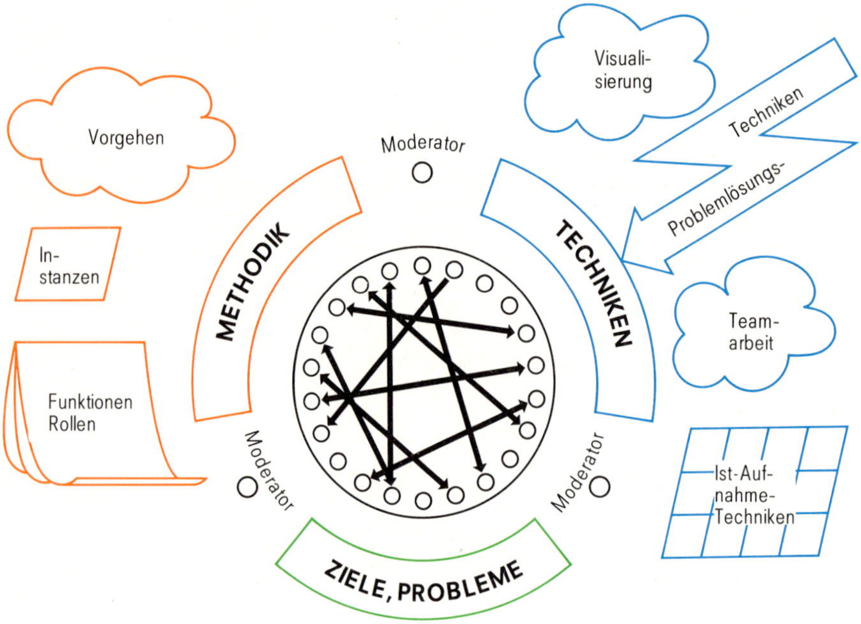

Ein solches Planungsseminar verfolgt im wesentlichen drei Ziele:

▷ Alle an der Planung beteiligten Systemmitglieder sollen mit dem Vorgehen (der Methodik) vertraut gemacht werden. Speziell den Mitgliedern von EA und BA sollen ihre Funktionen und Rollen (siehe Seite 49ff) als Bindeglied zwischen beplantem System und Team erläutert werden.

▷ Es dient dazu, die Form der Einbeziehung des beplanten Systems in die gesamte Planung anzusprechen (Informationsveranstaltungen, Rundschreiben, Teambriefe usw.). Auch sollte jeder Teilnehmer seine individuellen Zielvorstellungen bekanntmachen.

▷ Speziell den Teammitgliedern sollen Techniken verdeutlicht werden, die während der Planungsarbeit zum Einsatz kommen. Von wesentlicher Bedeutung ist auch das Aufzeigen von Verhaltensweisen, die für eine Kooperation und Kommunikation in der Gruppe Voraussetzung sind. Dem Team müssen dabei die psychologischen Aspekte der Gruppenarbeit bewußt gemacht werden, um die Teambildung zu erleichtern.

Daraus lassen sich zwei Abschnitte des Planungsseminars ableiten: zum einen der mehr arbeitstechnisch orientierte Teil (Techniken, Teamarbeit, Visualisierung), zum anderen der mehr informationelle Teil (Methodik, Ziele, Probleme).

Beispiel einer Veranstaltung

Planungsseminar UB . .
in Nürnberg vom 16.–18.7.1973

Programm

16. Teamarbeit
Gruppenarbeitsregeln
Problemlösungstechniken

Teilnehmer: Team (EA-/BA-Mitglieder sind willkommen)

17. Visualisierung
Ist-Aufnahme-Techniken

Teilnehmer: Team (EA-/BA-Mitglieder sind willkommen)

18. Planungsphasen
Planungsinstanzen
Funktionen, Rollen
Ziele, Probleme

Teilnehmer: EA, BA, Team

Es hat sich als vorteilhaft für den nachfolgenden Planungsprozeß erwiesen, wenn während dieses Seminars zeitweise eine Spielsituation hervorgerufen wird. Sie trägt wesentlich zu der für kreative Arbeit erforderlichen gelockerten Atmosphäre bei. Während des Seminars sollten sich weder Teilnehmer noch Moderatoren einem starken Zeitzwang oder Vollständigkeitsanspruch unterwerfen; sondern vielmehr ist Wert darauf zu legen, daß die Teilnehmer das vermittelte Wissen in der Planung anwenden können.

Für die Durchführung ist ein eingerichteter *Planungsraum* mit allen erforderlichen Hilfsmitteln nötig. Zur Abwicklung sei noch auf einige Punkte hingewiesen, die zu einem guten Gelingen beitragen können:

- ▷ gute Kontaktmöglichkeiten (etwas längere Pausen, gemeinsames Essen usw.)
- ▷ Vereinbaren von Abwicklungsregeln (z.B. gibt es auch Nichtraucher)
- ▷ Freizügigkeit und Freizeitangebot (Belastbarkeit der Teilnehmer beachten)
- ▷ Angebot von Erfrischungen

In gleicher oder abgewandelter Form (z.B. *Informationsmarkt, Präsentation*) können für die Mitglieder des beplanten Systems ebenfalls Seminare durchgeführt werden. Sie dienen dazu, den Planungsprozeß und die Arbeitsweise eines Teams, aber auch Ergebnisse, Gedanken und Modelle den Betroffenen transparent zu machen. Neben einem erweiterten Wissensstand führt dies in vielen Fällen auch zu einer positiven Einstellung gegenüber der gesamten Planung.

„Teamwork" . . .

wird seit einigen Jahren in den verschiedensten Formen im privatwirtschaftlichen Bereich – weniger noch im öffentlichen Verwaltungsbereich – praktiziert. Manchmal wird sogar damit renommiert:
„. . . das geschieht bei uns alles im Team!"

und

. . . „Team"

ist heute noch umstritten: Einerseits gibt es leidenschaftliche Verfechter, die ein Allheilmittel darin sehen („. . . da muß ein Team ran!"), und andererseits leidenschaftliche Gegner. („Zum Teufel mit dem Team!" wünscht sich der Verfasser eines amüsanten Artikels in PLUS 2/73).

Der oben angedeutete Streit (pro und kontra Team) scheint uns weltanschaulicher und führungspolitischer Natur zu sein. Fest steht jedenfalls:

Team ist kein Glaubensbekenntnis und Teamarbeit keine Spielerei (deren Spielwiese „Team", deren Mitspieler „Teamster" und deren Spielweise „teamen" heißen), sondern, um es gleich vorweg zu sagen:

Teamwork ist Team**arbeit**!

Teamwork heißt lernen – es genügt nicht, sofort loszumarschieren, „weil man's weiß". Man weiß **es** in der Regel nicht, und die anderen wissen auch nur **etwas davon**. Es gilt, zusammenzufügen und oft auch zu revidieren, was jeder einzelne weiß, und es gilt, das in Erfahrung zu bringen, was alle zusammen nicht genügend wissen.

Teamwork stellt Ansprüche – es ist anstrengend und nichts für Leute, die, wenn sie mit ihrem Teil fertig sind, glauben, danach auf der faulen Haut liegen zu können.

Teamwork provoziert – nicht nur in der Sache, sondern auch persönlich; Meinungen und Erfahrungen stehen hier nicht unter Denkmalschutz.

Teamwork kostet Zeit – denn jahrelang unter Druck getroffene Entscheidungen haben oft erst das bestehende Problem aufgehäuft; und derjenige, der mitten in einer Auseinandersetzung oder in einem Einigungsprozeß pünktlich um 16.30 Uhr den Filzschreiber aus der Hand legt, nimmt dem Team eine Chance.

Teamwork muß „gekonnt" sein – denn vom selbstzufriedenen Quasselverein über den von permanent zugespitzten Meinungsverschiedenheiten aufgeriebenen Haufen bis zur Unterwerfung unter eine innen oder außen stehende Führernatur reichen die Beispiele sachlich und personell gescheiterter Teams.

Wie ist ein Planungsteam in der Lage, schwierige und komplexe planerische Probleme in gemeinsamer Verantwortung erfolgreich zu lösen? Wie soll ein Team funktionieren?

Wir wollen versuchen, die Technik der Teamarbeit aus unserer – übrigens auch nicht immer ungetrübten – Praxis so darzustellen, daß das Team als die problemlösende Funktionseinheit des Teamwork-Managements verstanden wird.

Die Anwendung mehr oder weniger kooperativer Arbeits- und Führungsstile hat mit Teamarbeit noch sehr wenig zu tun. Verwaltungs- und fertigungstechnische Abwicklungstätigkeiten eignen sich schon von der Entscheidungsstruktur her nicht als „teamgemäße" Aufgaben. Allerdings bleibt festzustellen, daß sich die zukünftig vermehrten dispositiven Aufgaben im Hinblick auf gemeinsame Verantwortlichkeit nur noch durch Kooperationsformen bewältigen lassen werden, wie sie bei der Teamarbeit Anwendung finden. Leider erlebt man aber gerade bei strategischen Gremien oder Leitungskreisen heute noch gegenteiliges Entscheidungsverhalten.

Die Effektivität eines Planungsteams hängt im wesentlichen von folgenden Aspekten ab:

- Gruppenpsychologischer Prozeß der Teambildung
- Arbeitstechnische Voraussetzungen
- Verhältnis des Teams zur Umwelt (Instanzen und System)
- Vorgehensweise und Arbeitsweise
- Schwierigkeiten, Konflikte und Rollen im Team

Unter diesen Gesichtspunkten wollen wir das Team nun näher betrachten, um zu zeigen, daß Teamarbeit zu einem hohen Grad erlernbar – oder besser gesagt: trainierbar – ist.

Deshalb sollte jeder Planung ein mehrtägiges *Planungsseminar* vorausgehen, in dem sich alle beteiligten Instanzen über ihre Funktionen und ihre Arbeitsweise im Rahmen des Planungsprozesses verständigen. Mindestens zwei volle Tage davon sind allein dem Kooperations- und Methodentraining des Teams vorbehalten („Teamtraining“), um exemplarisch einige der für die planerische Arbeit notwendigen Techniken aktiv einzuüben und verstehen zu lernen. Als vorteilhaft erweist sich, diese Veranstaltung von Planungsfachleuten moderieren zu lassen, die an der Planung nicht beteiligt sein werden, und nicht durch die im Team selbst vertretenen Methodenkenner, damit sich diese ungestört ins Team integrieren können.

Beim Verzicht auf ein solches Training treten häufig Probleme auf, die eine Teamschulung unter erschwerten Bedingungen im nachhinein trotzdem notwendig machen.

Dieser auf Teamarbeit gerichtete Lernprozeß erstreckt sich über die gesamte Zeit der Planung und setzt sich bei jeder Planung fort. Teamtrainings und Darstellungen, wie auch die vorliegende, können und wollen nur Voraussetzungen dafür schaffen.

Gruppenpsychologischer Prozeß der Teambildung

Mehrere Personen aus verschiedenen Bereichen und möglicherweise aus verschiedenen Ebenen bringen nicht nur unterschiedliche Einstellungen zur Aufgabe mit, sondern auch unterschiedliche Verhaltensweisen. Wenn es nicht gelingt, gemeinsam Formen der Zusammenarbeit zu entwickeln, mit denen sich auf der Basis der Gleichberechtigung jeder identifizieren kann, wird jeder einzelne bewußt oder unbewußt versuchen, seine gewohnten Arbeitsbedingungen wieder herzustellen.

Der erste Tag im Team ist oft beherrscht von gegenseitiger Ratlosigkeit: „Worum geht's eigentlich? Was habe ich zu tun? Worüber kann ich mitreden? Was können die anderen?“

Hinzu kommt die Unsicherheit durch die Umgebung: ein weiter leerer *Planungsraum* mit Filzwänden statt Bildern, mit kleinen Planungstischen statt des gewohnten Schreibtisches, mit Hängeregistraturen statt Schreibtischschubladen, mit Filzschreibern statt Kugelschreibern, mit bunten Kärtchen statt Papier – ein Raum also, geschaffen für freie Zusammenarbeit. Und trotzdem wird versucht, alte Gewohnheiten beizubehalten: die Suche und Belegung eines festen Sitzplatzes am Fenster sowie das zeremonielle Fertigmachen zur Arbeit durch Suchen und Auflegen von Papier, Bleistift, Radiergummi, Lineal, Schere und Zettelkasten. Die gleichen Bemühungen können jedoch auch schon in der Beziehung zwischen den Personen sichtbar werden. Wer von Anfang an entschlossen auftritt, hat große Chancen, aus der Unsicherheit der anderen Kapital zu schlagen und zunächst bereitwillig als Bezugsperson akzeptiert zu werden. Während der ersten Stunden wird dadurch möglicherweise schon der Grundstein zu späteren Konflikten und manchmal sogar zum Scheitern des Teams gelegt.

Hier beginnt die Rolle des teamerfahrenen Planers – nicht, indem er die beherrschende Position einnimmt, sondern indem er Aktivitäten anregt, an denen sich alle gleichermaßen beteiligen können.

Um zu einer gemeinsamen Form der Zusammenarbeit zu kommen, müssen sich alle Beteiligten ihrer mitgebrachten Meinungen bewußt werden und ihre Einstellungen und Erwartungen gegenseitig offenlegen: auf Unausgesprochenes kann nicht geantwortet, auf Unbekanntes nicht reagiert werden.

Nicht über das sachliche Problem, sondern nur über die persönlichen Beziehungen ist zu erreichen, daß sich im Team Kenntnisse, Fähigkeiten und Initiativen aller Mitglieder voll entfalten.

Daher am Anfang:

Erzählen: ... was die anderen von mir wissen sollten ...
... ein paar persönliche Daten ...
... was ich mir am besten zutraue ...
... wo ich am meisten lernen kann ...
... was meine Kollegen sagen ...

Fragen: Jeder hat eine Frage an die anderen frei:
... wie bist du ins Team gekommen ...
... was magst du am liebsten ...
... was ärgert dich am meisten ...
... womit beschäftigst du dich am Wochenende ...

Kärtchen schreiben und anpinnen, um darüber zu reden:
(durch freie anonyme Äußerungen Ansatzpunkte für engagierte persönliche Diskussionen finden)
... welche Erwartungen knüpfen wir an unsere Arbeit ...
... mit welchen Schwierigkeiten werden wir es zu tun bekommen ...
... was störte uns während der ersten zwei Stunden und wie können wir das ändern ...
... was gefiel uns schon während der ersten zwei Stunden ...
... wozu müssen wir gemeinsam in der Lage sein ...

► Die für die Zusammenarbeit in Teams geltenden Regeln sind in erster Linie Verhaltensregeln.

Im Team müssen ganz bewußt Verhaltensregeln eingehalten werden, die auf der Grundlage der gemeinsamen Verantwortung, d.h. des gemeinsamen Erfolges oder Mißerfolges, internen Wettbewerb, persönliche Konkurrenz, Informationssperren und „einsame" Entscheidungen verhindern und den uneingeschränkten Einsatz aller Erfahrungen, Ideen und Kräfte ermöglichen.

Üblicherweise wird Leistungsverhalten als Einzelanstrengung in der Konkurrenzsituation anerzogen, verstanden und praktiziert. Dementsprechend ist unser Belohnungssystem so ausgerichtet, daß das Ziel der persönlichen Anerkennung fast schon zwangsläufig über das sachliche Ergebnis gestellt wird. Die Grenzen und Gefahren eines solchen Arbeitsstiles werden besonders in Problemsituationen deutlich, wie sie das Team zu lösen hat.

Es ist keineswegs übertrieben festzustellen, daß diese Umorientierung nicht nur für einige „autoritäre Typen", sondern zunächst für jeden persönliche Anstrengung und Kontrolle erfordert.

Spielregeln für ein Team

- Jeder erkennt den anderen als gleichwertigen Partner an
    - Rollen (z. B. Diskussionsleitung) werden ständig gewechselt
- Meinungen sollen ständig herausgefordert und geäußert werden – Schweigen bedeutet nicht Zustimmung
    - Zuhören ist genauso wichtig wie Reden
- Konflikte nicht verschleiern, sondern aufdecken und diskutieren
    - Meinungsverschiedenheiten sollen als Informationsquelle und nicht als Störfaktor betrachtet werden
- Innerhalb des Teams soll kritisiert, aber nicht getadelt werden
    - Es gibt keine Meinung oder Erfahrung, die nicht in Frage gestellt werden dürfte
- Lernbedarf muß jederzeit deutlich gemacht werden
    - Informationsgefälle ist abzubauen, Wissen ständig mitzuteilen (z. B. täglich $^1/_2$ Stunde Teamkonferenz)
- Alle Unterlagen stehen jedem jederzeit zur Verfügung (offene Ablage)
    - Entscheidungen sollen nicht durch Mehrheitsbeschluß, sondern mit weitestgehender Einstimmigkeit erzielt werden
- Keiner führt eine neue Aktivität aus, die nicht vorher gemeinsam beschlossen wurde (Vorgehensplan – Tätigkeitskatalog)
    - Die Aktivitäten jedes einzelnen müssen ständig allen bekannt sein (offener Terminkalender)
- Entscheidungen, Diskussions- und Arbeitsergebnisse sind laufend festzuhalten und durch Darstellungen sichtbar zu machen
    - Neue Aspekte und Zielabweichungen sind sofort mitzuteilen und zu klären
- Die Einhaltung der Spielregeln ist ständig zu beobachten – die Spielregeln sind, wenn nötig, neu zu diskutieren

Einige Bemerkungen zu den Spielregeln:

▷ Gleichwertigkeit meint Gleichgewichtigkeit der Argumente, egal wer sie ausspricht. Laien sind dazu da, um „Experten“ zu verunsichern. Wenn sich der Fachmann darauf allerdings – wie meist üblich – mit einer Killerphrase wehrt („Wieviel Bügelmaschinen haben Sie denn schon gebaut?“), wird es weder zu einer Klärung noch zu weiteren positiven Einwänden mehr kommen.
Gerade verschiedenes Fachwissen ist eine Voraussetzung für die Gleichwertigkeit der Teammitglieder, die sich nicht übertrumpfen, sondern ergänzen sollen.

▷ Bereits die einfachste Schreibfunktion vor dem Flipchart-Ständer übt Macht aus. Systematischer Rollenwechsel ist eine erhöhte Lernchance und fördert das Engagement des gesamten Teams.

▷ Zuhören ist nicht nur genauso wichtig wie Reden, sondern sogar noch schwieriger. Üben Sie einmal bei einigen Diskussionen, vor Ihrer Erwiderung jeweils das, worauf Sie erwidern wollen, inhaltlich zu wiederholen. Sie werden erstaunt sein, wie häufig dabei Mißverständnisse offenbar werden (ganz abgesehen von den Fällen, in denen die manipulierte Wiederholung als dialektisches Mittel von Ihnen eingesetzt wird!). Zwei Tips, um zumindest nicht andere beim Reden zu unterbrechen bzw. nicht selbst unterbrochen zu werden:
● spontane Einfälle und Einwände auf Kärtchen schreiben und sichtbar anheften, um sie hinterher zu diskutieren (*Diskussionstechniken*),
● den Zuhörer (der vielleicht auch gerne mal zu Wort kommt) nicht überstrapazieren: Redezeitbeschränkung bei Diskussionen (30-s-Regel) einhalten und bei anderen kontrollieren.

▷ Wir reagieren fast regelmäßig und bei allen Anlässen beleidigt, wenn jemand eine andere Meinung hat. Gesprächspartner helfen bei Problemen jedoch weiter als das eigene Echo. Motto: Auf Gemeinsamkeiten aufbauen und von Meinungsverschiedenheiten profitieren.

▷ Das Team braucht jeden. Es muß sich auf die Einsatzbereitschaft jedes einzelnen verlassen können und kann es sich nicht leisten, mit Mauerblümchen zu leben, die dem allgemeinen Informationsstand und dem Stand der Meinungsbildung hinterherhinken. Deshalb dürfen sich die einzelnen auch nicht gegenseitig „abzuhängen“ versuchen. Gemeinsames Lernen, gemeinsamer Informations- und Meinungsabgleich sichern die erarbeitete Basis und machen das Team stark.

▷ Das Ziel der Einstimmigkeit bei Entscheidungen sollte nicht dazu verleiten, eigene Standpunkte nur deshalb zu ändern, um das Verfahren abzukürzen. Es sollten tatsächlich nur solche Vorschläge unterstützt werden, zu denen wenigstens in den wichtigsten Punkten Übereinstimmung besteht. Wichtige Themen sollten ausdiskutiert und keinesfalls durch Abstimmung (Handaufheben) entschieden werden, um die Tragfähigkeit von Entscheidungen sicherzustellen.

▷ Die *Visualisierung* aller Aktivitäten und Ergebnisse gibt jedem (auch Nicht-Teammitgliedern) die Chance, sich zu informieren und informiert zu werden, kritische Ansatzpunkte zu finden und Ergänzungen anzubringen.

▷ Tätigkeitskataloge und offene Terminkalender hängen als großflächige „Papierhierarchen“ des Teams an den Wänden und sichern die gemeinsame Zielrichtung, wenn auf getrennten Wegen marschiert wird, sowie die Zusammenrufung des Teams bei aktuellen Anlässen.

Ein häufig verwendetes Mittel, um sich nicht mit Argumenten auseinandersetzen zu müssen, sind Killerphrasen. Es handelt sich dabei um – in vielfachen Variationen auftauchende – „Gesprächstöter“ in brenzligen Situationen und damit um Ausdrücke des persönlichen Abwehrverhaltens.

Killerphrasen

Das kann ja gar nicht funktionieren!
Darüber brauchen wir ja gar nicht erst zu reden!
Wir haben keine Zeit!
Wozu denn ändern? Es funktioniert doch!
Das wird überall so gemacht!
Wer soll denn das bezahlen?
Das können Sie nicht so beurteilen!
Was verstehen Sie denn davon?
Haben Sie denn da Erfahrungen?
Das kann doch nicht Ihr Ernst sein!
Was glauben Sie, wozu ich studiert habe?
Darum geht es doch gar nicht!
Glauben Sie mir das ruhig!
Wie lange sind Sie denn schon bei uns?
Ich weiß, was es heißt, ...!
Wie kommen Sie denn darauf?
Darüber sind wir uns ja wohl einig!
Nein!
....
....
....

Diese beliebig zu erweiternde Liste von Killerphrasen stammt durchaus nicht von ausgesprochenen „Schandmäulern“, sondern gehört zum täglichen Vokabular jedes Gesprächsteilnehmers.

So eine Liste – im Planungsraum ausgehängt und bei entsprechender Gelegenheit als Demonstrationsobjekt herangezogen – wirkt Wunder!

- Die Teambildung muß durch das Team selbst erfolgen und ist ein permanenter Verständigungsprozeß.

Die Leistungsfähigkeit des Teams hängt entscheidend davon ab, ob ein Team richtig funktioniert oder nicht. Es gibt niemand, der dem Team Aufgaben und Probleme abnehmen könnte, schon gar nicht die der internen Zusammenarbeit. Deshalb wäre es nicht nur unsinnig, sondern auch gefährlich, Diskussionen über die Bedingungen der Zusammenarbeit als „vergeudete Zeit" zu betrachten und zu vernachlässigen. Das gilt genauso für das Bemühen, sich eine gemeinsame Arbeitsorganisation zu schaffen.

Arbeitstechnische Voraussetzungen für das Team

Zu Beginn der Planungsarbeit stellen sich den Teammitgliedern zunächst einige praktische Fragen, die auf Zuruf schriftlich festgehalten werden können.

Über diese Fragen sollte man sich gleich einigen, denn

▷ giftige Blicke von ausgesprochenen Frühaufstehern gegenüber denen, die eine Viertelstunde später kommen, sind nicht nötig, wenn man sich darüber im klaren ist, daß die Leistung nicht von der Uhr abhängt (d.h. man kann ruhig auch mal eine halbe Stunde später kommen, wenn der Abend zuvor wegen eines aktuellen Problems 2 Stunden länger gedauert hat).

▷ es fördert die (auch sachlichen) Beziehungen im Team mehr, beim gemeinsamen Essen Gelegenheit zu Gesprächen zu finden, als wenn sich einzelne zu ihrem gewohnten „Mittagsstammtisch" zurückziehen. Wichtig ist, daß es innerhalb des Teams auch bezüglich des Mittagessens keine Privilegien einzelner gibt!

▷ ein wechselnder Kümmerer erspart es dem Team, daß sich alle – oder auch keiner – mit Verwaltungskram und Organisationsfragen und dem Betreuen von (un-)angemeldeten Besuchern beschäftigt.

▷ eine Inspektion des Planungsraums und seiner Ausstattung läßt das Team dort schneller heimisch werden und verhindert möglicherweise, daß später im entscheidenden Moment z.B. Klebestifte fehlen.

▷ der Planungsraum ist (hoffentlich) groß genug, um zu vermeiden, daß notorische Nichtraucher von starken Rauchern den Qualm direkt in die Augen geblasen bekommen – und er ist sicher auch groß genug, daß die Raucher nicht mit zittrigen Händen und den Blick auf die Uhr gerichtet warten müssen, bis die Stunde endlich um ist, nach der sie sich draußen im Flur wieder eine Zigarette anzünden können.

▷ es bekommt der gemeinsamen Arbeit sicher besser, wenn die Urlaubstermine abgestimmt sind, als wenn jemand seinen Urlaub stillschweigend und zähneknirschend „abschreibt" oder ohne Rücksicht auf Verluste und möglicherweise auch noch ganz plötzlich für ein paar Wochen verschwindet.

▷ für Teammitglieder, die im Planungsbereich nicht zu Hause sind, können die Schwierigkeiten beim Pförtner beginnen und auf der Suche nach einem Gesprächspartner oder beim Telefonieren enden.

Unmittelbar auf die bevorstehende Arbeit bezogen, sollte das Team folgende Fragen klären:

Wie regeln wir unsere Unterlagenorganisation?

Da die Ausstattung des Planungsraumes keine Schreibtischablage zuläßt (und nachdem Klarheit darüber herrscht, daß auch Unterlagensammlungen in Aktenkoffern dem Team nicht dienen), geht es hauptsächlich darum, allen die Vorzüge der Hängeblatt-Ablage zu verdeutlichen (z.B. keine 10fach-Kopien!) und gemeinsam zweckmäßige Ordnungskriterien für die Beschilderung zu finden.

Wie stellen wir den Informationsaustausch sicher?

Hier bewährt es sich, eine Nachrichtenecke einzurichten. Dort können alle Termine (offener Terminkalender), Aktivitäten (*Tätigkeitskatalog*), Probleme und Kontakte visualisiert und alle aktuellen Unterlagen und Mitteilungen für alle sichtbar an Filzwänden und Stecktafeln angesteckt werden, bevor sie in die Ablage kommen. (Auch ein teaminterner Kummerkasten hat in dieser Ecke noch Platz.)

Außerdem muß auf jeden Fall die direkte Information und Kommunikation des Teams geregelt werden, z. B. in Form einer bestimmten Kernzeit pro Tag oder Woche. Darüber hinaus besteht auch die Möglichkeit, daß das Teamplenum von einzelnen in akuten Situationen spontan einberufen wird.

Wie sollen unsere Vorgehensplanungen und Entscheidungsprozesse ablaufen?

Als Maxime ist festzuhalten, daß alle Zielformulierungen, Vorgehenspläne (Aktivitäten), Zielkontrollen und Entscheidungsprozesse im Plenum erfolgen.

Das hat zur Folge, daß besonders während der Anfangsphase sowie vor und nach BA- und EA-Sitzungen das Team verstärkt kooperiert, während es beispielsweise während der Ist-Erhebung längere Zeit getrennt agiert. Diese Zeiten des getrennten Vorgehens enthalten am ehesten die Gefahr mangelnder gegenseitiger Abstimmung, von Alleingängen und sogar von Einzelabsprachen, die zu Doppelarbeiten und Konflikten führen und den Arbeitsfortschritt erheblich hemmen.

Um die Plenumsarbeit effizienter zu gestalten, bietet sich die Regelung wechselnder *Moderation* an, die sich pro Person immer nur auf einen thematischen Schritt beschränken soll, damit jedem die Möglichkeit verschafft wird, einerseits methodische Impulse zu geben und andererseits auch wieder problemorientiert aktiv zu werden.

Dieser Wechsel stärkt sowohl das Engagement für das Team wie auch die Motivation für die sachliche Aufgabe und verhindert, daß sich Machtpositionen herausbilden. In Ausnahmefällen kann allerdings die Anteilnahme einzelner an ganz spezifischen Fach- oder Bereichsproblemen geringer sein als bei den übrigen Teammitgliedern, wobei sich weniger Betroffene als Moderatoren besonders anbieten.
Sicher werden auch während der Anfangsphase nicht ausschließlich die teamerfahrenen Planer die Moderatorenrolle übernehmen, um es den übrigen Teamkollegen zu ermöglichen, sich in der Moderation zu üben.

Wie regeln wir unsere externen Kontakte?

Von den Beziehungen zu den Planungsinstanzen und zu den Bereichen hängt die Tragfähigkeit und Realisierbarkeit der Planungsergebnisse ab. Daher muß die Gestaltung der externen Kontakte unbedingt vom Team gemeinsam getragen werden. Also: keine Alleingänge!

Sicher konnten hier nur exemplarisch die wichtigsten Aspekte geschildert werden, die ein Team arbeitsfähig machen. Dabei kommt es nicht so sehr darauf an, zu welchen Vereinbarungen sich das Team im einzelnen entschließt als vielmehr, daß es sich so organisiert, daß es als Kooperationszentrum des Planungsprozesses wirksam werden kann. Erfahrungsgemäß nimmt dieser Vorgang mindestens 2 Wochen in Anspruch und erfolgt nicht im luftleeren Raum, sondern in der Phase der Problemstrukturierung und mit Hilfe aller zur Verfügung stehenden Arbeitsmittel, wie ein Blick in den Planungsraum zeigen soll.

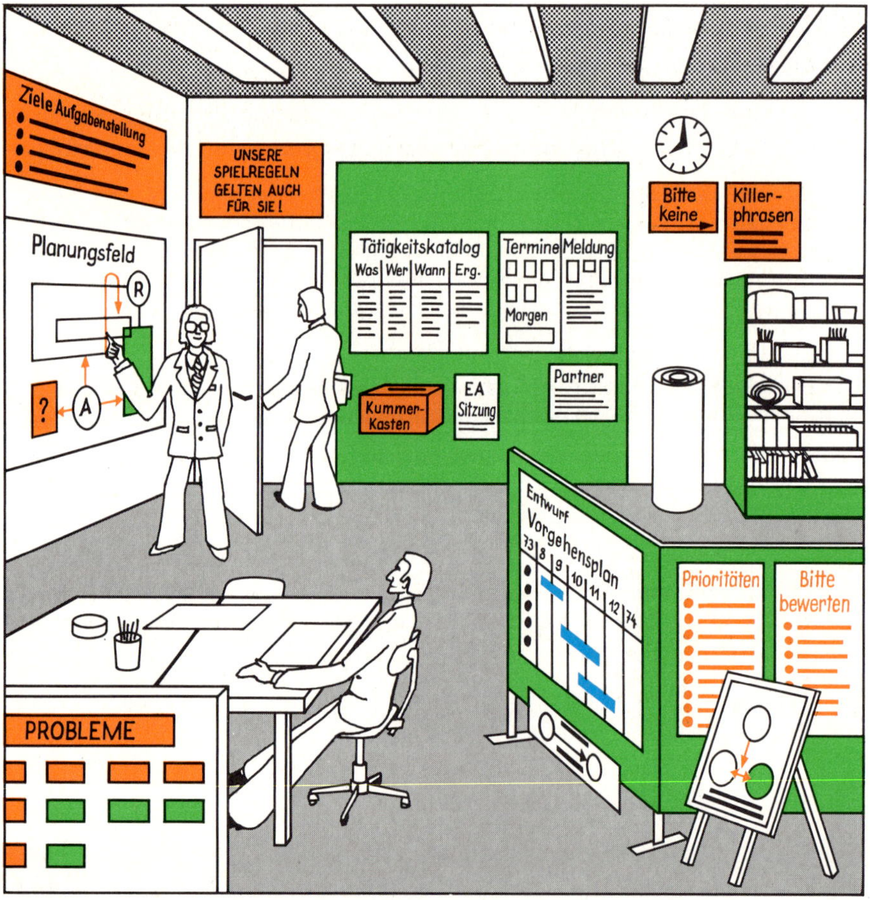

Verhältnis des Teams zur Umwelt

Das Team muß sich nach außen als „Team“ repräsentieren und von außen als „Team“ ansprechen lassen.

Die Zusammenarbeit im Team kann durch die Beziehungen zum beplanten System und zu den Planungsinstanzen stark beeinflußt werden.

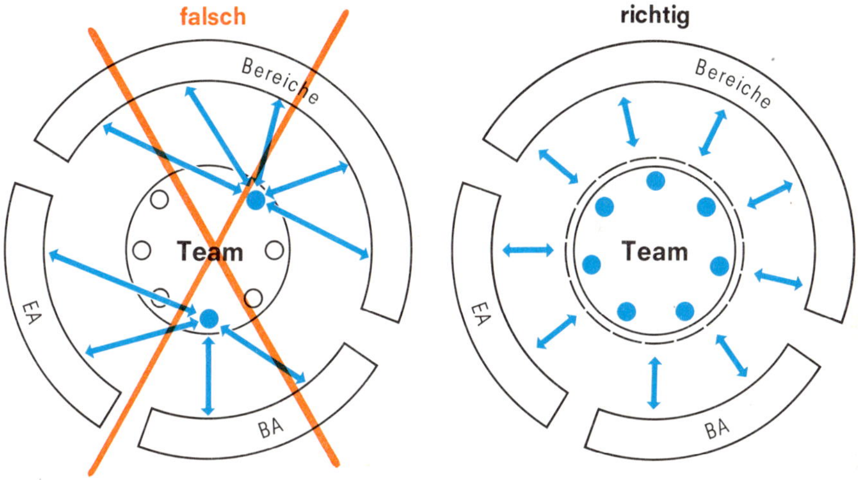

Im Team gibt es keine „Gewährsmänner“ – es gibt kein „Dr.-Müller-Team“!

Häufig versuchen die formellen und informellen Partner aus dem Liniensystem, sich nach dem gewohnten Prinzip der Kompetenzabgrenzung feste Bezugspersonen im Team zu sichern. In der Regel erfolgt diese Auswahl nach dem Bekanntheitsgrad und dem bisherigen Status der Teammitglieder.

Auf diese Weise werden von außen Rollen in das Team hineingetragen, die die Zusammenarbeit im Team erheblich stören, wenn sie nicht abgebaut werden.

Besonders gefährlich sind ähnliche Vorgänge von seiten der Planungsinstanzen, wodurch sich die Verantwortlichkeit quasi auf einzelne Teammitglieder konzentriert. Das führt zu einer starken Belastung der Rollenträger, die nun „zwischen zwei Stühlen“ sitzen, und zu Motivationsverlust bei den übrigen Teammitgliedern.

Da Teamarbeit und Linienarbeit sich in Funktion und Form in einigen wesentlichen Punkten unterscheiden, können sich im Verhältnis zwischen dem Team und seinen Bezugsgruppen Schwierigkeiten ergeben. Es liegt jedoch kein Anlaß vor, darin eine Gegnerschaft zu erblicken.

Aufgabe des Teams ist es, die Beziehungen so zu gestalten, daß der Planungsprozeß nicht beeinträchtigt wird, d.h. das Team selbst muß – z.B. durch sporadische Herausgabe eines Teambriefs – deutlich machen, in welcher Form es am besten unterstützt werden kann.

Die Verfahrensregeln eines Teams nach außen entsprechen den internen Spielregeln.

Am besten wird dem dadurch entsprochen, daß das Team seine internen Spielregeln konsequent auch nach außen anwendet. Andernfalls ist klar, daß beispielsweise auch vom EA personelle Schwerpunkte gesetzt werden, wenn die Präsentation der Planungsergebnisse immer nur durch ein Teammitglied erfolgt.

Rollen, die im Team selbst entstehen, werden von außen nur noch verstärkt.

Demgegenüber wird die positive Erfahrung, daß nicht nur einer, sondern alle aus dem Team in der Lage sind, Informationswünsche zu befriedigen, auch in den Bereichen die entsprechende Wirkung nicht verfehlen.

Kleine Tips aus der Praxis – für die Praxis

- ▷ Führen Sie ab und zu ein *Rollenspiel* durch, um sich auf wichtige Gespräche vorzubereiten.
- ▷ Gehen Sie bewußt abwechselnd ans Telefon und melden Sie sich nicht nur mit Ihrem Namen, sondern z. B. mit „Planungsteam-Auftragsabwicklung, Meier".
- ▷ Versuchen Sie, Anfragen stets selbst zu beantworten und geben Sie diese nur in notwendigen Ausnahmefällen weiter.
- ▷ Lassen Sie sich bei Terminen hin und wieder durch ein anderes Teammitglied vertreten und treten Sie überhaupt nur selten allein auf.
- ▷ Machen Sie in bestimmten Fällen ruhig deutlich, daß Sie nicht sofort allein entscheiden können.
- ▷ Machen Sie so häufig wie möglich den Planungsraum zum Ort von Interviews und Informationsveranstaltungen mit *Informationsgruppen.*
- ▷ Nehmen Sie sich gegenseitig die Arbeit mit Ihren Konfliktpartnern ab. Es ist nicht geschickt, jeden ausgerechnet immer gegen seinen eigenen Chef argumentieren zu lassen – es sei denn, er kommt tatsächlich am erfolgreichsten bei ihm an.

Das Team soll sich nicht von außen steuern lassen, sondern die Zusammenarbeit mit dem System selbst steuern.

Die Klagen eines Teams über „Belästigungen" zum ungeeigneten Zeitpunkt, über Unverständnis und Widerstände und sogar über Beeinflussungs- und Repressionsversuche durch das System lassen sich fast immer auf unterlassene Öffentlichkeitsarbeit oder falsche Informationsweitergabe zurückführen.

Keine Passivität!

- Machen Sie sich über jemand, der im Schmollwinkel sitzt und inkompetent scheint, nicht lustig, sondern beschäftigen Sie sich auch mit ihm!

- Fragen Sie Ihre Teamkollegen, was sie am planungsfreien Tag in ihren Abteilungen über die Planung hören!

- Beschweren Sie sich nicht über einen renitenten Dienststellenleiter beim EA, sondern laden Sie ihn zur nächsten BA-Sitzung ein!

- Gehen Sie nicht über gut (oder schlecht) gemeinte Vorschläge von „draußen" hinweg, sondern bitten Sie um eine gemeinsame Diskussion im Planungsraum!

- Haben Sie Verständnis, daß die Bereiche nicht immer Zeit für Sie haben, aber machen Sie Terminvorschläge statt auf „grünes Licht" zu warten!

- Stellen Sie sich auch mal in die Schuhe der anderen und planen Sie Ihre Informationstermine nicht nur nach eigenen „sachlichen" Bedürfnissen (Informationsbedarf ist gerade bei Planungen nicht immer nur sachlich begründet)!

- Gehen Sie als Team nicht davon ab, EA und BA nach den Bedürfnissen des Planungsfortschritts selbst einzuberufen! Aber erwecken Sie durch Versäumnisse nicht den Eindruck, als wollten Sie sich davor drücken, sonst wird man Ihnen in Zukunft die Termine diktieren!

Gezielt informieren!

- Einigen Sie sich phasenweise über die von außen gewünschten und für Sie zweckmäßigen Informationsinhalte, damit Ihre Gesprächspartner nicht von einem Teamkollegen das erfahren, was Sie verschwiegen oder das Gegenteil von dem hören, was Sie erzählt haben!
- Tragen Sie keine unausgebrüteten Eier nach draußen – solche Informationen gehören zu denen, die Klarheit eher beseitigen als herstellen und nur Gerüchte in Umlauf setzen.
- Streuen Sie Ihre Informationen nicht wahllos, sondern geben Sie Informationen an Informationsgruppen in einem Rahmen, der Ihnen die Kontrolle der Reaktionen ermöglicht. Der Planungsraum ist der geeignete Ort dafür.

Noch ein Problem muß in diesem Zusammenhang erwähnt werden. Es geht um den Abteilungsleiter, der seinen im Team planenden Mitarbeiter abends zu sich kommen läßt, um Spezialinformationen zu erhalten und Spezialanweisungen zu geben. Der Mitarbeiter darf sich nicht scheuen, seine Informationen von den Planungsinhalten mehr auf die Planungsmethodik zu verlegen und auf die Vorzüge richtiger Teamarbeit hinzuweisen sowie darauf, daß sich das Team gern die Zeit nähme, im Planungsraum anhand der dort vorhandenen Unterlagen effizient zu informieren und gleichzeitig Anregungen zu diskutieren. In hartnäckigen Fällen wird das Team sicher gemeinsam eine Strategie finden, um das Problem aus der Welt zu schaffen.

Vorgehensweise und Arbeitsweise
(Problemlösung im Team)

Planerische Aufgaben, wie sie im Team zu lösen sind, zeichnen sich durch einen hohen Grad der Komplexität, durch einen großen Informationsbedarf und einen weiten Ergebnisspielraum aus. Um diesen Faktoren gerecht zu werden und um als Team effektiv arbeiten zu können, sollten folgende Maximen gelten.

▷ Die Vorgehensstrategie wird stets gemeinsam entwickelt und korrigiert.

Das Team muß sich bei allen Aktivitäten immer über die gemeinsame Zielrichtung klar sein. In die Entwicklung der Vorgehensstrategie fließen alle im Team vorhandenen und dem Team verfügbaren (z.B. BA-, EA-) Aspekte der Problembetrachtung und der Zielvorstellungen für die Problemlösung ein. Deshalb erfordert dieser Vorgang besonders während der Anfangsphase relativ viel Zeit. Mangelnde Abstimmung und ungenügende Formulierung des Vorgehens führen zu Doppelarbeiten, zu nachträglichen Widerständen innerhalb des Teams und zur Selbstbeschäftigung einzelner Teammitglieder.

▷ Das Team soll sich nicht unter Zeitdruck setzen lassen.

Mit der Entwicklung der Vorgehensstrategie ist auch ein vorläufiger Terminplan aufzustellen. Unabhängig davon sollte sich das Team bei seiner Entscheidungsfindung nicht unter Zeitdruck setzen lassen. Die vielfach praktizierte Abkürzung des Verfahrens ist oft ausschlaggebend dafür, daß entscheidende Faktoren unterschätzt und ausgeklammert sowie chancenreiche Lösungsansätze „abgewürgt" werden. Das gilt bereits auch bei der Entwicklung der gemeinsamen Vorgehensstrategie.

▷ Das Team muß manchmal Unsicherheiten bewußt bestehen lassen.

Die eindeutige Klarstellung von Details ist nur bei Maßnahmen notwendig, die sich unmittelbar auswirken. Bei Planungsaufgaben jedoch bedeutet es oft eine vorschnelle Einschränkung der Möglichkeiten, in Punkten Entscheidungen zu suchen und „das letzte Wort" zu sprechen, wo dies für den Ablauf der Problemlösung noch gar nicht notwendig ist.

▷ Das Schließen von Informations- und Wissenslücken und die Erarbeitung neuer Methoden hat prinzipiell gemeinsam während der Arbeitszeit zu erfolgen.

Ebenso wie der Lernbedarf gemeinsam aufgedeckt wird, soll auch der Lehr- und Lernprozeß gemeinsam erfolgen, um Wissenslücken nicht nur des einzelnen, sondern des Teams abzubauen. Mit einem Studium im stillen Kämmerlein ist der gemeinsamen Aufgabe nicht gedient. Es ist vielmehr gut, sich von vornherein über die Bedeutung des gemeinsamen und an der Aufgabe orientierten Lernprozesses klar zu werden und sich darauf einzustellen, daß dieser nicht „nebenbei" stattfinden kann.

▷ Die Arbeit des Teams benötigt einen formalen Rahmen und entsprechende Verfahrensweisen

Kein Team kommt mit spontanen zweiseitigen Gesprächen oder zufälliger gegenseitiger Information und Abstimmung aus. Die Möglichkeiten zur Klärung der Situation, zur Koordination und Informationssammlung jeweils einen festen terminlichen und verfahrensmäßigen Rahmen aufzustellen, wurden im vorigen Abschnitt bereits beschrieben.

▷ Arbeitsphasen und Arbeitstechniken im Team

Teams arbeiten häufig ineffizient. Kurz gesagt:

- weil sie unnötige Konflikte aufbauen und sich mehr mit diesen als mit dem sachlichen Problem auseinandersetzen müssen,
- weil sie verschiedene Phasen der Problemlösung vermischen,
- weil sie zuwenig die Techniken der Problemdefinition, Ideenfindung, Bewertung und Entscheidung und des „Verkaufens" beherrschen und anwenden.

Eine Gegenüberstellung soll die entscheidenden Faktoren für falsches und richtiges Problemlösungsverhalten in Teams aufzeigen.

Fehlverhalten („Frustrations-Teams")	Bedingungen für Problemlösung („Kreativ-Teams")
• Zu frühe Bewertung von Vorschlägen	• Kritikfreie Ideenproduktion, Anwendung von *Problemlösungstechniken* • Weiterverfolgung von Vorschlägen (Überlagerung von Bezugssystemen und Denkmustern)
• Aktionen gegen Personen statt gegen das Problem	• Aktionen gegen das Problem statt gegen Personen
• Verfestigung der Denkmuster (Abwehr-Verhalten)	• Zahlreiche neuartige Lösungsansätze
• Eigenprofilierung	• Sachliche Bewertung

Durch eine Vermischung von Ideensammlung und kritischer Analyse/Bewertung kommt es zu Verteidigungshaltungen und damit zur Stabilisierung der mitgebrachten Denkmuster. Die verschiedene Art des Problemverständnisses und der jeweiligen Zielvorstellung wird dabei häufig nicht mehr offen mitgeteilt und kann deshalb auch nicht abgestimmt werden.

Zu frühe Angriffe auf Argumente führen zu gleichartigen Reaktionen auf der Gegenseite. Die Aktivitäten richten sich nicht mehr auf das Problem, sondern gegen Personen, das Spannungsfeld zwischen Selbstwahrnehmung, Fremdbild und Wunschbild verstärkt sich, statt sich abzubauen und erzeugt Abwehrmechanismen.

Problemflucht und Problemverschiebung, Prestigediskussionen und Rechthaberei, Agressivität und Rückzug, Orientierung außerhalb des Teams und Clownerie innerhalb des Teams setzen dafür deutliche Zeichen.

Neue Bezugssysteme zum Problem können dabei nicht entwickelt werden. Der Ergebnisspielraum ist stark eingeengt, der Arbeitsfortschritt verzögert sich durch fruchtlose Debatten, die Ergebnisse besitzen keine Tragfähigkeit.

Demgegenüber erhöht in trainierten Teams die gezielte situationsgerechte Anwendung von Techniken zur systematischen Ideenfindung (*Problemlösungstechniken*) einerseits und zur Ideenbewertung (*Bewertungstechniken*) andererseits die Quantität und Qualität der Ideen, Lösungsansätze und Ergebnisse erheblich.

Rezepte für die Anwendung einzelner Techniken sollen an dieser Stelle nicht gegeben werden. Um Techniken situationsgerecht einsetzen zu können, müssen ihr Zweck insgesamt bekannt und ihre Durchführung geübt sein. Der Organisationsplaner wird dem Team bei der Anwendung zunächst helfen müssen.

Schwierigkeiten, Konflikte und Rollen im Team

Gerade im Team tauchen immer wieder Probleme auf, die nicht im Vorbeigehen gelöst werden können. Deswegen ist es notwendig, die Einhaltung der Spielregeln und die Arbeitsweise von Zeit zu Zeit zur Diskussion zu stellen.

Eine zu diesem Zweck veranstaltete „Team-Andacht" macht müde „Teamer" munter und läßt Fehlverhalten erkennen. Hierbei wird häufig deutlich, daß Störungen, für die bisher sachliche und externe Gründe verantwortlich gemacht wurden, ihre Ursachen im Team selbst haben.

Folgende Fragen müssen offen beantwortet und ausdiskutiert werden:

- Wie ging das Team an die gestellte Aufgabe heran?
  Gab es Schwierigkeiten und welche?
- Hatten alle Teammitglieder ausreichend Gelegenheit, ihre Beiträge vorzutragen?
  Wie wurden die Beiträge vom Team aufgenommen?
- Bildeten sich Untergruppen?
  Wie kam es dazu?
  Wie verhielten sich die Untergruppen?
- Nahm ein Mitglied die Rolle des „Teamleaders" an?
  Wodurch entstand diese Rolle, und welche Konsequenzen hatte sie im Team?
- Gab es Außenseiter oder isolierte Mitglieder?
  Bei welchem Anlaß?
  Hat sich das Team „Sündenböcke" ausgesucht?
  Was tat das Team, um die isolierten Mitglieder wieder aufzunehmen?
- Welche Spannungen und Konflikte gab es im Team, die eine gemeinsame Lösung der Aufgaben erschwert oder verhindert haben?
  Was sind die internen Ursachen?
- Bei welcher Gelegenheit kam das Team besonders gut zu einer gemeinsamen Lösung?
- Wie hat sich die Einstellung zur Teamarbeit bei jedem einzelnen verändert?
- Welche externen Schwierigkeiten waren zu beobachten?
  betrafen sie nur einzelne oder alle?
- Wie reagierte das Team auf externe und sachliche Schwierigkeiten?
- Auf welche Punkte sollte in Zukunft besonders geachtet werden?

Zu einer offenen Aussprache zu kommen ist gerade anfangs nicht immer ganz einfach. Hier bietet sich die Form von *Transparenzfragen* an, in besonders „knisternden" Situationen hilft auch ein *Rollenspiel* weiter, um besser verstehen zu können, wo der Schuh drückt.

Die Aufstellung eines Kummerkastens gibt die Möglichkeit, spontan „Dampf abzulassen", und verhindert, daß die „Team-Andacht" zu einer Stunde gegenseitiger Beschwichtigung ausartet, die keinen befriedigt und für die Zukunft nichts bessert.

Das heißt freilich nicht, daß Aggressivität die richtige Grundhaltung dafür ist. Im Gegenteil: der gute Wille, gemeinsam mit Schwierigkeiten fertig zu werden, gehört dazu.

▷ Spannungen vermeiden (auch durch einen Scherz) ist besser, als durch aggressives Verhalten Spannungen zu steigern.

▷ Zwischen verschiedenen Standpunkten vermitteln und Gemeinsamkeiten festhalten ist besser, als sich auf die Seite rivalisierender Standpunkte zu schlagen.

▷ Äußerungen ermutigen ist besser, als Äußerungen unter den Tisch zu fegen.

▷ Seinen eigenen Anteil beim Entstehen und beim Lösen von Schwierigkeiten suchen ist besser, als sich zu rechtfertigen und sich dann zurückzuziehen.

Vermeidung von Konfliktaustragung, d.h. Ausklammern und Verdrängen friert Konflikte ein. Die Folgen sind Unzufriedenheit und Passivität.

Konfliktaustragung durch Feststellung des Siegers (z.B. durch interne Koalitionsbildungen oder taktisches Operieren mit BA- und EA-Mitgliedern) verzerrt die Problemlage zu Schwarz-Weiß-Bildern und ist prestige-, aber nicht problemorientiert. Die Folgen beim Verlierer sind Ressentiments sowie passiver Widerstand, Mißtrauen, Feindseligkeit.

Konfliktbeilegung durch „Kuhhandel" schließlich führt zu unsachlichen Positionskämpfen mit den taktischen Mitteln des Bluffs und des Rückzugsgefechts. Die Folgen sind unfruchtbare Kompromisse und Machtkämpfe statt Auseinandersetzung durch Argumentation und einer Problemlösung, die verschiedenen Zielen wirklich gerecht zu werden versucht.

Wie soll ein Team für das beplante System als kooperationsvermittelnde Zentrale erfolgreich funktionieren, wenn es nicht einmal intern der Probleme seiner Zusammenarbeit einigermaßen Herr wird?

„Im Suff kommt's raus!", sagt ein römisches Sprichwort. Versäumen Sie es als Team nicht, sich ab und zu auch mal abends zusammenzusetzen und einen „zur Brust" zu nehmen! Sie können sich genausogut auch einmal auf dem Sportplatz treffen, um einem Fußball oder Tennisball hinterherzujagen. Das muß nicht in Kumpanei ausarten, aber wer sich persönlich besser kennt und zusammen Spaß hatte, der kann auch besser und offener miteinander reden und arbeiten und der wird auch darauf verzichten können, zur Teamarbeit im dunkelblauen Anzug und mit Krawatte zu erscheinen.

Zitate · Zitate · Zitate · Zitate · Zitate · Zitate · Zitate · Zitate

- So genau kann man es gar nicht verstehen, daß man es eindeutig verstanden hat . . .
- Ein Grund zum Saufen, wenn man mal einen Gedanken von Herrn .... aus Ihrem Munde hört! ...
- Der Kaufmann hat die Pflicht, dem technischen Spielkameraden die Zahlen zu erläutern ...
- Es gibt manchmal Krach. Das wollen wir auch gar nicht vermeiden ...
- Und ich möchte Sie bitten, die mangelnde Unvollkommenheit an meinem Konzept herauszuarbeiten ...
- Ich bin manchmal unsachlich, aber dann ist das gewollt!...
- Und ich habe den Fehler, daß ich immer in Klammern stehe...
- Wir sind aus den Kinderschuhen der Scharlatanerie herausgewachsen! ...
- Na, ich seh' die Pleite schon auf uns hereinstürzen! ...
- Gestehen Sie mir doch zu, daß ich auch einmal von etwas nichts verstehe! ...
- Ich annulliere hiermit nachträglich Ihre Abstimmung! ...
- Das ist das Problem. Richtlinien schaffen: Du machst das, Du machst das! ...
- Ein Fortschritt kann auch einmal darin bestehen, daß man einen Schritt zurückgeht, wenn man einen Schritt zu weit gegangen war ...
- Hören Sie mir doch mit diesem Gerede von der Praxis auf. Ich kann das nicht mehr hören! ...
- Meiner Meinung nach müßte man die Menschen dazu bringen, daß sie vorher erklären, worüber sie reden ...
- Bis das realisiert ist, bin ich ja in Pension! ...
- Ich möchte mich gegen Ihre pauschale Aussage wenden, daß Sie sich pauschal gegen alles wenden ...
- Mit dem Team zusammen zu sein war schon immer ein Genuß!...

im Team erlauscht · im Team erlauscht · im Team erlauscht · im Team

Visualisierung

ist

- ▷ die bildliche Darstellung von Informationen
- ▷ die optische Darstellung des Standes einer Gruppendiskussion

soll

- ▷ den Redeaufwand verkürzen und Wiederholungen vermeiden helfen
- ▷ Informationen schwerpunktmäßig und schnell erfaßbar darstellen
- ▷ roter Faden für ein freies Referat sein

heißt nicht, daß

- ▷ eine Darstellung für sich selbst sprechen muß
- ▷ eine Darstellung einen abgeschlossenen Gedankengang widerspiegeln muß

Warum wird während der Planungsarbeit visualisiert?

▷ Das gleichzeitig Gehörte und Gesehene bleibt besser im Gedächtnis haften. Der Mensch behält durch:

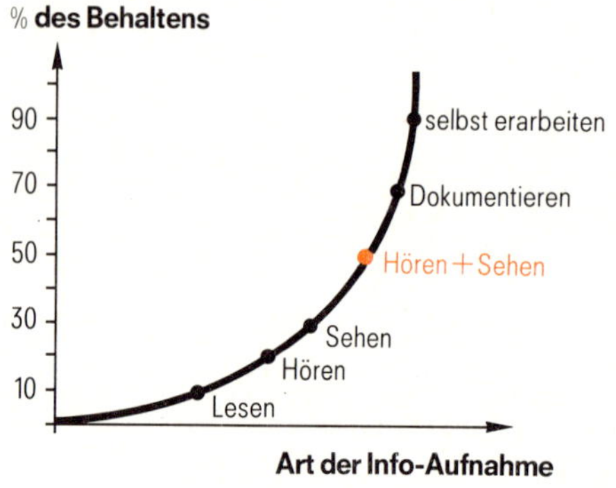

▷ Visualisierung erleichtert eine gleiche Interpretation bei allen Betrachtern.

▷ Sie zwingt den Darstellenden zu einer Selektion zwischen wesentlichen und unwesentlichen Aussagen.

▷ Visualisierung zeigt in einer Art Wandzeitung den jeweiligen Stand einer Planung und ermöglicht es dadurch, kurzfristig Externe umfassend zu informieren.

▷ Sie erweckt nicht den Eindruck des Unveränderbaren, Verabschiedeten, sondern regt spontane Stellungnahme an (Kritik, Änderungswünsche, Einverständnis, Erweiterungen usw.).

▷ Verbal schwierig zu erklärende Sachverhalte lassen sich visualisiert besser vermitteln. („Ein Bild sagt mehr als 1000 Worte".)

▷ Visualisierung ermöglicht es, Ergebnisse und Aussagen sofort darzustellen und festzuhalten, d.h. keine nachträglichen Schwierigkeiten bei Zusammenfassungen, Dokumentationen, Informationsweitergabe und Interpretationen.

Welche Regeln sind dabei zu beachten?

▷ Die Aussagen müssen eine Tendenz aufweisen (z. B. Motivation der Teilnehmer, Hinführung zu einer Entscheidung, positive oder negative Wertung).

▷ Die Aussagen sollten durch den Betrachter ergänzt werden können, also

- nicht zu viele Informationen
- freie Stellen lassen für Fragen, Ergänzungen
- Abfragen, Bewertungen einbauen
- Alternativen anbieten

▷ Einsatz von **unterschiedlichen Farben** (jedoch keine „Ostereier"!) und **Herausstellungsmöglichkeiten** (Seite 167)

Regeln bei der Visualisierung von Text

▷ Schrift muß der Größe des Raumes und dem Abstand der Teilnehmer zur Darstellung angepaßt werden (auch die „Hinterbänkler" sollten es lesen können).

Wichtig:

schreiben Sie freihändig

mit Groß- und Klein-
buchstaben

Filzschreiber
Edding
3000

und
leserlich

Filzschreiber
Edding
500

Entnommen aus: Metaplan-Reihe 2/1973

Beispiel für die mögliche Entwicklung einer textlichen Aussage

①	Thema	Entwicklung von Löhnen und Gehältern
②	Verkürzung	Personalkosten-Entwicklung
③	Erweiterung zur Aussage	Personalkosten 1973 35 Mio. DM

---

④	Einbringen einer Tendenz	Personalkosten-Steigerung auf 35 Mio. DM
⑤	Aussage erweitern	
	▷ zur Hypothese	sollten die Personalkosten weiter ansteigen, dann ...
	▷ zur Prognose	Personalkosten gestern 20 Mio. DM Personalkosten heute 35 Mio. DM Personalkosten morgen?
⑥	Aussage formulieren	
	▷ als Frage	Wann endlich tritt wieder eine gewisse Beruhigung der Personalkosten ein?
	▷ als Kritik	Personalkosten-Explosion oder Personalkosten steigen zu schnell
	▷ als Maxime	Die Personalkosten müssen in eine vernünftige Relation zu den anderen Kostenarten gebracht werden!

Regeln bei der Visualisierung mit Bild

▷ Zuviele Aussagen erschlagen den Betrachter und lenken vom eigentlichen Kern ab. Daher entweder weniger wichtige Aussagen verbal erläutern oder mehrere Schaubilder anfertigen.

Beispiel:

Umsatz nach Ländern

nicht so,

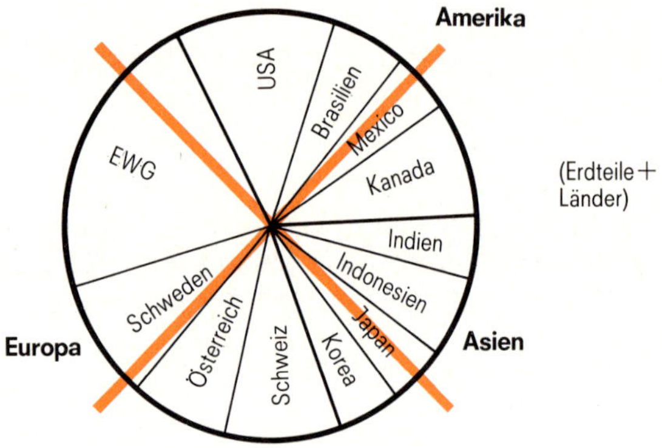

sondern so

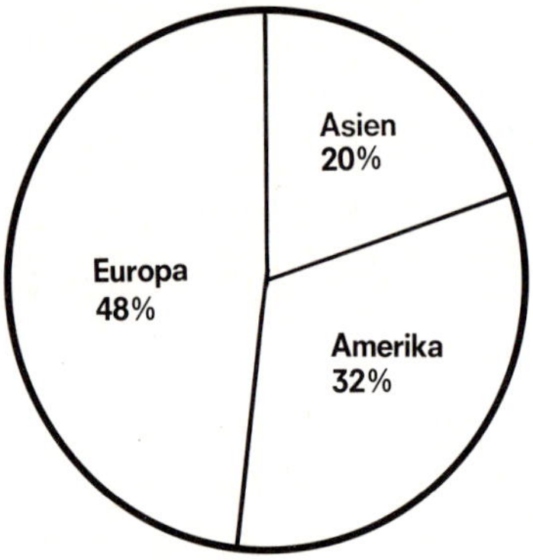

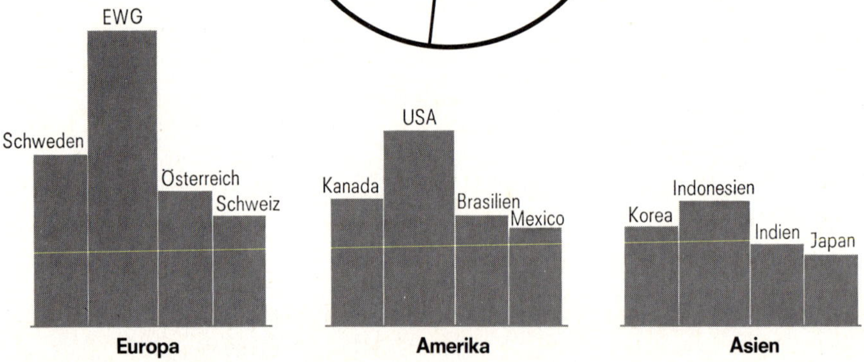

▷ Vergleichende Darstellungen sollten immer nebeneinander, nicht untereinander gebracht werden.

Umsatz nach Produkten

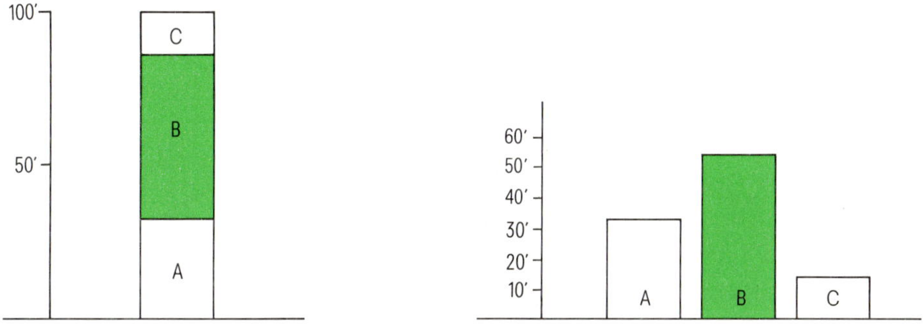

nicht so, **sondern so**

▷ Es sollten nicht mehr als fünf Flächen miteinander verglichen werden (begrenzte Merkfähigkeit!). Unterschiede in der Flächengröße müssen deutlich erkennbar sein.

▷ Der wichtigsten Aussage/Tendenz sollte immer die auffälligste Farbe oder Schraffur zugeordnet werden.

▷ Weitere Möglichkeiten zur Herausstellung von Aussagen in Darstellungen:

① **Unterstreichung** Personalkosten nur auf 35 Mio. DM gestiegen

② **Einrahmen** Personalkosten 1973: 35 Mio. DM

③ **Unterlegen** Personalkosten-Steigerung um 40% auf 35 Mio. DM

④ **Farbwechsel** Personalkosten-Steigerung um 40% auf 35 **Mio. DM**

⑤ **Schraffur, Punktur**

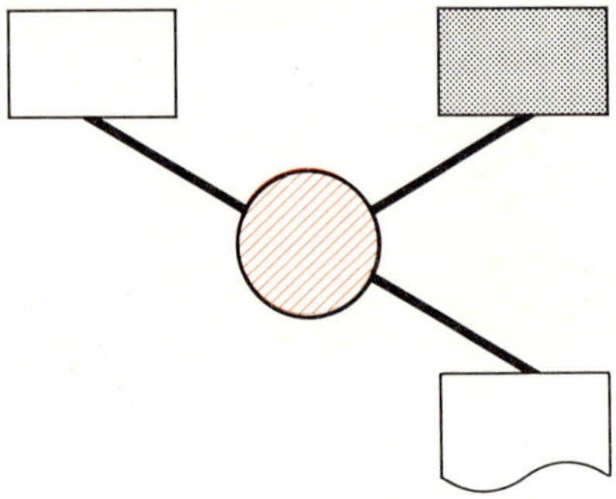

⑥ **Wechsel Kleinschreibung – Großschreibung** Personalkosten-EXPLOSION im vergangenen Geschäftsjahr

⑦ **Gleiche Farbe, gleiche Symbole für gleiche Sachverhalte bei Bildfolge** (vgl. Seiten 74, 75, 76, 78, 83, 91, 103, 105, 108)

Bei der Visualisierung ist besonders zu beachten, daß

- ▷ Text und Bild eine harmonische Einheit bilden. Der Text sollte das Bild nicht erschlagen und umgekehrt,
- ▷ die Aufmerksamkeit durch geschickte Verknüpfung von Text und Bild schrittweise auf die einzelnen Themen übergeleitet wird,
- ▷ man nur solche Darstellungen und Begriffe wählt, die dem Betrachter bekannt sind oder ihm zumindest entgegenkommen,
- ▷ die wesentliche Aussage den Mittelpunkt darstellt.

Hilfsmittel bei der Visualisierung

- ▷ Stecktafeln, mit Weichfaserplatten verkleidete Wände

Vorteile: Große Flächen, die kurzfristig mit visualisierten Informationen behängt werden können. Sie bieten die Möglichkeit, schnell freie Flächen zu schaffen.
Stecktafeln haben den zusätzlichen Vorteil der Flexibilität, d.h., sie können kurzfristig umgestellt und an anderer Stelle weiterverwendet werden.

▷ Flip-charts

Vorteile: Bieten die Möglichkeit, sowohl vorbereitete Unterlagen zu verwenden, als auch neue zu entwickeln; Rückblick auf Behandeltes jederzeit möglich; Entwicklungen durch Nebeneinanderhängen von mehreren Blättern bzw. Hintereinanderhängen auf einem Flip-chart-Ständer; geringer Platzbedarf bei Aufbewahrung.

▷ Packpapier

Vorteile: Der Zwang „schön" zu schreiben entfällt und ermutigt zum Schmieren. Dieser Schritt ermöglicht am ehesten, sich spontan per Bild und Schrift mitzuteilen.

▷ DIN-A5-Kärtchen

Vorteile: Viele können gleichzeitig schreiben; schnelle Austauschbarkeit; Aussagen sind nach verschiedenen Oberbegriffen schnell sortierbar;
verschiedene Farben entsprechen unterschiedlichen Aussagen.

▷ Filzschreiber

Vorteile: Verschiedene Farben, verschiedene Linienbreiten, damit auch aus größeren Entfernungen lesbar (vgl. Seite 164).

▷ Tageslichtprojektor

Vorteile: Folien leicht und billig herzustellen sowie duplizierfähig; Unterrichtung mit Blick zur Gruppe; Vergrößerung von kleineren Unterlagen; Rückgriff auf schon Behandeltes jederzeit möglich.

Nachteile: Abhängig von Raumverhältnissen (Projektionsfläche) und Lichtverhältnissen.

▷ Hafttafel

Vorteile: Gut für Entwicklungen, übersichtliche und farbige Darstellung, Überraschungsmomente möglich.

Nachteile: Platzbedarf, großer Zeitaufwand zum Erstellen und Verwalten der Unterlagen (Archivierungsproblem; kurze Lebensdauer).

5

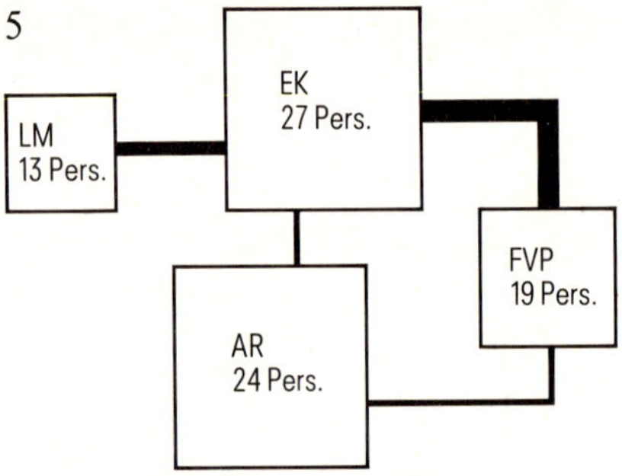

Darstellung von Abhängigkeiten (hier Kommunikationsbeziehungen; die Breite der Linie zeigt die Intensität der Beziehungen)

6

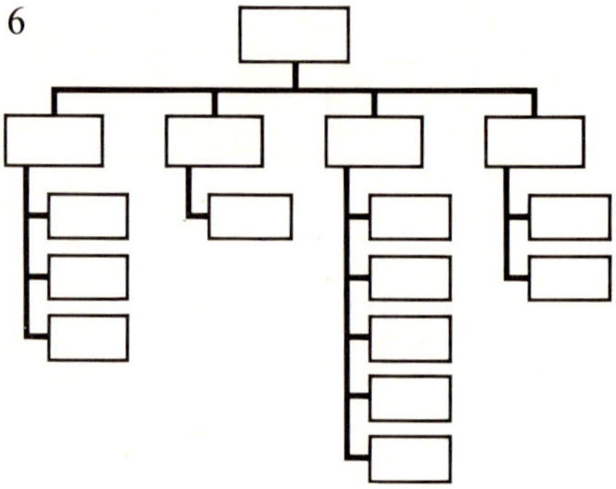

Darstellung von Zugehörigkeiten (hier Organigramm)

7

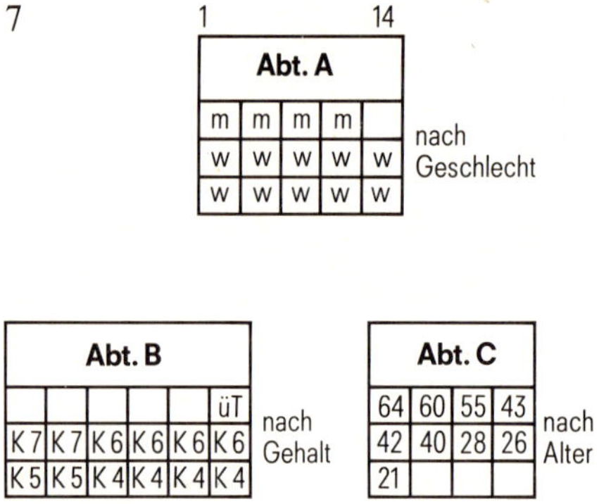

Darstellung von Strukturen (hier nach Geschlecht, Gehalt und Alter)

8

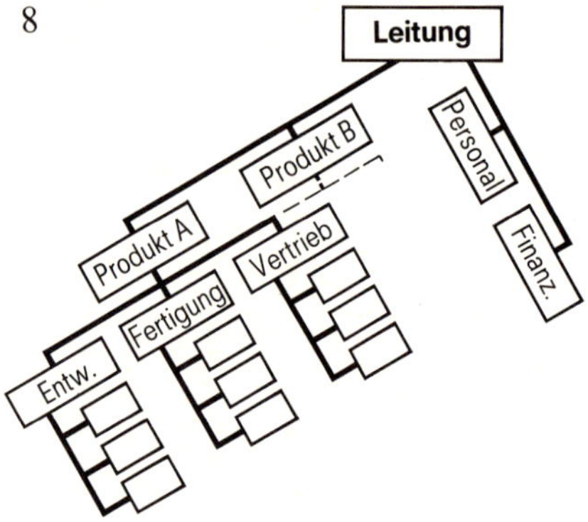

Darstellung einer Matrixorganisation (hier sind produktunabhängige Funktionen herausgelöst)

9

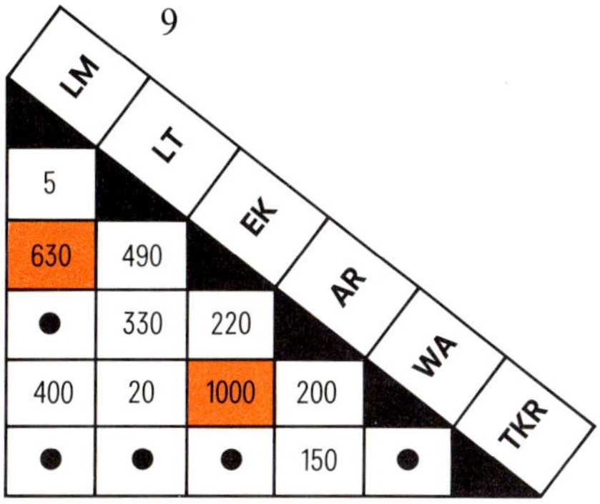

Darstellung einer Kommunikationsmatrix (hier Anzahl der wöchentlichen Telefonate zwischen Fachabteilungen)

10

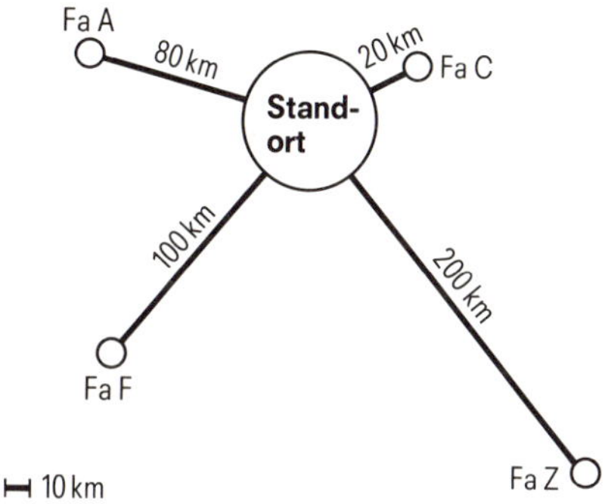

Darstellung von Entfernungen (hier zwischen einer Zentralstelle und ihren Außenstellen)

11

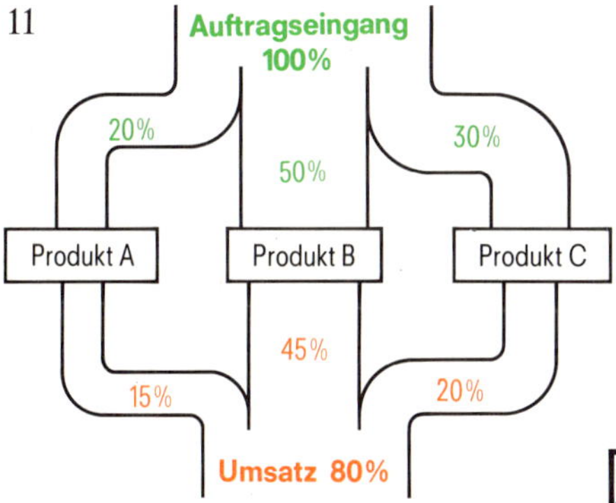

Darstellung von Anteilen (hier am Beispiel eines Rohrsystems)

12

Alternative	Personal	Gemein-kosten	Invest-ment	Vor-/Nach-teile
A	▸ ………… ▸ ………… ▸ …………	100.-	1. ------ 2. ------ 3. ------ 4. ------ 5. ------	1. ------ 2. ------
B				
C	↗	↘	→	↗

Darstellung einer Entscheidungsmatrix (entweder mit echten Werten Alt. A oder Symbolen Alt. C)

▷ Zustände darstellen
(frei gestaltetes Schaubild, Symboldarstellungen)

Fotografie

Werkfoto: Osram GmbH

Modell

Werkfoto: VOKO-Büromöbelfabriken

Kartogramm

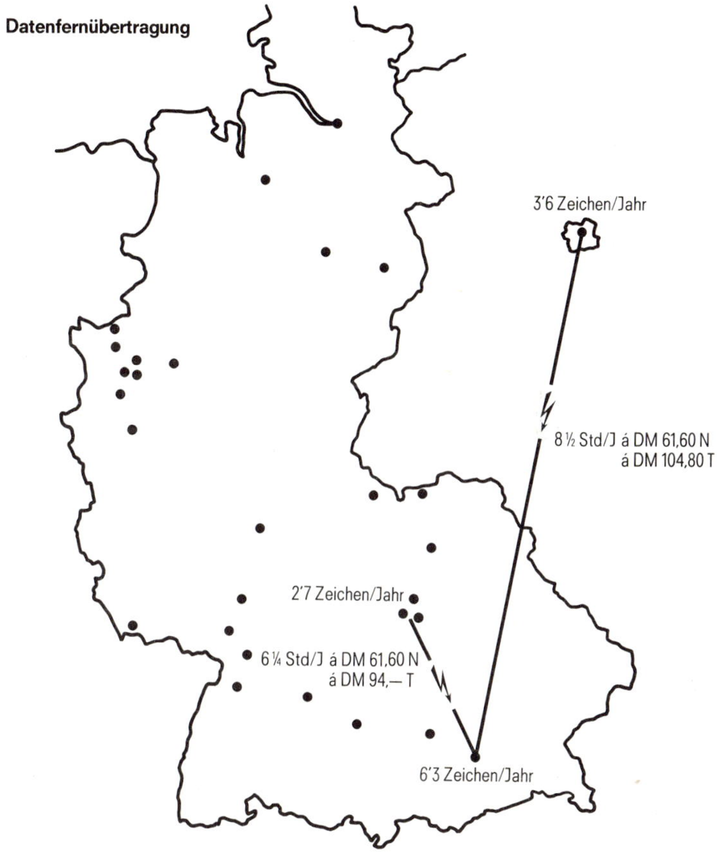

Übertragung jährlich 6'3 Zeichen
Kosten: bei Tagübertragung DM 1.478.– jährlich
bei Nachtübertragung DM 908.– jährlich

Frei gestaltetes Schaubild
Einsatz von Flächen, Körpern und Punktdarstellungen

Beispiele

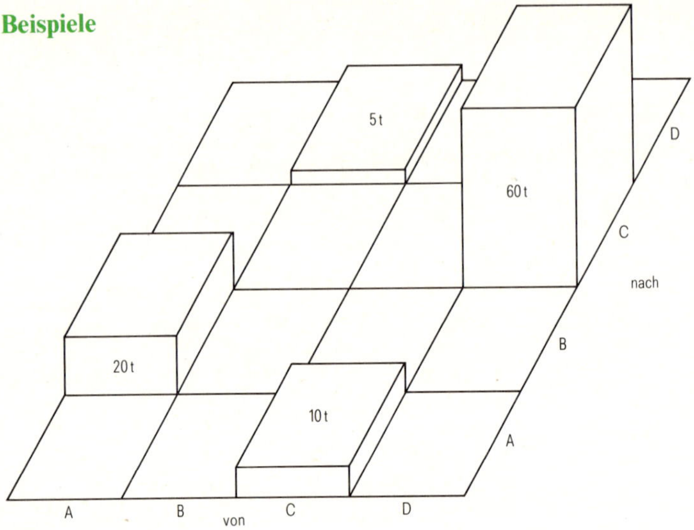

Darstellung von Körpern (hier Transportvolumen)

Wir sind räumliches Denken nicht gewöhnt!

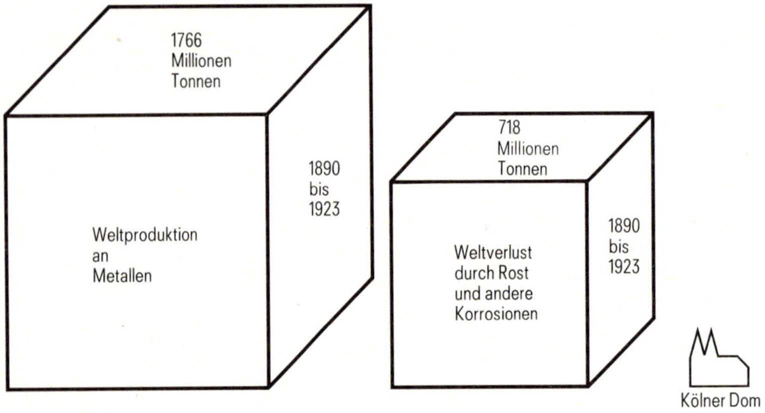

Darstellung von Körpern (wenn es sich um große Mengen handelt, die dem menschlichen Vorstellungsvermögen nur schwer zugänglich sind, sucht man durch einen bekannten Gegenstand einen neuen Maßstab zu gewinnen)

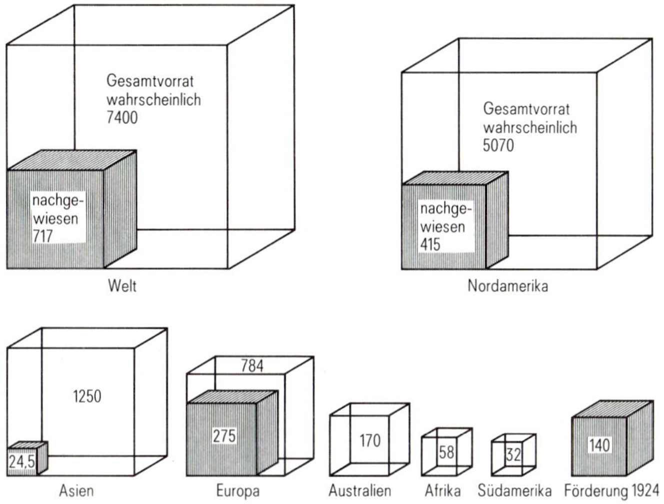

Darstellung von Körpern (sollte nur bei erheblichen Größenunterschieden verwendet werden)

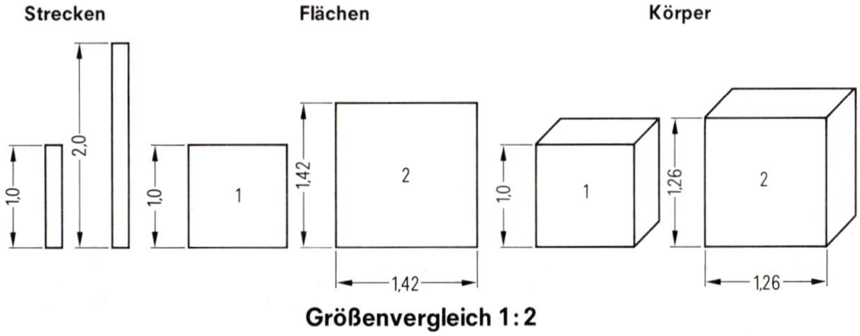

Größenvergleich 1:2

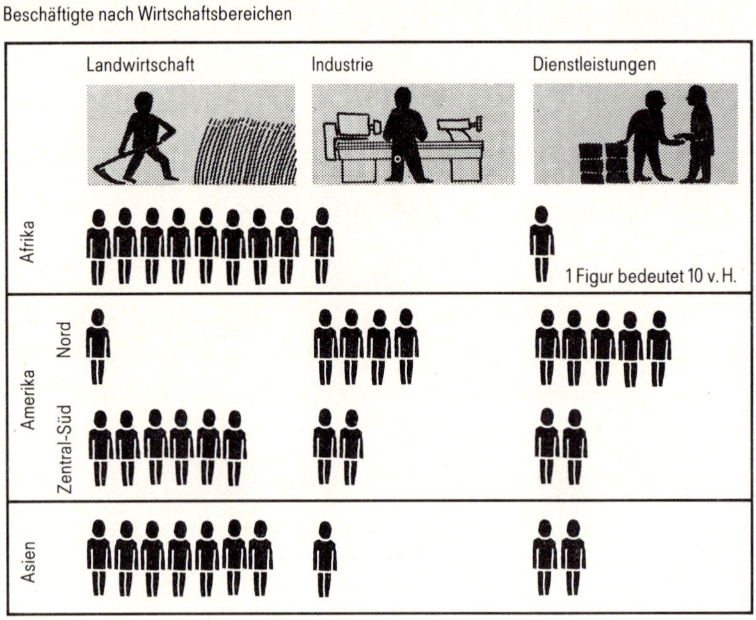

Darstellung von Punkten/Symbolen
(die Aussage liegt in der Anzahl und der Anordnung)

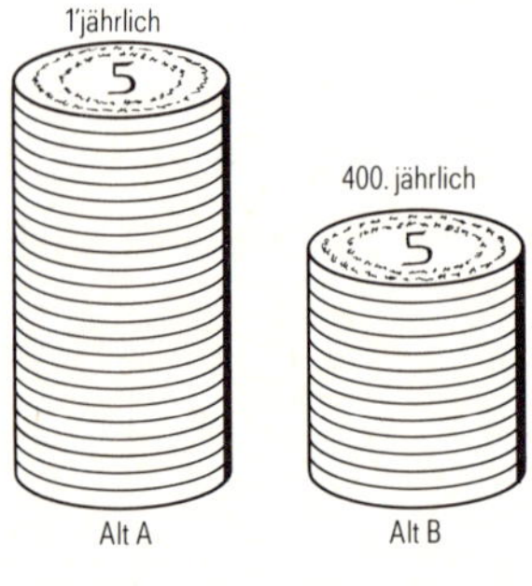

Darstellung von Symbolen
(hier Kosteneinsparungen anhand von Münzsäulen)

Darstellung von Symbolen
(hier anstelle eines Textes)

Darstellung eines Kartogrammes (hier Dichte der Kundendienststützpunkte, Verteilung auf die Bundesrepublik Deutschland)

Mit dieser Beispielsammlung ist nicht beabsichtigt, Rezepte für Visualisierung zu geben, d. h. die Frage „Was mache ich wann?“ zu beantworten. Gerade die Visualisierung bietet eine Vielzahl von Möglichkeiten, die keineswegs durch Vorschriften eingeengt werden sollten.

Präsentation

Die Präsentation ist ein gegenseitiger Prozeß des Gebens und Nehmens von Informationen und Meinungen. Dabei können die Veranstalter, z.B. ein Planungsteam, eine Darstellung von Zuständen, Fakten und Ergebnissen bringen, um einen Meinungsbildungs- oder Entscheidungsfindungsprozeß bei den Teilnehmern, z.B. bei BA und EA, einzuleiten.

Präsentation heißt nicht einseitiger Vortrag durch die Veranstalter, sondern **gemeinsames**

- ▷ Austauschen von Ideen – Informationen (beplanter Bereich)
- ▷ Abgleichen und Diskutieren von Meinungen, Ideen, Konzepten und Modellen (BA)
- ▷ Initiieren von Entscheidungen (EA)

Die Präsentation ist also ein Verkaufsinstrument, das ein wesentliches Hilfsmittel der Planungsarbeit darstellt. Präsentation wird in diesem Abschnitt hauptsächlich als **Präsentation von Planungsergebnissen** dargestellt, kann aber auch für jeden anderen Zweck eingesetzt werden, z.B. bei einem *Informationsmarkt,* bei *Entscheider-Trainings*, bei Konferenzen und allgemeinen Informationsveranstaltungen.

Wie bei allen Techniken gilt es auch hier, einige Regeln zu beachten.

Immer wieder kann man Planungen erleben, die zwar ausgezeichnete Ergebnisse vorweisen, aber wegen mangelnder Berücksichtigung dieser Regeln beim „Verkaufen" scheitern. Daraus ist leicht abzuleiten, daß der Vorbereitung der Präsentation eine nicht zu unterschätzende Bedeutung zukommt.

Zuerst gilt es für das Planungsteam, gemeinsam das Ziel zu vereinbaren (das Team muß sich einig sein!) und auf dieser Basis eine Überzeugungsstrategie bzw. -taktik zu entwickeln, die den Rahmen der weiteren Vorbereitung darstellt.

Wichtig!

Präsentations-Regeln

Für alle!

- Wechselnde Referenten
- Zeitplan festlegen (Präsentation ¼: Diskussion ¾)
- Anwenden der *Visualisierung*
- Einsatz von *Diskussionstechniken*
- Auflockerung durch Abfragen Bewertungen, evtl. Mitarbeit
- nur zielgerichtete Informationen (Mut zur Lücke!)
- gemeinsames Ziel + Taktik anstreben

Mögliche Ziele können sein:

▷ Bestätigung suchen (sachlich, personell)
▷ Einigungsprozeß hervorrufen
▷ Schwierigkeiten beseitigen (intern, extern)
▷ absichern – Luft bekommen
▷ gemeinsame Modellentwicklung
▷ Zielrichtungen verändern
▷ nur informieren
▷ gemeinsame Ideensuche
▷ motivieren der Teilnehmer
▷ Arbeitsveranstaltungen

Danach müssen die anzupackenden Themen strukturiert und das aufzubereitende Informationsmaterial festgelegt werden. Es sollte dabei nicht vergessen werden, Zusammenhänge aufzuzeigen und bestehende Probleme deutlich zu machen. Die Teammitglieder sollten sich an dieser Stelle auch Gedanken über die visuelle und didaktische Aufbereitung des Präsentationsinhaltes machen. Dabei sind die Zeiteinteilung sowie die Reihenfolge einzelner Abschnitte und die personelle Verteilung (wer trägt was vor?) bereits mit zu berücksichtigen.

Erfahrungsgemäß führen der Einbau von Spotlights oder Gags aus dem täglichen Planungsgeschehen ebenso wie Bewertungen oder Abfragen zu einer Auflockerung der Sitzungsatmosphäre. Neben diesen sachlich und personell orientierten Vorbereitungsfragen tauchen aber meist auch noch einige formale Fragen auf, z.B.

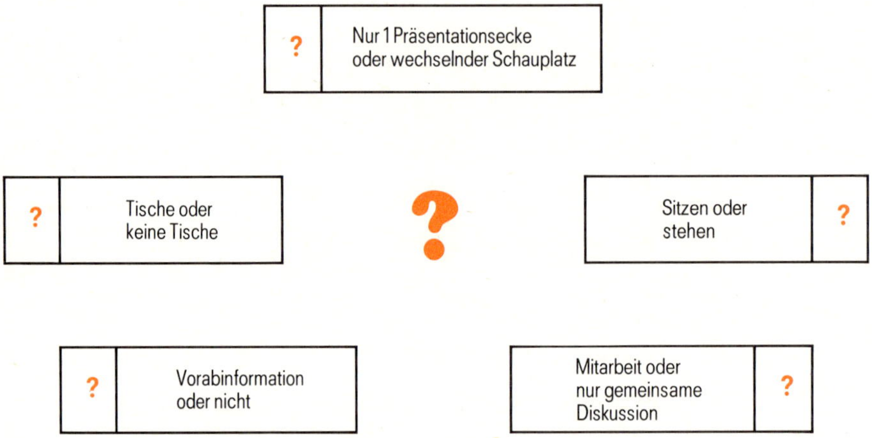

Ist man sich auch über diese Randprobleme einig, so kann die Präsentation vor EA, BA oder Informationsgruppen starten. Der Ort jeder Präsentation sollte selbstverständlich der Planungsraum sein, denn er bietet die materiellen Möglichkeiten, die zu einer erfolgreichen Durchführung Voraussetzung sind.

Wichtig ist, zu Beginn allen Teilnehmern das Tagesprogramm und einige Spielregeln (z.B. Verständnisfragen stellen, beachten der Diskussionsregeln) bekanntzumachen. Wie bereits mehrfach erwähnt, ist es von wesentlicher Bedeutung, nach der Informationsphase der Präsentation in den vorgesehenen Prozeß überzuleiten und die Teilnehmer aktiv mitgestalten zu lassen. Dies ist am leichtesten möglich, wenn ein neutraler Moderator oder ein als Moderator definiertes Planungsteammitglied die Steuerung der Sitzung übernimmt. Ihm obliegt es, unter Anwendung der entsprechenden Techniken *(Diskussionstechniken, Problemlösungstechniken, Visualisierung)* den Sitzungsverlauf zielorientiert zu gestalten. Auch sollte er wichtige Aussagen, Erkenntnisse und Entscheidungen in schriftlicher Form für alle sichtbar festhalten. Daraus leitet sich auch seine Aufgabe ab, eine abschließende Zusammenfassung zu geben.

Es empfiehlt sich, daß an der Formulierung und Verabschiedung des Protokolls zumindest mehrere, am besten alle Teammitglieder beteiligt sind, um evtl. Fehlinterpretationen oder falsche Aussagen zu vermeiden und somit ein relevantes weiterführendes Entscheidungspapier zu haben. Dieses wird an alle Teilnehmer sowie nicht anwesende Mitglieder der Instanzen verteilt.

Anschließend sollte das Team intern noch eine Analyse des Ablaufes und der Resultate durchführen, um evtl. Fehler bzw. Pannen in der Präsentation aber auch Abweichungen vom gestellten Ziel sowie deren Ursachen zu erkennen. Ebenso sollten auch das Verhalten bzw. die Reaktion der Teilnehmer im Hinblick auf künftige Sitzungen durchleuchtet und festgehalten werden.

An dieser Stelle wollen wir noch einige Tips aus unserer Praxis einfließen lassen.

Tips aus der Praxis – für die Praxis

- Möglichst auf Vorabinformationen verzichten (führt bereits vor Beginn der Präsentation zu starren Fronten)!
    - Durchführen einer Generalprobe (evtl. auch mehrfach einüben, speziell bei der 1. Sitzung)!
- Alle möglichen Gegenargumente vorher erfassen *(Rollenspiel)* und einarbeiten!
    - Eine Präsentation sollte nicht länger als 50–60 Minuten dauern, ein Vortragsabschnitt nicht länger als 10 Minuten!
- Bei Formulierungen und Visualisierungen nur positive Aussagen treffen!
    - Ausdrucksweise und Darstellung müssen der Vorstellungswelt der Teilnehmer angepaßt sein!
- Für jede Behauptung muß das Team entsprechendes Hintergrund-(Beweis-)Material haben!
    - Besonders gute, d. h. einfache und verständliche Darstellungen verwenden!

Das Team muß sich einig sein!

Planungsbericht

Gewöhnlich ist es das Schicksal schriftlicher Berichte, entweder in der Schublade zu landen oder aber zum Politikum zu werden. Auch ein Planungsbericht ist dagegen nicht ohne weiteres gefeit, obwohl es gerade ihm nicht so ergehen sollte.

In der Schublade darf er nicht landen, weil jede Planung eine Realisierung – zumindest von Teilergebnissen – zum Ziel hat und deshalb einen noch nicht abgeschlossenen Vorgang darstellt. Zum Politikum sollte er nicht werden, weil damit die im Laufe der Planung erfolgten Entscheidungsprozesse ihre Tragfähigkeit verlieren und die Realisierung ebenfalls verhindert wird.

Leider wird häufig an Planungsergebnissen vorbeirealisiert. Mangelnde Attraktivität oder mangelnde Plausibilität in der Darstellung von Planungsergebnissen und Realisierungszielen führen dazu, daß beabsichtigte Funktionszusammenhänge „unwesentlich" modifiziert, ungünstige Kompetenz- und Aufgabenabgrenzungen aus „Praktikabilitätsgründen" beibehalten und notwendige materielle Investitionen für Org-Mittel oder räumliche Bedingungen „zunächst" zurückgestellt werden, so daß der eigentliche Nutzen der Planung nicht zum Tragen kommt.

Unter Planern gibt es das geflügelte Wort, eine schlechte Planung brauche wenigstens einen guten Bericht. In solchen Fällen passiert es, daß der Ehrgeiz der Berichteschreiber Entscheidungen niederlegt, die mehr dem Wunschdenken als der Realität entsprechen, um den Planungserfolg über erreichte Teilergebnisse hinaus zu vervollständigen. Allerdings darf man sich dann nicht wundern, wenn die Beteiligten verunsichert oder verärgert reagieren und selbst die gemeinsam akzeptierten punktuellen Lösungen wieder zurückweisen.

Das Risiko des Mißerfolges ist bei der schriftlichen Form der Mitteilung groß, weil nach der Herausgabe keine Chance der Korrektur mehr besteht. Der Verfasser läuft Gefahr, nur zu schreiben, was er schreiben will, und kennt häufig den Leser nicht. Dieser wiederum ist geneigt, nur zu lesen, was er lesen will, und legt den Verfasser damit auf die eigene Interpretation fest.

Keine der beiden Seiten hat hinterher ausreichend Gelegenheit zu fragen oder zu antworten. Der Erfolg eines Berichtes steht und fällt daher damit, daß sich die Verfasser über Funktion („Was will der Bericht erreichen?") und Zielgruppe („Wen will der Bericht erreichen?") im klaren sind, bevor sie Ergebnisse und Zielvorstellungen schriftlich niederlegen.

Funktion und Zielgruppe

Der Planungsbericht ist eine ausgewählte Dokumentation aus dem Planungs- und Entscheidungsprozeß. Er dient als

- ▷ Nachweis der im Laufe eines Planungsprozesses durch den Entscheidungsausschuß getroffenen Entscheidungen,
- ▷ Zielvorgabe und Arbeitsunterlage für die Realisierungsgruppen,
- ▷ Informationsmittel für das beplante System,
- ▷ Unterlage für den Erfahrungsaustausch.

Als Adressatenkreis des Planungsberichts werden alle Personen angesprochen, die die Wirksamkeit des Planungsergebnisses beeinflussen können. Es sind

- ▷ die Verantwortungs- und Kompetenzträger für die Planungsergebnisse sowie für sofortige oder zukünftige Realisierungsmaßnahmen (oberes Management),
- ▷ die Hauptträger von Realisierungsauswirkungen (mittleres Management),
- ▷ alle wichtigen Personen, die für oder gegen die Planungsergebnisse meinungsbildend agieren können (politische oder fachliche Opinionleaders),
- ▷ die Vollzugsorgane der Realisierung (Realisierungsinstanzen),
- ▷ Stabsabteilungen, die fachlich oder methodisch von den Erkenntnissen der Planung profitieren können,
- ▷ diejenigen Mitarbeitergruppen, die am stärksten von den Auswirkungen der Planung betroffen sind.

Das bedeutet für ein Planungsteam als Verfasser und Herausgeber, daß vor und während der gesamten Arbeit am Planungsbericht zwei Probleme im Vordergrund stehen: **Was** und **wie** soll dokumentiert werden?

Es läßt sich nicht leugnen, daß Berichteschreiben eine mühsame und diffizile Angelegenheit und nicht jedermanns Geschmack ist. Nichts aber ist für das Planungsergebnis selbst abträglicher als die Distanzierung einzelner Planungsteammitglieder von der Darstellung eben dieses Ergebnisses. Wenn man sich also darüber einig ist, daß der Planungsbericht eine Funktion zu erfüllen hat, dann muß er auch in der Zusammenarbeit aller entstehen. Leider kommt es hin und wieder vor, daß einige dieses Geschäft den Planungskollegen überlassen, die das „besser können oder lieber tun", und hinterher kritisierend feststellen, daß sie sich doch getäuscht hätten. Wer sich davor drücken will, den Bericht mitzuschreiben, aber auch wer andere dabei ausschalten will, zeigt, daß er weder den gesamten Planungsprozeß noch die Bedeutung des Planungsergebnisses begriffen hat.

Inhalt: Was soll dokumentiert werden?

Betrachtet man die Menge der im Verlauf der Planung verarbeiteten Informationen, durchdachten Möglichkeiten, Argumente, Meinungen und vorläufigen Lösungsentscheidungen, dann ist uns sofort klar, daß eine Auswahl getroffen werden muß: zwischen Elementen, die im aktuellen Planungsergebnis und in gefaßten Realisierungsplänen nachwirken, und Elementen, die keinen entscheidenden Erklärungswert mehr für das Planungsergebnis haben und aus denen sich keine Konsequenzen für die Realisierung ableiten lassen.

Das Streben nach Vollständigkeit entspricht nur dem Bedürfnis nach Weitergabe von Rechtfertigungsinformationen, aber nicht dem Bedürfnis der Leser, aus dem Bericht einen praktischen Nutzen zu ziehen.

Was muß in den Bericht?	
zu welchem Zweck	welche Informationen
Nachweis der im Lauf des Planungsprozesses getroffenen Entscheidungen	• Was sind die Auswirkungen der Planungsergebnisse? • Welche Entscheidungen liegen diesen Auswirkungen zugrunde? • Welche wichtigen Aspekte des Planungsergebnisses bleiben (zunächst) unwirksam? • Aufgrund welcher Entscheidungen bleiben diese Aspekte unwirksam? • Aus welchen Gründen oder mit welchen Maximen sind die Entscheidungen getroffen worden? • Welche Informationen sind unbedingt notwendig, um diese Gründe zu verstehen oder beurteilen zu können? • Welche Entscheidungen und Probleme sind offengeblieben und müssen zukünftig noch gelöst werden?

Zielvorgabe und Arbeitsunterlage für Realisierungsgruppen	• Welche Maßnahmen sind kurz-, mittel- oder langfristig zu realisieren? • Welche Zielvorstellungen/Prioritäten müssen deutlich gemacht werden, damit in unvorhergesehenen Fällen richtig gehandelt wird? • Welche Realisierungselemente sind unverzichtbar? • Wie erfolgt die Kontrolle der Realisierung? • Wer soll die Realisierung durchführen?
Informationsmittel für das beplante System	• Wer ist von den Auswirkungen des Planungsergebnisses unmittelbar betroffen? • Welche Vor- oder Nachteile haben die Betroffenen zu erwarten? • Welche Informationen verdeutlichen den Betroffenen die Vorteile am besten? • Was muß der beplante Bereich wissen, um die Realisierung zu erleichtern und den Nutzen der Realisierung zu sichern? • Welche Punkte müssen besonders deutlich dargestellt werden, um Verunsicherungen zu verhindern?
Unterlage für Erfahrungsaustausch	• Welche behandelten Probleme sollten eingehender dargestellt werden, weil sie im gleichen Bereich oder in Nachbarbereichen in Zukunft wieder aufgegriffen werden müssen? • Welche Techniken, Erkenntnisse oder Lösungsansätze sind möglicherweise übertragbar? • Sind Schnittstellen erkannt worden, die über die Planung hinaus von Bedeutung sind?

Sicher werden sich aus jeder Planung andere inhaltliche Schwerpunkte ergeben, je nachdem, ob eine vollständige Realisierung entschieden oder ob die Realisierung wesentlicher Lösungselemente zurückgestellt wurde. Bei einer Teilrealisierung muß der Bericht als Grundlage für den noch notwendigen Überzeugungsprozeß funktionieren und zum Ziel haben, das Gedankengut der Planung populär zu machen und lebendig zu erhalten.

Der zweite Fall stellt erfahrungsgemäß die heiklere Aufgabe dar und ist tatsächlich nur selten von Erfolg gekrönt. Völlig aussichtslos ist es in der Regel, eindeutig abgelehnte Planungsergebnisse durch einen Bericht doch noch durchdrücken oder auch nur am Leben erhalten zu wollen. Abgesehen davon, daß der Bericht nicht zur Streitschrift ausarten soll (wodurch er auf jeden Fall Widerstände auslöst), ist es in jedem Fall zweckmäßig, den Schwerpunkt zunächst auf die sofort zu realisierenden Lösungen zu legen, denn primär **sie** sichern den positiven Nutzen aus der Planung. Trotzdem kommt es aber häufig auch darauf an, für die Zukunft aussichtsreiche Lösungsvorstellungen so darzustellen, daß sie nicht versanden, sondern verstärkt aktualisiert werden. Das geschieht am besten, indem bei Entscheidern und im System erkennbare positive Einstellungen und Beurteilungen bestärkt sowie praktikable und damit akzeptable Realisierungsmöglichkeiten angeboten werden. Daneben ist es allerdings auch nicht von Schaden, deutlich auf die negativen Konsequenzen einer zu langen Verzögerung hinzuweisen. Diese Kombination beider Überzeugungsansätze eignet sich am besten, das Bedürfnis nach aktiver Weiterverfolgung „auf Eis“ gelegter Konzepte zu wecken.

Wo immer auch die Akzente eines Berichtes liegen, der entscheidende Gesichtspunkt nicht nur für den Planer, sondern auch für die beplante Organisation muß stets die Frage sein: Welche Informationen sind notwendig und geeignet, damit die Planung und ihre Ergebnisse wirksam werden? Diese Frage muß nicht nur beim inhaltlichen Entwurf und bei der inhaltlichen Schwerpunktbildung, sondern auch bei der Formulierung jedes Satzes ausschlaggebend sein!

In diesem Zusammenhang sollte völlig klar sein, daß sich der Inhalt der Berichtslegung auf die tatsächlichen Inhalte der Planung beschränkt. Der Bericht darf keine Ergebnisse enthalten, die während des Planungsprozesses nicht erreicht wurden.

Nicht selten beobachtet man das Gegenteil besonders an Zwischenberichten. Ohne Zweifel wäre der Versuch, die Planung noch während der Berichtslegung fortzusetzen und möglicherweise zu „retten“, sowohl Zeichen eines mangelhaften Planungsprozesses als auch einer krassen Fehleinschätzung der Wirkungsmöglichkeiten eines Planungsberichts. Dies wird meist vom Leser durchschaut und stellt damit den Planern ein peinliches Armutszeugnis aus. Kein Armutszeugnis, sondern eine positive Leistung ist es hingegen, die bei der Planung offengebliebenen Probleme darzustellen und die bereits erkannten Aspekte zu nennen, unter denen diese Fragen noch zu bearbeiten sind. Eine Planung hat auch die Funktion, relevante Probleme zu entdecken, aber keine Planung wird sämtliche Probleme lösen können!

Man kann nun davon ausgehen, daß die wesentlichen Informationen ausgewählt sind, die einerseits den Erwartungen des Adressatenkreises und andererseits den Absichten der Planer entsprechen. Um die Rolle der Planung innerhalb des funktionellen Gesamtzusammenhanges und des permanenten (Um-) Gestaltungsprozesses der betreffenden Organisation zu erkennen, bedarf es in jedem Fall noch entsprechender Rahmeninformationen über die Planung.

Planungsdaten	• Planungsinstanzen, Planungszeitraum • Aufgabenstellung, Planungsziele, Planungsmaximen • Planungsfeld, Basisdaten

In manchen Fällen ist es gut, diesen allgemeinen Informationen über die Rahmenbedingungen der Planung eine kurze Darstellung des Planungsvorgehens anzufügen. Ob dies erfolgt oder nicht, sollte davon abhängen, ob die praktizierte Behandlungsweise als richtungweisend auch für zukünftige Bearbeitungen ähnlicher Probleme empfehlenswert scheint.

Manche Unternehmensberatungsgesellschaften legen besonderen Wert darauf, die von ihnen angewandte Planungsmethodik auf jeden Fall auch in den Planungsberichten besonders zum Ausdruck zu bringen. Wo dies nicht mit unserer obengenannten Maxime übereinstimmt, geschieht es wohl aus Akquisitionsgründen, bringt für die beplante Organisation jedoch immerhin den Vorteil, daß ihre eigenen Fachabteilungen für Planung und Organisation einen Gewinn an Know-how erzielen. Dieser Gesichtspunkt könnte übrigens für große Organisationen mit eigenen Planungsabteilungen noch häufiger ausschlaggebend dafür sein, an der Lösung derartiger Aufgaben externe Berater zu beteiligen.

Das Bedürfnis, sich zu rechtfertigen, ist jedenfalls kein überzeugender Grund, die Technik der zurückliegenden Arbeit zu schildern.

Wie soll der beabsichtigte Inhalt aufbereitet werden? Neben der Frage des Inhalts ist das der zweite Aspekt, auf den es ankommt.

Von wesentlicher Bedeutung ist die **Gliederung des Planungsberichtes:** Einerseits wird sie bereits stark von der inhaltlichen Struktur bestimmt, andererseits beeinflußt sie auch die Aufnahmebereitschaft des Lesers.

▷ Der Leser muß den Eindruck bekommen, daß er den Bericht „schafft“, da er sonst gar nicht zu lesen anfängt.

Diesen Eindruck holt er sich über die Inhaltsangabe. Inhaltsangaben, die sich über mehrere Seiten von Punkt 1.1.1.1. bis zu Punkt 9.9.9.9. erstrecken, mögen den Anforderungen einer logischen Systematik entsprechen, wirken aber sicher nicht sehr ermutigend und attraktiv. Man muß jedoch nicht mit der Tür ins Haus fallen und alles auf einmal bringen, sondern kann jedem inhaltlichen Schwerpunkt auch an der entsprechenden Stelle erst eine Detailgliederung voranstellen.

Die stofflichen Schwerpunkte müssen im Inhaltsverzeichnis auf einen Blick überschaubar sein.

▷ Der Leser muß den Eindruck bekommen, daß es sich lohnt, den Bericht überhaupt zu lesen.

Diesen Eindruck erhält er durch eine Zusammenfassung der wichtigsten Planungsergebnisse und wird sich danach (im Gegensatz zu Kriminalromanen) Gewißheit verschaffen wollen, mit welchen Auswirkungen im einzelnen er selbst früher oder später zu rechnen hat.

Eine zusammenfassende Darstellung der Planungsergebnisse gehört an den Anfang des Berichtes und an den Anfang jedes Abschnittes.

Unabhängig von der inhaltlichen Struktur entspricht z. B. folgender Gliederungsaufbau diesen Ansprüchen.

Inhalt	Nicht mehr als eine Seite!
Planungsdaten • Planungsinstanzen Planungszeitraum • Planungsaufgabe Planungsziele Planungsmaximen • Planungsfeld Basisdaten	Ein Planungsbericht ist kein Planungsprotokoll: Keine romanhaften Schilderungen, wie sich Planungsaufgaben, -ziele, -maximen und -feld eventuell während der Planung verändert haben. Am besten ist es, das Planungsfeld visualisiert im Gesamtzusammenhang der Organisation zu kennzeichnen. Basisdaten sind charakteristische Kennzahlen zur Beschreibung des Planungsfeldes.
Planungsergebnis	Zuerst wirksame Konsequenzen und Maßnahmen – dann erst sonstige Ergebnisse!
Planungsvorgehen	Darstellung des eigenen Planungsvorgehens nicht um jeden Preis!
Funktionsbereich A • Inhalt • Spezifische Planungsdaten • Planungsergebnis • Ist-Analyse/Kritik Soll-Konzept/Prognosen • Entscheidungen/Maßnahmen	In jedem komplexen Planungsfeld werden sich mehrere Funktionsbereiche oder Themenschwerpunkte abgrenzen lassen. Schnittstellen zu anderen Funktionsbereichen. Ist und Soll nicht hintereinander beschreiben, sondern direkt gegenüberstellen!

Funktionsbereich B

Funktionsbereich C

Realisierungsplan
- Zusammenfassung
- Kurzfristige Maßnahmen
- Mittelfristige Maßnahmen
- Langfristige Maßnahmen

Die Beschreibung der Maßnahmen kann wiederum nach den behandelten Funktionsbereichen gegliedert sein und sollte, soweit dies seitens der Planung bereits möglich ist, folgende Aussagen enthalten:

- Ziele, Konsequenzen
- Inhalt, Schnittstellen, Ecktermine
- Durchführung (wer? wie?)
- Kontrollmaßnahmen

Der berühmte „Anhang“ ist nicht vergessen worden. Wir sind der Meinung, daß wir keinen Anhang brauchen; denn alle wesentlichen Informationen werden **im** Bericht benötigt und erscheinen dort, wo sie sachlich relevant sind. (Die Detailunterlagen für die Realisierung, z. B. Dv-Auswertungen, Funktions- und Namenslisten, werden der RG direkt übergeben.)

Sehr zu empfehlen ist ein ausklappbares Abkürzungsverzeichnis als „Anhang“ zu einem Bericht!

Darstellung und Gestaltung: Wie soll dokumentiert werden?

Es ist eine Binsenweisheit, daß auch die besten und ausgewähltesten Informationen nicht für den Erfolg bürgen, weil sie oft gar nicht die Chance haben, überhaupt anzukommen. Einem Planungsbericht – auch bei noch so vorteilhaften Lösungen – kann das gleiche passieren, wenn bei der Darstellung das vom Inhalt relativ unabhängige Leserverhalten nicht berücksichtigt wurde.

Man darf keineswegs als selbstverständlich voraussetzen, daß der Laborleiter oder der Chef einer Vertriebssparte den Planungsbericht liest, nur weil er auch ihn betrifft. Dies ist für ihn zwar sicher eine Voraussetzung, den Bericht aufzuschlagen und mit dem Lesen zu beginnen, aber er wird ihn auch ebenso schnell wieder zuschlagen oder bestenfalls noch durchblättern, sobald er nicht mehr genügend Attraktionspunkte darin findet. Das gleiche trifft zu, wenn für ihn die Mühe, dem gebotenen Inhalt zu folgen, größer wird als beispielsweise zum Tagesgeschäft überzugehen. Bei Anschlußgesprächen an eine Planung oder bei der Realisierung merken viele Planer erst, wieviel Unkenntnis über die Planungsergebnisse besteht und wie wenig ihre Berichte gelesen werden.

Maxime:

Ein Planungsbericht muß so geschrieben und dargestellt sein, daß ihn der Leser vor der letzten Seite nicht mehr aus der Hand legt.

Selbstverständlich kommt es nicht allein darauf an, daß der Bericht gelesen, sondern auch darauf, daß er verstanden wird. Es nützt der Realisierung von Planungsergebnissen oder der Fortentwicklung von Lösungsansätzen wenig, wenn das Verständnis der damit verbundenen Ziele oder der wesentlichen Grundelemente fehlt bzw. danebenliegt. Ohne dieses Wissen und meist auch ohne die Identifikation mit dem Planungsergebnis ist ein System aber nicht in der Lage, die Schwierigkeiten zu bewältigen, mit welchen es erst bei der Umsetzung dieser Ergebnisse in die Praxis konfrontiert wird.

Die Toleranzschwelle der Verständnisschwierigkeiten, bei der ein Leser aussteigt, liegt in der Regel nicht sehr hoch. Dies sollte aber auf keinen Fall dazu führen, daß auf die Darstellung komplizierter Sachverhalte aus Verständnisgründen einfach verzichtet wird.

Wie macht man es also, daß der Leser den Bericht vor der letzten Seite nicht mehr aus der Hand legt? Zu diesem Zweck muß das Leserverhalten genauer betrachtet (Identifikation mit dem Leser) und versucht werden, daraus Konsequenzen abzuleiten.

▷ Der Leser will unterhalten werden.

Unterhalten? Als ob es dem ernsthaften Leser darauf ankäme! Sicher wird man deswegen keine Witze in den Planungsbericht einstreuen. Man sollte aber Rücksicht darauf nehmen, daß jeder Leser für Abwechslung ansprechbar ist und sich lieber etwas zeigen als nur erzählen läßt; denn schauen ist weniger anstrengend als lesen.

▷ Nicht nur Text, sondern auch Bilder!

▷ Nicht nur schwarz-weiß, sondern auch Farben!

Jedes Sachbuch lenkt heute die Aufmerksamkeit durch Bilder und Farben auf den Inhalt. Jeder Adressat sieht sich zunächst Bilder an, bevor er Text liest, d.h., von den Bildern hängt es oft ab, ob der Text überhaupt gelesen wird. Wer die Technik der *Visualisierung* einigermaßen beherrscht, vermag durch ein einziges Bild manchen Sachverhalt deutlicher klarzumachen als mit einer ganzen Textseite.

Beispiel: Kennzahlen

Aus dem Datenvolumen, das für die Auftragsabwicklung zur Verfügung stand, war eine Auswahl an Informationsmaterial zu treffen, um daraus aussagefähige Kenngrößen zu ermitteln.

Ein Teil der Kennzahlen ermöglicht einen Kurzüberblick über verschiedene Sachgebiete. Andere Kennwerte dienen der Erläuterung der einzelnen Zustandsbeschreibungen.

Personalaufteilung

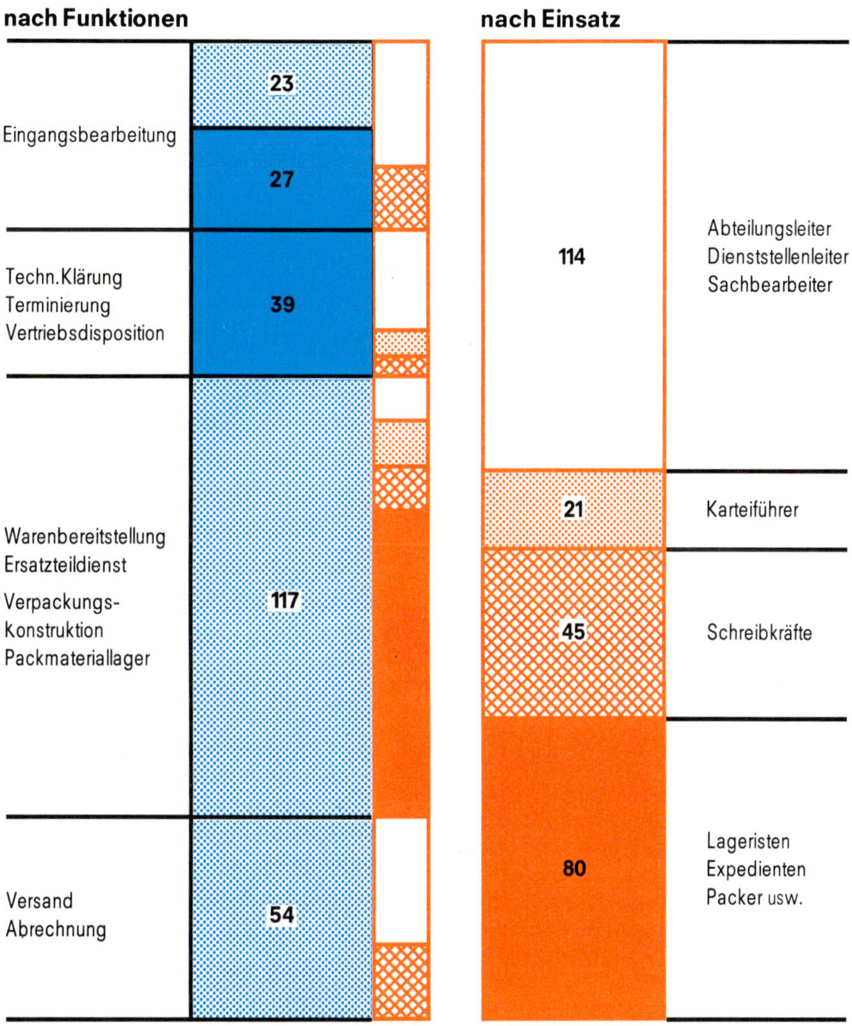

Gesamtzahl 260 Personen

In der Personalaufteilung sind die Dienststellen des Untersuchungsfeldes mit dem Personalstand Dezember 1970 erfaßt.

Die stark blau ausgeführten Felder kennzeichnen Funktionen, die den Zentralvertrieb betreffen, die restlichen (blau gepunkteten) Funktionen sind standortbezogen.

▷ Der Leser möchte mitdenken und „mitentscheiden" können.

Dazu muß er sich orientieren, muß assoziieren, unterscheiden, vergleichen können. Bevor er selbst einen Bezug herstellen kann, muß er klar sehen und darf nicht verunsichert werden.

- Didaktische Bildfolgen lassen Zusammenhänge erkennen!
- Thematische Kennfarben erleichtern die Orientierung!
- Übersichtsinformationen ermöglichen Assoziationen!
- Nebeneinandergestellte Darstellungen und entsprechende Textaufbereitungen begünstigen den Vergleich!
- Nicht zuviel, aber auch nicht zu wenig Text!
- Text und Bild müssen sich gegenseitig ergänzen und erklären!
- Kurze prägnante Aussagen schaffen Klarheit!

Ein naheliegender Anwendungsfall für eine didaktische Bildfolge liegt vor, wenn ein komplexes Planungsfeld in mehreren Funktionsbereichen nacheinander abgehandelt wird.

Besonders bei der Darstellung von Ist-Analysen ist manchmal zu beobachten, daß sich über mehrere Seiten hinweg Grafiken und Tabellen kommentarlos ablösen, bevor endlich die dazugehörigen Analysen folgen. Unkommentierte Datensammlungen in einem Bericht tragen sicher nicht zum Verständnis und zur Freude der Leser bei und trennen Informationen, die zusammengehören, z.B. den Zustand und die Analyse des Zustands. Ideal ist in solchen Fällen die jeweils doppelseitige Kombination von Wort und Bild sowie eine zusammenfassende Stellungnahme (niemals verbale Wiederholungen des Bildinhalts!).

Ein Tip zu den Darstellungen: es kommt weniger darauf an, daß sie am Reißbrett entstanden sind, als vielmehr darauf, daß sie einen Sachverhalt verdeutlichen. Da die gleichen Anforderungen auch für die Planungsarbeit gelten, können häufig Planungsunterlagen auf fotografischem Weg in den Bericht eingehen.

▷ Der Leser braucht immer wieder neue Ansatzpunkte für sein Interesse und schaltet ab, sobald er ermüdet.

- Komplizierte Sachverhalte durch die Erklärung nicht noch weiter komplizieren, sondern auflösen und vereinfachen!
- Nicht zuviel Information in eine Seite packen!
- Nur soviel Redundanz (Wiederholungen) wie nötig!
- Durch Variation von Schrift und Farbe Unterscheidungsmerkmale schaffen!
- Innerhalb eines Satzes zuerst die Folgen einer Maßnahme schildern, dann erst die Maßnahme!

Redundanz – d.h. überflüssige Informationen, da schon bekannt – ist eine Frage des persönlichen Schreib- und Redestils. Daneben ist der bewußte Einsatz von oder der bewußte Verzicht auf Redundanz auch ein didaktisches Mittel. Festzustellen ist, daß ein hoher Grad an Redundanz normalerweise unterfordert, langweilt und ermüdet, ein geringer Grad dagegen überfordert, anstrengt – und deswegen ebenfalls ermüdet. Wo zwischen Unter- und Überforderung auf der Skala der Redundanz eine dauernde Aktivierung erzeugt wird, läßt sich wegen der unterschiedlichen Auffassungs- und Merkfähigkeit der Adressaten eines Berichts nur schwer entscheiden. Als Maxime kann gelten, einerseits die Themen nicht breitzutreten, sondern zu straffen – andererseits bei Argumentationen und Vergleichen die notwendigen Informationen möglichst vollständig zur Verfügung zu stellen und dafür ausnahmsweise Wiederholungen in Kauf zu nehmen. Kein Leser blättert gern zurück! Z.B. ist es sehr ärgerlich, wenn bei der Betrachtung von Soll-Abläufen nicht auch der Ist-Ablauf vergleichend zur Verfügung steht, sondern 20 Seiten davor irgendwo schlummert. In Ausnahmefällen kann es sogar in einem Bericht taktisch günstig sein, einem bestimmten Gesichtspunkt durch geschickte Umformulierungen häufigere Präsenz zu verschaffen.

Das Bemühen, zuerst die Folgen einer Maßnahme und erst dann die Maßnahme selbst darzustellen, dient nicht nur der Wachhaltung des Interesses, sondern auch dem Überzeugungsvorgang. Im umgekehrten Fall besteht die Gefahr, daß sich der Adressat unbewußt bereits selbst Konsequenzen ausmalt und möglicherweise negative Einstellungen zu der Maßnahme entwickelt hat, noch bevor er die prognostizierten oder beabsichtigten Folgen zur Kenntnis nehmen kann.

▷ Der Leser möchte „fertig werden“.

> Ein Bericht soll so knapp wie möglich sein – aber so lang wie nötig!

Die Zeit für das Schreiben des Berichts sollte nicht extrem ausgedehnt werden. Das Ergebnis gewinnt dabei in den seltensten Fällen.

Für die äußerliche Aufmachung des Berichtes, die allein schon durch Form und Farbe zum Lesen anreizen soll, sind der Phantasie keine Grenzen gesetzt.

Eine Frage des Geldes dürfte die Gestaltung des Berichtes in keinem Fall werden, denn seine Kosten werden stets nur einen minimalen Prozentsatz des Planungsetats ausmachen. Im übrigen wäre es ein großes Mißverständnis anzunehmen, ein Planungsbericht diene den Interessen der Planer. Von der sachlichen Nutzerwartung her dient er allein den Interessen des Systems, das von den Planungsergebnissen profitieren kann.

Zum Abschluß noch ein Thema am Rande: Wann besteht Anlaß, einen Planungsbericht herauszugeben? – Obwohl man weiß, wie mühsam es für Schreiber und Leser ist, mit häufiger schriftlicher Berichterstattung umzugehen, lassen es sich doch Planungsgruppen nicht verdrießen, entweder aus eigenem Darstellungsbedürfnis oder in Erfüllung externer Anforderungen Unterlagensammlungen zu bündeln und herauszugeben, sooft sich nur Gelegenheit dazu bietet. Davon halten wir aber aus folgenden Gründen nichts!

▷ Die Praxis häufiger schriftlicher Berichterstattung sieht so aus, daß der Dokumentationsaufwand den eigentlichen Planungsaufwand bald übersteigt und meist nur als Alibi- und Rechtfertigungsfunktion zu erkennen ist.

▷ Das Planungsteam hat in Form der Präsentation und sonstiger Informationsveranstaltungen viel wirksamere Mittel zur Verfügung, mit dem beplanten System in Kommunikation zu treten. Speziell die notwendige intensive Zusammenarbeit mit Entscheidern und Beratern aus dem System kann nur im unmittelbaren Kontakt und in der direkten Auseinandersetzung erfolgreich sein. Entscheider und Berater müssen gemeinsam mit den Planern für die Problemlösung wirksam werden, denn sie sollen ihre Funktionen bei Ausschußsitzungen und Arbeitsklausuren im Planungsraum wahrnehmen – und nicht hinter ihrem Schreibtisch, um Mitteilungen über das Problem abzuzeichnen oder zurückgehen zu lassen.

▷ Schriftliche Darstellungen während des Planungsprozesses können stets nur Ansätze, aber keine Lösungen enthalten. Erstere sind der ideale Nährboden für Mißverständnisse, Verunsicherung und Gerüchtebildung und können – selbst als „Geheimsache" schriftlich verteilt – in jedem Falle mehr schaden als nützen. Diese Schwierigkeiten können durch Informationsoffenheit umgangen werden, indem das Team im Planungsraum selbst zur Verfügung steht, um Informationswünsche sinnvoll zu befriedigen und dabei noch Anregungen zu erhalten!

Eine Ausnahme bildet der Teambrief, ein Motivationsblatt, das sporadisch und ohne viel Mühe eingesetzt wird, um dem Team die Arbeit mit dem System (und auch umgekehrt) zu erleichtern.

Also: Ein Planungsbericht genügt!

Kommunikationstechniken

Die folgenden Einzel- und Rahmentechniken sollen helfen, die Kommunikation in kleinen aber auch großen Gruppen effizienter zu gestalten. Sie werden zwar hier im Zusammenhang mit Organisationsplanung dargestellt, sind aber für **jede** Art der Kommunikation anwendbar.

Die **Diskussionstechniken** bieten auf der Grundlage einiger Regeln die Möglichkeit, alle Teilnehmer in einen Prozeß (z.B. Diskussion, Seminar, Sitzung) einzubeziehen und auch zu aktivieren. Sie dienen gleichzeitig aber auch der Motivation der Teilnehmer.

Die im zweiten Abschnitt behandelten **Bewertungstechniken** sollen es den Teilnehmern ermöglichen, anonym oder offen Situationen/Meinungen transparent zu machen. Sie wollen damit den Meinungsbildungsprozeß konzentrieren und tragfähige Entscheidungen herbeiführen.

Schließlich soll die **Darstellung von Gruppenergebnissen** eine nützliche Ergänzung zur *Visualisierung* sein und Hilfestellung leisten, wenn es speziell um Gruppenergebnisse, Zusammenhänge und Aktivitäten geht.

Die folgenden Techniken bieten im wesentlichen drei teilweise unterschiedliche Rahmen für die Kommunikation in Gruppen.

Moderation stellt die Steuerung eines Gruppenprozesses durch einen oder mehrere als neutral anerkannte Moderatoren dar. Diese setzen alle Einzeltechniken – entsprechend den Bedürfnissen der Teilnehmer – ein.

Sollen im Verlauf einer Veranstaltung eine Strategie entworfen oder Ziele gefunden werden, so bietet sich das **Entscheidertraining** an. Diese Form hat zum Ziel, Problembewußtsein zu schaffen, Engagement zu erzeugen und Aktionen herbeizuführen. Das Ergebnis ist in allen Fällen ein Katalog von Folgeaktivitäten.

Schließlich bietet der **Informationsmarkt** die Möglichkeit, auf einer breiten Basis Ideen, Meinungen, Lösungen usw. vorzustellen, auszutauschen und zu diskutieren.

Diskussionstechniken

Die Praxis zeigt, daß die im Zusammenhang mit der Teamarbeit entwickelten Diskussionstechniken auch in verstärktem Maße bei Konferenzen und Diskussionen anwendbar sind. Deshalb hier einige grundsätzliche Regeln für einen effizienten Diskussionsverlauf:

1

30-s-Regel d.h., kein Teilnehmer sollte länger als etwa 30 s ununterbrochen reden	
Zweck:	► Verhinderung langatmiger und abschweifender Monologe ► Möglichkeit der Gesprächsbeteiligung aller Teilnehmer
Einhaltung:	► Karte mit Aufschrift „30 s" zeigen ► Selbstbeschränkung ► Regulierung durch die Gruppe

2

Aussagen sichtbar machen d.h. bildhafte Darstellung verbaler Aussagen	
Zweck:	► Verdeutlichung schwieriger Zusammenhänge ► bessere Vergleichbarkeit von Aussagen ► Festhalten von Aussagen, ständiges „vor Augen haben"
Durchführung:	► Hilfsmittel: Stecktafeln, Flip-Charts, Packpapier, Kärtchen, Filzschreiber ► Aussagen müssen für jeden Teilnehmer deutlich erkennbar sein ► Visualisierung schon während des Gespräches
Siehe auch:	► *Visualisierung* ► *Aussagen sichtbar machen, ordnen und analysieren*

3

Transparenzfragen d.h. Fragen, die auf eine Verdeutlichung der Gruppensituation gerichtet sind	
Zweck:	► Aufzeigen von Erwartungen der Teilnehmer und deren bisheriger Erfüllungsgrad ► Sichtbarmachen von Meinungen, Stimmungen und Gefühlen in der Gruppe
Durchführung:	► Spontane Abfrage an alle Teilnehmer ► Antwort auf Kärtchen (Anonymität erreicht Offenheit) ► Sichtbarmachen der Aussagen für alle Teilnehmer auf den Stecktafeln
Siehe auch:	► *Abfragetechnik*

4

Tätigkeitskatalog d.h. Katalog von personell zugeordneten Folgeaktivitäten als Ergebnis der Konferenz	
Zweck:	► Umsetzung von Gruppenideen/Lösungsansätzen in operationale Aktivitäten ► Gewährleistung der Weiterbearbeitung von Einzelthemen ► Darstellung der möglichen Handlungsrelevanz von Konferenzen
Aufbau:	► Auflistung der einzelnen Aktivitäten in einer Matrix ► Feststellen der den Tätigkeiten zugeordneten Personen (auf freiwilliger Basis – kein Zwang!) ► Festlegung von Form und Zeitpunkt weiterer Zusammenkünfte
Siehe auch:	► *Tätigkeitskatalog*

5

Themensammlung d.h. Erstellen einer Übersicht über die in den Gruppenarbeiten/ der Konferenz zu behandelnden Themen	
Zweck:	► Transparenz über Themen, Reihenfolge und Zeitdauer ► Schaffen einer ziel- und aufgabengerichteten Verhaltensweise aller Teilnehmer (weg von überwiegendem Konsumverhalten)
Gestaltung:	► Bereits vorgeschlagene Themen für alle Teilnehmer sichtbar machen ► Ergänzungsabfrage durchführen ► gemeinsame Festlegung der Reihenfolge und Dauer der Behandlung der Themen durch die Gruppe

6

Plenum/Kleingruppen d.h. mehrfacher Wechsel zwischen Aktivitäten im Plenum und in Kleingruppen	
Zweck:	► Aktivierung der Teilnehmer ► gleichzeitige intensive Behandlung mehrerer Themen in den Kleingruppen ► Möglichkeit, Themen in konkurrierenden Gruppen zu bearbeiten
Durchführung:	► Themensammlung und -bewertung ► freiwillige Kleingruppenbildung (3 bis 5 Personen) ► Kleingruppenarbeit (30 bis 60 min) ► Präsentation der visualisierten Kleingruppenergebnisse im Plenum (etwa 5 bis 10 min) ► Diskussion und Ergänzung im Plenum
Siehe auch:	► *Wechsel Großgruppe/Kleingruppen*

7

Motivierendes Gruppenverhalten d.h. auf Verbesserung der Beiträge gerichtetes Aktivieren der Gruppendiskussion		
Zweck:	►	Einbeziehung möglichst aller Teilnehmer während der Konferenz
	►	Vermeidung von Frustration und Aggressionen bei den Teilnehmern
	►	Steigerung der Kreativität und Aufnahmefähigkeit in den Gruppen/im Plenum
Verhalten:	▷	Vermeiden von *Killerphrasen*
	▷	Konferenzmoderation statt -leitung (*Moderation*)
	▷	Gruppenmeinungen und -wünsche berücksichtigen

8

Bewertungen d.h. Ermittlung einer gruppenspezifischen Rangreihe; Stimmungen/Situationen erkennbar machen		
Zweck:	▷	Setzen von Prioritäten
	▷	Transparenz von Gruppenmeinungen
	▷	Erkennen von Schwerpunkten
Durchführung:	▷	Punkteverfahren
	▷	Präferenzmatrix
	▷	Schiedsrichterverfahren
Siehe auch:	▷	*Bewertungstechniken*

Wechsel Großgruppe/Kleingruppen

Die methodische Regel basiert auf der Erfahrung, daß die Kommunikation in Großgruppen (> 10 Personen) nur schwerfällig zustande kommt. Zugleich spricht auch die teilweise Ineffizienz langer Plenumsveranstaltungen dagegen, diese Form unverändert beizuhalten.

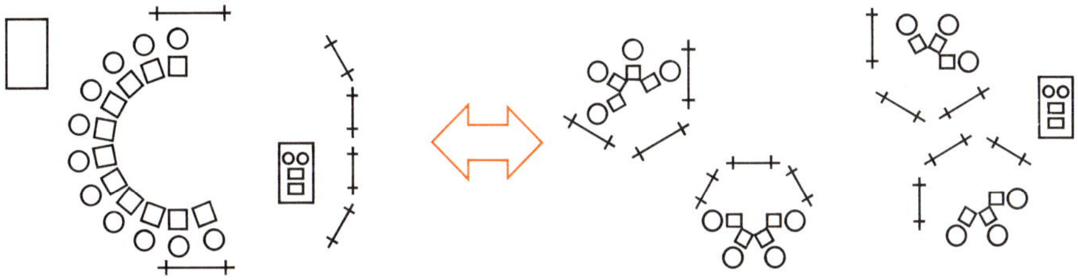

Die Großgruppe wird nach Plenumsdiskussionen bzw. Themensammlungen, die max. 30 Minuten dauern sollten, in Kleingruppen (maximal 5 Personen) aufgeteilt. Damit das Plenum als das „Entscheidungs- und Strategieorgan" nicht zerfällt, werden die Kleingruppen nach 30 bis 60 Minuten im Plenum wieder zusammengeführt, um die Ergebnisse in gestraffter Form, d. h. in 5 bis 10 Minuten je Gruppe, vorzustellen. Dieser Wechsel kann beliebig häufig durchgeführt werden, wobei aber zu beachten ist, daß diese konzentrierte Art der Gruppenarbeit die Teilnehmer stark belastet. Sie sollte deshalb nicht mehr als fünf Stunden täglich durchgeführt werden.

Ziel der Kleingruppen

Vorschläge, Lösungen erfinden, spezielle Fragen vertiefen (Strukturierung von Teilproblemen) und im Rahmen des Gruppenprozesses lernen

Ziel einer Großgruppe

Probleme strukturieren und Maximen verabschieden,
Kritik der Ergebnisse

Kleingruppenarbeiten oder Einzelarbeit initiieren

Es gibt verschiedene Arten der Bildung von Kleingruppen; hier seien stellvertretend einige genannt:

- Die Kleingruppen werden unabhängig vom Thema durch die Moderatoren bestimmt.
- Die Kleingruppen werden in Abhängigkeit vom Thema durch die Moderatoren bestimmt.
- Die Großgruppe teilt sich mittels Zuruf auf die vorgegebenen Kleingruppenthemen auf, bzw. die Kleingruppen bilden sich simultan, indem jeder seinen Namen auf eine Themenkarte schreibt.

Bei der letztgenannten Alternative kommt es häufig vor, daß sich Kleingruppen unterschiedlicher Größe bilden. Entscheiden sich mehr als 5 Personen für ein Kleingruppenthema, wird diese Gruppe gesplittet, und beide Gruppen bearbeiten konkurrierend dasselbe Thema.

Bei der Bildung von Kleingruppen ist immer wieder zu beobachten, daß Sympathien und Antipathien eine entscheidende Rolle spielen. Kennzeichnend ist, daß erfahrene Gruppen leichter und schneller operationale Kleingruppen bilden als zufällig zusammentretende Gruppen.

Daraus läßt sich nun ein Maximenkatalog ableiten, der diese Technik charakterisiert:

- Konzentrierte, intensive Gesprächsbeteiligung
- Verdichtung des Interaktionsnetzes
- Abbau von Gesprächsbenachteiligungen
- Auflösung der Monomanie von Redelöwen
- Abwechslung, Bewegung
- Strukturierung und Kontrolle des Gesprächsverlaufes durch alle Beteiligten
- Aufbau von Sympathiebeziehungen
- Transparentmachen des Verhaltens aller Beteiligten
- Konfliktartikulierung, um die Konfliktbearbeitung im Plenum zu erleichtern

Aber:
Auch in Planungsgruppen und bei *Entscheidertrainings (ET)* gibt es immer Arbeiten, die weder für Groß- noch für Kleingruppen geeignet sind. Solche Aktivitäten, wie z. B. Ausarbeiten bestimmter vorliegender Unterlagen, Bewältigen determinierter Aufgaben, Nachdenken über bestimmte Probleme, Lernen durch Lesen oder nach der Form der programmierten Unterweisung können nur durch den einzelnen ausgeführt werden. Eine Vorstellung und Kritik der Ergebnisse sollte wieder im Plenum erfolgen.

Als Spezialfall kann die **Diskussion 66** gelten.

Diese Technik entstand aus dem Bedürfnis, Diskussionen mit großer Teilnehmerzahl ergiebiger zu machen. Der Name ist darauf zurückzuführen, daß der Teilnehmerkreis in Sechsergruppen eingeteilt wird, die jeweils etwa 6 Minuten lang über das vorgegebene Thema diskutieren.

Jede Einzelgruppe ernennt einen Diskussionsleiter und Protokollführer, der die wesentlichen Gedanken und Ideen der Diskussion notiert. Nach Beendigung der Einzelgruppen-Diskussion werden die Ergebnisse von den Diskussionsleitern im Plenum vorgestellt. Die Ergebnisse werden einer Gruppe zur Systematisierung und Bewertung übergeben.

Abfragetechnik (Transparenzfrage)

Dieser Technik liegt die Notwendigkeit zugrunde, in kürzester Zeit von einem Teilnehmerkreis

sachliche	+	**emotionale**
Tatbestände Daten Ideen Erfahrungen Informationen		Stimmungen Erwartungen Erfüllungen Haltungen Einstellungen

Antworten

auf eine Fragestellung zu bekommen.

Durch die anonyme und schriftliche Form der Befragung erhält man auch solche Aussagen, die sonst von schweigsamen oder passiven Teilnehmern im Gespräch nicht artikuliert oder durch „Redelöwen“ unterdrückt werden. Zudem werden auch eher unkonventionelle Vorschläge dargelegt, die sonst bei Gefahr spontaner Ablehnung oder Belächelung nicht vorgebracht werden.

Die schriftlichen Aussagen sind

überlegter,

leichter auswertbar,

strukturierbar,

werden nicht zerredet,

gehen nicht verloren.

Bei der Durchführung einer solchen Abfrage ist auf folgende vier Punkte zu achten:

- Themenstellung klar abgrenzen
- Frage verständlich und genau formulieren
- Antworten auf farbigen Kärtchen mit Filzschreiber groß und deutlich schreiben; je Kärtchen nur eine Aussage
- Aussagen sichtbar machen durch Anbringen der Kärtchen auf Stecktafeln oder an Wänden *(Aussagen sichtbar machen)*

Beispiele:

„Was erwarten Sie sich vom heutigen Tag (von diesem Gespräch, Seminar usw.)?“ (einleitend)	Erwartungsabfrage; deckt Informationsstand, Stimmungen und Meinungen der Teilnehmer auf
„Welche Probleme sind in diesem Zusammenhang zu berücksichtigen?“	Problemstruktur; zeigt Problemfelder und ihre Schwerpunkte auf (Abfrage von Wissen, Erfahrungen und Meinungen schafft hier Problembewußtsein!)
„Wie könnte man diese Aussage (Idee, Ihren Vorschlag) in die Praxis umsetzen?“	Tätigkeitskatalog; dient der Aktivierung von Folgetätigkeiten; Senken des Abstraktionsgrades und Führen zu konkreten Handlungsalternativen Ideen → Meinungen → Aktivitäten
„Was stört Sie momentan am Inhalt/ Ablauf/ Teilnehmerkreis besonders?“ (Oder: „Wie fühlen Sie sich jetzt?“)	Stimmungsabfrage; will Gefühle, Stimmungen, insbesondere Situationen des Unbehagens in der Gruppe sichtbar machen (spontane Abfrage)

„Welche der aufgeführten Alternativen löst Ihrer Meinung nach das Problem am besten?“	Bewertungsabfrage: zwingt zur allgemeinen Meinungsabgabe *(Bewertungstechniken)*
„In welchen Punkten hat der heutige Tag (dieses Gespräch, Seminar) Ihre Erwartungen erfüllt?“ („Was wurde erreicht?“ Oder kurz: „Was war gut, was war schlecht?“)	Erfüllungsabfrage: hält das subjektive Ergebnis der Teilnehmer fest (Meinungen, Stimmungen); zeigt Mängel auf und gibt Anregungen

Die Aussagen können dann entsprechend dem Zweck der Abfrage

- ▷ nach bestimmten Kriterien strukturiert,
- ▷ weiter analysiert,
- ▷ diskutiert,
- ▷ bewertet
- ▷ oder in Kleingruppen weiter bearbeitet werden.

Diese Technik hat den Vorteil, daß sie nicht nur jeden Teilnehmer zu Artikulation seiner Meinung zwingt, sondern auch die Tragfähigkeit einer Entscheidung – der sogenannten „Gruppenmeinung“ – offenbart.

Aussagen sichtbar machen, ordnen und analysieren

Im Verlauf einer Diskussion werden innerhalb von 5 Minuten etwa 20 Aussagen unterschiedlichsten Inhalts gemacht. Die Erfahrung zeigt, daß

- ▷ viele Aussagen verlorengehen,
- ▷ die Teilnehmer Schwierigkeiten haben, an Aussagen anzuknüpfen, die vor einigen Minuten oder Stunden artikuliert wurden (Spontanantworten meist nicht möglich, da Gesprächsverlagerung zu anderen Themen),
- ▷ Gespräche meist einseitig werden, da das ausschließliche Sprechen miteinander dazu zwingt, einen „roten Faden“ zu finden, um sich nicht zu verlieren,
- ▷ die Gruppenmeinung in ihrer Differenzierung und Gewichtung dem einzelnen kaum sichtbar wird.

Deshalb sollten während der Planungsarbeit sowie bei Konferenzen, Besprechungen und im Rahmen eines ET bei jeder Diskussion die Beteiligten ihre Aussagen sichtbar machen (*Visualisierung*) und anschließend ordnen.

Als zweckmäßigste Art, Aussagen sichtbar zu machen, erscheint die Visualisierung auf Kärtchen, Flip-Charts und Tafeln. Die sofortige Umsetzung von gesprochenem Text in schriftliche Aussagen oder Bilder im Rahmen einer Diskussionsrunde verlangt die Beherrschung der Visualisierungstechniken.

Kurze Aussagen (1 Schlagwort oder 1 bis 2 kurze Sätze)
auf Karten (Größe z. B. 10 cm × 15 cm in Querformat)
für alle deutlich lesbar (entsprechende Schriftgröße)
mittels Filzschreiber
sofort niederschreiben und
an Tafeln anheften oder ankleben.

Dieses Sichtbarmachen von Aussagen geschieht gleichzeitig mit den Diskussionsbeiträgen, ohne daß der Sprechende in seinem Redefluß unterbrochen wird. Bei Kurzreferaten kann der Vortragende sofort auf die während seiner Ausführungen angebrachten Karten eingehen.

Es empfiehlt sich, die schriftlich fixierten Aussagen sofort zu ordnen, um der Diskussionsrunde den Überblick zu erleichtern und Aussagen-Schwerpunkte sichtbar zu machen.

Neben fachspezifischen Ordnungskriterien bieten sich z. B. formale Gruppierungen an:

Fakten	primäre Fakten sekundäre Fakten
Methoden	Spielregeln Vorgehensweise
Probleme	Sachprobleme Gruppenprobleme Unbehagen
Hypothesen	Arbeitshypothesen prüfbare Hypothesen Fragenkomplexe
Normative Aussagen	Maximen Determinanten Richtlinien

Im Rahmen von komplexen Planungen geschieht es häufig, daß über mehrere Problemkreise gleichzeitig diskutiert wird. In diesem Fall kann eine Ordnung der Aussagen nach diesen Kriterien vereinbart werden.

Ordnet man jeder Gruppierung eine Kartenfarbe zu, können bereits beim Verfassen der Aussage durch Wahl entsprechender Karten diese Kriterien berücksichtigt werden. Die so optisch gekennzeichneten Aussagen lassen sich dann leichter gruppieren, d. h., der Kartenschreiber kann evtl. mögliche Gruppierungsfehlinterpretationen verhindern.
Die Analyse der Aussagen hängt entscheidend von der Fragestellung ab. Trotzdem sollen hier einige grundsätzliche Punkte angesprochen werden.

- Werden Fakten, Zahlen und Meßergebnisse genannt, so kann man daraus den derzeitigen Wissensstand der Gruppe ableiten. Gleichzeitig läßt das Ergebnis auch Rückschlüsse auf den Lernbedarf zu.
- Der Lernwille wird von den Teilnehmern in offener Form artikuliert, indem Fragen und Hypothesen zur weiteren Klärung und Erweiterung des Wissensstandes formuliert werden.
- Oft wird diese Form jedoch dazu mißbraucht, notwendige Entscheidungen hinauszuzögern oder persönlich unangenehme Punkte durch anonyme Kritik beiseite zu schieben.
- Mehrfach auftauchende ähnliche Aussagen sollten (unterschiedliche Schriftzüge → mehrere Interessenten) unbedingt behandelt werden, da hier zumindest ein Teil der Gruppe eine „Gruppenmeinung“ gebildet hat.
- Wesentlich ist auch, daß man methodische Aussagen (Spielregeln, Vorgehensweise, Zusammensetzung der Gruppe usw.) – die oft auf Unbehagen hindeuten – erkennt und entsprechend auf sie reagiert.

Bewertungstechniken

Die Ergebnisse von Gruppendiskussionen, Problem- bzw. Aufgabenkatalogen und Problemlösungskonferenzen sind meist nur reine Auflistungen von Einzelmeinungen/-ideen, ohne aufzuzeigen, welche Prioritäten die Gruppe dahinter sieht. Zudem sind sie in vielen Fällen zu umfangreich, um eine Weiterarbeit anzuregen bzw. gemeinsame Interessen zu wecken.

Aus dieser Situation wurden Bewertungsverfahren entwickelt, die es jedem Gruppenmitglied ermöglichen, seine Schwerpunkte und Interessen in kürzester Zeit offenzulegen und dadurch eine Rangreihe der Gruppe zu finden, nach der Einzelthemen abgehandelt werden können.

Bewertungstechniken können auch sehr wesentlich zur Entscheidungsfindung beitragen, indem man anstelle stundenlanger Verteidigungs-, d.h. Rechtfertigungsreden einen Bewertungsgang einschiebt und die sich daraus ergebende Situation diskutiert. Gleichzeitig wird auch die Tragfähigkeit einer Entscheidung transparent gemacht, wenn z.B. nur 50% der Teilnehmer hinter einer Entscheidung stehen.

Derzeit sind 4 Techniken häufiger im Gebrauch und sollen nachfolgend kurz dargestellt werden.

Punkteverfahren

Dieses Verfahren eignet sich zur Ermittlung von Rangreihen und Gruppenstimmungen sowie zur Strukturierung von Kleingruppenarbeiten.

Technik:

Jeder Teilnehmer erhält die gleiche Anzahl (normalerweise 3 bis 5) Selbstklebepunkte. Diese kann das Gruppenmitglied nach eigenem Ermessen mehreren oder auch nur einer Aussage zuordnen (wenn „häufeln“ erlaubt ist!). Besteht eine Gruppe aus Untergruppen, deren unterschiedliche Meinungen von Interesse sind, so kann man dies durch Vergabe verschiedenfarbiger Punkte erreichen. Die Auswertung und damit Festlegung der Rangreihe erfolgt durch Auszählen.

Beispiel:

Fragestellung: Welche Verhaltensweisen sind für einen Organisationsplaner von besonderer Bedeutung?
(15 Teilnehmer je 2 Punkte)

Verhaltensweisen	Bewertung	$\sum$	Rangreihe
Überzeugungs- + Motivationsfähigkeit	●●●●●●●●●●●	11	1
Auftreten	●●●●●●	6	2
Selbständigkeit	●●●●●●	6	2
Meinungsbildung	●	1	6
method. + systematisches Denken	●●●●	4	4
Ausdauer i. d. Verfolgung von Ideen + Meinungen	●●	2	5

Besteht unter den Gruppenmitgliedern ein Hang zu Konformität, so wird durch das „Anschließen“ beim Setzen von Punkten die Aussage bzw. Gewichtung verfälscht. Bei einer hierarchisch sehr weit gestaffelten Gruppe kann man dies besonders häufig erleben. Durch Häufeln können schon ein oder zwei Gruppenmitglieder einer Aussage sehr große Bedeutung auferlegen, obwohl dies in Wirklichkeit nicht der Gruppenmeinung entspricht (nicht zu viele Punkte je Teilnehmer!).

Schiedsrichterverfahren

Die Anwendung dieses Bewertungsverfahrens setzt eine eingehende Diskussion der zu bewertenden Aussagen voraus, um nachträgliche unterschiedliche Interpretationen – d.h. Infragestellen der stattgefundenen Bewertung – zu vermeiden. Gleichzeitig sollte aber auch die Bedeutung der Wertigkeit festgelegt und für jeden deutlich sichtbar dargestellt werden.

Dieses Verfahren eignet sich besonders für Gewichtungen und Beurteilungen. Durch das offene Aufzeigen der jeweiligen Karte – d.h. der eigenen Meinung – wird der gesamte Prozeß und damit auch das Für und Wider der einzelnen Punkte der gesamten Gruppe transparent.

Technik:
Jeder Teilnehmer erhält bis zu 6 Signalkarten mit den Ziffern 0 bis 5. Durch Aufzeigen der Karte mit dem entsprechenden Gewichtsfaktor zeigt der Teilnehmer die Bedeutung an, die er der jeweiligen Aussage beimißt. Der Moderator/ein Teilnehmer trägt die Ergebnisse in eine vorbereitete Liste ein (am besten auf Flip-Chart, da dann allen Teilnehmern sichtbar). Die Zahl der jeweiligen Karten multipliziert mit dem Kartenwert ergibt die Wertigkeit der Aussage und damit eine Rangreihe (z. B. 0 = keine Bedeutung, ..., 5 = unbedingt erforderlich).

Beispiel:

Der Vorstand benötigt wesentliche Abschlußzahlen (aus Quartals- und Jahresabschluß) in Zukunft 2 Wochen früher als bisher.

Der Teilnehmerkreis von 10 Personen (Vertreter der betroffenen Fach- und Stabsabteilungen) bewertet die gefundenen Lösungsalternativen.

Aussage	**Signalkartenwert**						$\sum$	**Rangreihe**
	Ø	**1**	**2**	**3**	**4**	**5**		
1. EDV einsetzen		II 2	III 6	IIII 12	I 4		24	4
2. Vorverlegung der Abschlußtermine	IIII	III 3			II 8	I 5	16	6
3. Analyse der vorhandenen Unterl. auf Notwendigkeit bzw. Doppelaussagen		I 1	II 4	IIII 12	III 12		29	2
4. Vorrangige Behandl. dieser Zahlen — führt jedoch insges. zu einem späteren Abschlußtermin			~~IIII~~ I 12	IIII 12			24	4
5. Untersuchung des vorlieg. Problems				II 6	~~IIII~~ I 24	II 10	40	1
6. Vorstand muß sich mit Schätzzahlen begnügen	I	II 2	II 4	II 6	II 8	I 5	25	3

Die Aussage 4 läßt dabei eine sehr gute Übereinstimmung erkennen, die Aussage 2 zeigt extreme Meinungsunterschiede auf, während die Aussage 6 in der Gruppe noch nicht ausreichend diskutiert ist, d. h. noch keine Meinungsbildungsprozesse stattgefunden haben.

Modifikation

Bei der eben beschriebenen Methode treffen meist mehrere (u. U. viele) Teilnehmer keine Entscheidung über die Reihenfolge der zur Diskussion stehenden Themen, d. h., sie bewerten viele Themen mit dem gleichen Gewichtsfaktor.

Um nun eine eindeutige Entscheidung zu erhalten, bietet sich folgende Alternative an:

- ▷ Jeder Teilnehmer erhält entsprechend der Anzahl der Themen Karten mit den Zahlen 1 bis *n*.
- ▷ Danach wird jedes Thema genannt, und der Teilnehmer muß seine Punktzahlkarte abgeben (d. h., jede Karte kann nur einmal benutzt werden).
- ▷ Durchführung und Auswertung verlaufen wie beim normalen Schiedsrichterverfahren.

Situationsabfrage

Eine weitere Möglichkeit, um Situationen, Aussagen, aber auch Stimmungen bewerten zu können, bietet die Situationsabfrage. Durch die Abfrage der individuellen, momentanen Meinung/Stimmung kann man zwar keine objektive Entscheidung herbeiführen, aber zumindest die Gruppensituation aufzeigen. Es gibt verschiedene Möglichkeiten, diese Abfrage durchzuführen.

Zum Beispiel: Welche Durchsetzungschancen sehe ich für meine Arbeit?

	große	durchschnittliche	kleine	gar keine
bei Einzelarbeit				
bei Gruppenarbeit				
bei einer Planung				
durch Einzelgespräche				
durch Konferenzen				
durch Präsentation Info-Veranstaltung				

Zum Beispiel: Nutzenabfrage

Jeder Teilnehmer schreibt auf eine Karte seine Meinung in Form von

++	+	0	–	– –
wesentlicher Vorteil	einige Vorteile	weder/noch	einige Nachteile	viele Nachteile

Zum Beispiel: Stimmungsabfrage

- Wie fühlen Sie sich in der derzeitigen Gruppensituation?

  euphorisch gelockert/wohl neutral gehemmt aggressiv/frustriert

- oder auch in Form eines Thermometers, auf dem man die Temperatur einträgt (von −30° bis +30°).

Präferenzmatrix

Diese Bewertungstechnik wird im Gegensatz zu den bisherigen Verfahren nicht gemeinsam in der Gruppe, sondern individuell durchgeführt. Die Auswertung besteht aus der Sammlung von Einzelmeinungen, die addiert eine Gruppenrangordnung ergeben. Der Vorteil liegt darin, daß jedes Gruppenmitglied unbeeinflußt von anderen Meinungen seine eigene kundtut. Bei der Gegenüberstellung sind meist gegensätzliche Meinungen abzulesen, die dann zu Diskussionsrunden, Kleingruppen oder auch Rollenspielen führen können.

Technik:

Jede Alternative/Aussage wird mit einem Buchstaben versehen und mit jeder anderen verglichen. Die jeweilige Priorität wird entschieden und der Buchstabe der „besseren" Alternative in der Matrix eingetragen.

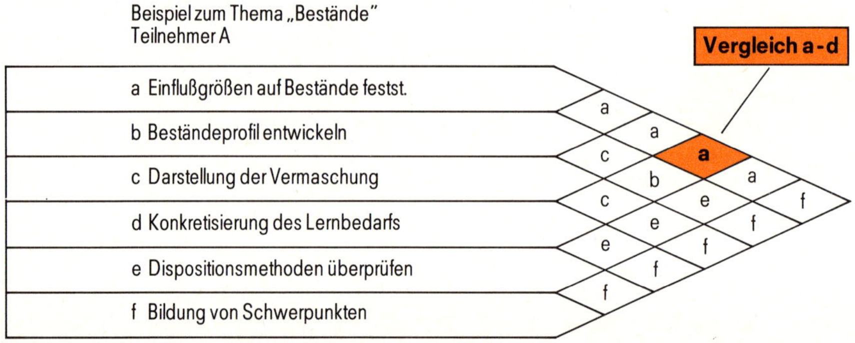

Danach addiert der einzelne die Häufigkeit der einzelnen Buchstaben (z. B. f – 5mal) und trägt diese in der folgenden Liste ein. Daraus wird dann auch die individuelle Rangreihe abgeleitet.

Teilnehmer (A)

Alternative/Aussage	a	b	c	d	e	f
Häufigkeit	4	1	2	–	3	5
Rangreihe	2	5	4	6	3	1

In diesem Beispiel wurde die „Bildung von Schwerpunkten" (f) vom Teilnehmer A als wichtigste Alternative angesehen.

Beim Gruppenvergleich werden nun diese Einzelrangreihen gegenübergestellt und zu einer Gruppenrangreihe addiert (niedrigste Summe hat höchste Priorität).

Alternative	Teilnehmer A	B	C	D	E		Rangreihe
a	2	5	6	6	5	24	6
b	5	3	2	1	4	15	3
c	4	2	4	3	1	14	2
d	6	6	1	5	3	21	5
e	3	1	3	2	2	11	1
f	1	4	5	4	6	20	4

Die Alternative e wird von allen für wesentlich gehalten, d. h., hier könnte man bereits in Detailarbeit gehen. Im Gegensatz dazu steht Alternative b, wo es noch zu keiner gemeinsamen Willensbildung gekommen ist. Dieser Punkt sollte z. B. noch intensiver diskutiert werden.

Bei den Alternativen a, d und f wäre der Ansatz zu einem *Pro-und-Kontra-Spiel* vorhanden, denn hier stehen sich gegensätzliche Meinungen gegenüber.

Darstellung von Gruppenergebnissen

Für Gruppen kommen hauptsächlich drei Möglichkeiten in Frage, um den Stand des gemeinsamen Arbeitsfortschrittes zu visualisieren:

- ► Problemplakate stellen den Wissens- und Meinungsstand der Gruppe zu Einzelproblemen dar.
- ► Scenarien (Problemlandkarten) zeigen die Zusammenhänge von Einzelproblemen in einem komplexen Problemfeld auf und bezeichnen die von der Gruppe erkannten und beschlossenen Handlungsschwerpunkte.
- ► Tätigkeitskataloge bringen das Engagement der einzelnen Gruppenmitglieder zum Ausdruck, im Rahmen der gemeinsam beschlossenen Strategie klar definierte Tätigkeiten durchzuführen und bis zu einem bestimmten Zeitpunkt abzuschließen.

Diese Darstellungsformen können der Gruppe als Diskussionsunterlage, Arbeitsbasis, Kontrollinstrument und Informationsmittel bei Kontakten zu anderen Bezugsgruppen dienen.

Problemplakat

Im Rahmen eines Planungsprozesses ist es von Bedeutung, daß das Team die Probleme gemeinsam findet und strukturiert. Diese Gemeinsamkeit erhöht das Engagement und gibt jedem Teammitglied die gleiche Chance, künftige Planungsarbeiten mitzubestimmen.

▷ Je nach Planungsfeld bzw. Planungsphase sollte sich das gesamte Team – entsprechend der Situation abwandelbare – Fragen stellen nach

- Schwierigkeiten im Planungsprozeß,
- Problemen einzelner oder der Gruppe,
- Aufgabenlösungen,
- Vorgehensweisen und Methoden.

Beispiele:

Welche Planungsschwerpunkte sehen wir in den nächsten Wochen?
Welches Problem ist vordringlich zu lösen?
Welches Stichwort charakterisiert unsere Aufgabe?

▷ Die jeweiligen Teams sollten in 20–30 Minuten Arbeitszeit die Probleme differenzieren. Dazu kann ein vorstrukturiertes Raster dienen:

- ein Bogen Packpapier (etwa 150 cm × 150 cm) wird in mehrere Felder aufgeteilt,
- aus einem Kartensatz von 10 bis 20 Stichwörtern können die Teammitglieder die Titel der einzelnen Felder selbst auswählen, z. B. „Problem", „Soll-Ideen", „Maximen", „Ist-Zustand", „Wissenslücken", „Suchstrategien", „Widerstände", „Kritik", „Prognose", „Aufwand" usw.

Problem (Thema)	
IST-KRITIK	SOLL-IDEEN (beliebig formuliert)
MAXIMEN	bitte ergänzen
ZIELE	(Abfrage bei Präsentation)
BETEILIGTE/BETROFFENE	
WIDERSTÄNDE	AUFWAND/NUTZEN

▷ Die Antworten bzw. Stichwörter werden in eine Tabelle eingetragen, Mehrfachnennungen werden gekennzeichnet, Synonyme zusammengefaßt und 20 bis 30 Aussagen ermittelt. Die Rangfolge wird nach einer *Bewertungstechnik* für Gruppen festgelegt.

▷ Die 4 bis 6 ranghöchsten Stichwörter, die die Gruppentendenz repräsentieren, sind Ausgangspunkt für die Bildung von Kleingruppen bzw. werden ihrer Reihenfolge nach vom Gesamtteam abgearbeitet (ausschlaggebend dafür ist die Größe des Teams bzw. die Komplexität des Problems).

▷ Die Problemplakate werden – soweit der Entwurf von Kleingruppen erstellt wurde – dem Plenum vorgetragen. Kritik und Ergänzungen sind dabei zu berücksichtigen.

▷ Die einzelnen Probleme werden entsprechend den vom Team entworfenen Problemplakaten abgearbeitet (d. h., alle in den einzelnen Feldern dargestellten Überlegungen und Aktionen sind Grundlage für die gemeinsame Weiterarbeit).

Als Rahmen für eine Diskussion über die Vorgehensweise bei der Lösung bereits definierter und beschriebener Probleme kann eine vereinfachte Form des Problemplakats dienen.

Beispiel:

PROBLEM	KRITERIEN	ANALYSE
Soll eine Materialart lagermäßig geführt oder auftragsgebunden bestellt werden?	Zugriffshäufigkeit, Wert je Verbrauchsposition	anhand der Bestell- und Verbrauchsbelege zurückliegender Zeiträume Prognose der Produkte, in denen die Materialart enthalten ist.
↑ Definiertes Problem liegt vor	↑ Diskussionsergebnis: Kriterien für eine Entscheidung	↑ Diskussionsergebnis: Notwendige Arbeiten, um Aussagen zu den Kriterien zu erhalten

Scenario (Problemlandkarte)

Das Scenario – eine visualisierte Strategie – ist im allgemeinen das zusammengefaßte Ergebnis eines Entscheidertrainings, kann aber auch die Übersicht oder das Fazit zu einem Informationsmarkt darstellen. Es zeigt

▷ den Stand mittel- und langfristiger Überlegungen,

▷ Alternativen, Tendenzen, Übereinstimmungen und Meinungsverschiedenheiten,

▷ Prognosen und verarbeitungsfähige Utopien,

▷ Felder und Schwerpunkte für künftige Aktivitäten innerhalb und außerhalb des Systems und

▷ den abzudeckenden Lernbedarf der Gruppenmitglieder.

Bei der Erstellung von Scenarien ist zu beachten, daß die Darstellung für Außenstehende präsentationsfähig sein muß und damit einen Prozeß der Diskussion und Weiterarbeit in Gang setzen soll.

Daher keine Perfektion!

Es gibt kein endgültiges Scenario. Jedes Scenario zeigt nur den jeweiligen Stand der Überlegungen, Einsichten und Konflikte. Die Kunst der Scenario-Erstellung liegt im „Weglassen“ und in der Differenzierung zwischen Wesentlichem und Unwesentlichem.

Im Rahmen eines ET dient das Scenario als Grundlage für Folgeaktivitäten, wie:

▷ Aufstellung des Tätigkeitskataloges,

▷ Festlegung des Informationsweitergabeprogrammes über das ET und

▷ Festlegung von Strategien, d.h. Aufzeigen von Aktionen sowohl im Rahmen von Planungen als auch in der Linie und zur Abdeckung des Lernbedarfs.

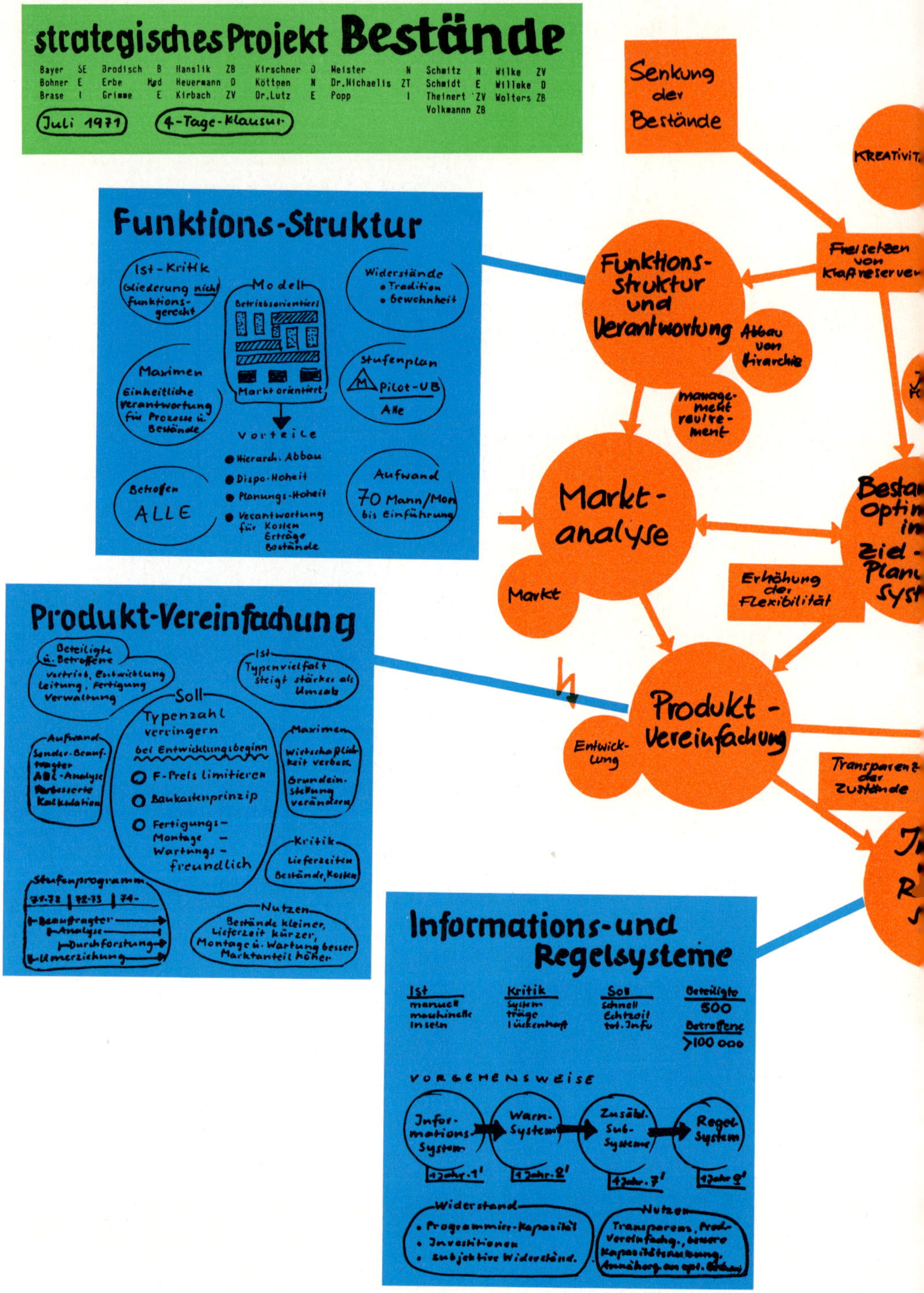
strategisches Projekt Bestände
Bayer SE Brodisch B Hanslik ZB Kirschner D Meister N Schmitz N Wilke ZV
Bohner E Erbe Med Heuermann D Köttgen N Dr. Michaelis ZT Schmidt E Willeke D
Brase I Grimme E Kirbach ZV Dr. Lutz E Popp I Theinert ZV Wolters ZB
Volkmannn ZB
Juli 1971
4-Tage-Klausur
Funktions-Struktur
Ist-Kritik
Gliederung nicht funktionsgerecht
Modell
Betriebsorientiert
Marktorientiert
Widerstände
Tradition
Gewohnheit
Maximen
Einheitliche Verantwortung für Prozesse u. Bestände
Stufenplan
Pilot-UB
Alle
Vorteile
Hierarch. Abbau
Dispo-Hoheit
Planungs-Hoheit
Verantwortung für Kosten Erträge Bestände
Betroffen
ALLE
Aufwand
70 Mann/Mon bis Einführung
Produkt-Vereinfachung
Beteiligte u. Betroffene
Vertrieb, Entwicklung Leitung, Fertigung Verwaltung
Ist
Typenvielfalt steigt stärker als Umsatz
Soll
Typenzahl verringern
bei Entwicklungsbeginn
F-Preis limitieren
Baukastenprinzip
Fertigungs- Montage- Wartungs- freundlich
Maximen
Wirtschaftlichkeit verbess.
Grundeinstellung verändern
Kritik
Lieferzeiten Bestände, Kosten
Stufenprogramm
Beauftragter
Analyse
Durchforstung
Umerziehung
Nutzen
Bestände kleiner, Lieferzeit kürzer, Montage u. Wartung besser Marktanteil höher
Informations- und Regelsysteme
Ist
manuell maschinelle Inseln
Kritik
System träge lückenhaft
Soll
schnell Echtzeit tot. Info
Beteiligte
500
Betroffene
>100 000
Vorgehensweise
Informations-System
Warn-System
Zusätzl. Sub-Systeme
Regel-System
Widerstand
Programmier-Kapazität
Investitionen
subjektive Widerstände
Nutzen
Senkung der Bestände
Kreativität
Freisetzen von Kraftreserven
Funktions-Struktur und Verantwortung
Abbau von Hierarchie
Management-Recruitment
Markt-analyse
Markt
Erhöhung der Flexibilität
Produkt-Vereinfachung
Entwicklung
Transparenz der Zustände

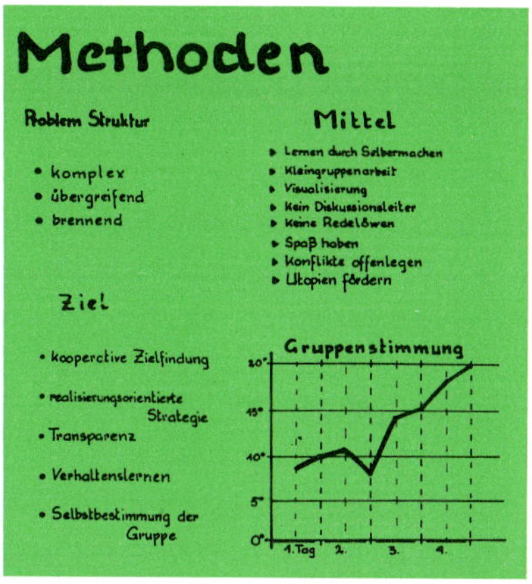

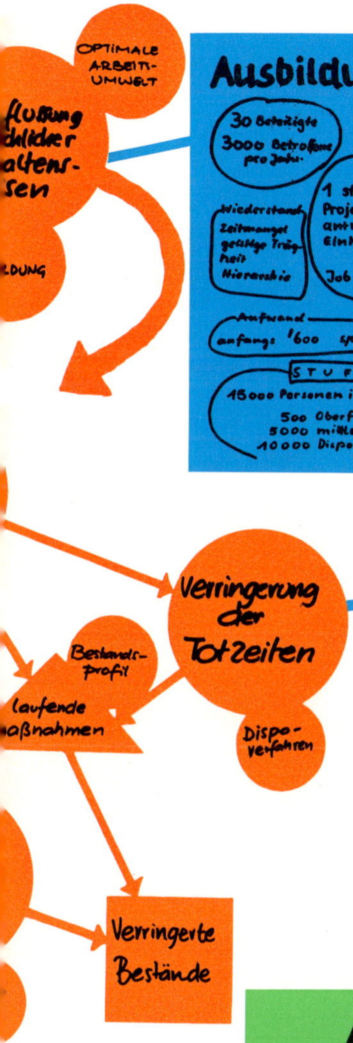

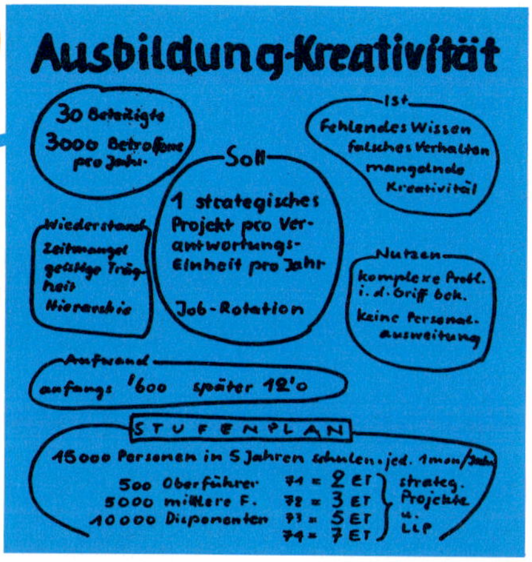

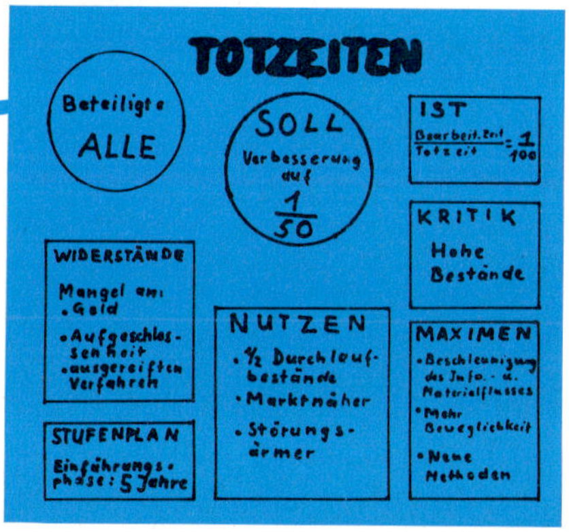

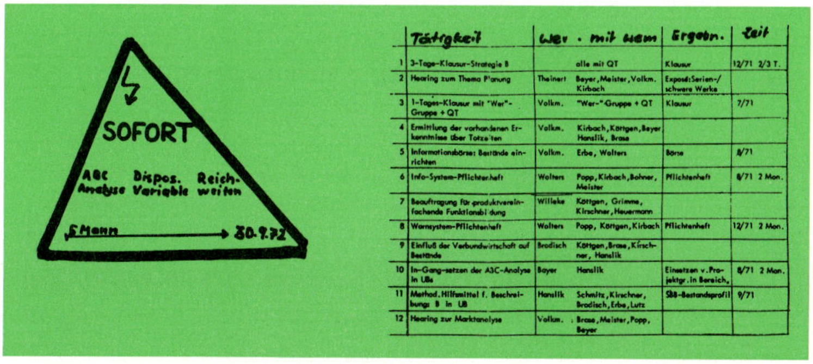

	Tätigkeit	Wer	mit wem	Ergebn.	Zeit
1	3-Tage-Klausur-Strategie B		alle mit QT	Klausur	12/71 2/3 T.
2	Hearing zum Thema Planung	Theinert	Beyer, Meister, Volkm. Kirbach	Exposé: Serien-/ schwere Werke	
3	1-Tages-Klausur mit "Wer"-Gruppe + QT	Volkm.	"Wer-" Gruppe + QT	Klausur	7/71
4	Ermittlung der vorhandenen Erkenntnisse über Totzeiten	Volkm.	Kirbach, Köttgen, Beyer, Hanslik, Brase		
5	Informationsbörse: Bestände einrichten	Volkm.	Erbe, Wolters	Börse	8/71
6	Info-System-Pflichtenheft	Wolters	Popp, Kirbach, Bohner, Meister	Pflichtenheft	8/71 2 Mon.
7	Beauftragung für produktvereinfachende Funktionsbildung	Willeke	Köttgen, Grimme, Kirschner, Heuermann		
8	Warnsystem-Pflichtenheft	Wolters	Popp, Köttgen, Kirbach	Pflichtenheft	12/71 2 Mon.
9	Einfluß der Verbundwirtschaft auf Bestände	Brodisch	Köttgen, Brase, Kirschner, Hanslik		
10	In-Gang-setzen der ABC-Analyse in UBs	Bayer	Hanslik	Einsetzen v. Projektgr. in Bereich.	8/71 2 Mon.
11	Method. Hilfsmittel f. Beschreibung: B in UB	Hanslik	Schmitz, Kirschner, Brodisch, Erbe, Lutz	SBB-Bestandsprofil	9/71
12	Hearing zur Marktanalyse	Volkm.	Brase, Meister, Popp, Beyer		

Im allgemeinen wird man ein Scenario auf Packpapier erstellen (Größe bis zu 20 m^2). Bei der gemeinsamen Arbeit am Scenario sollten alle vorhandenen Unterlagen zusammengefaßt, aber nichts Neues mehr erfunden werden! Dieser Vorgang kann 2 bis 3 Stunden dauern und damit beginnen, daß alle behandelten Themen auf bunte Kartonscheiben geschrieben und diese auf der Packpapierfläche ausgelegt und kombiniert werden, bis Themenkomplexe und deren Zusammenhänge sichtbar sind. Die Beziehungen zwischen den Problemschwerpunkten werden durch Pfeile dargestellt, so daß eine erste Übersicht entsteht. Danach wird das gesamte erarbeitete Material nach den gefundenen Themenkomplexen gesichtet und eventuell noch einmal in Kleingruppen zusammengefaßt und aufbereitet (z. B. in Form von Flip-charts), bevor es in das Scenario eingebracht werden kann.

Es gibt keine generelle Darstellungsregel für die Erarbeitung einer Problemlandkarte. Gewöhnlich wird man links oben mit der „Ist-Kritik" beginnen und – entsprechend dem Ergebnis – nach rechts unten auf die Strategie hinführen bzw. dort Raum für den angesichts des Scenarios noch zu erstellenden Tätigkeitskatalog freilassen. Meist finden am Scenario noch die letzten Bewertungen der Gruppe im Hinblick auf den gemeinsamen Aktionsplan statt.

Tätigkeitskatalog

Der Übergang von der durch Gruppen entwickelten Strategie zur Handlung findet seinen Ausdruck im Tätigkeitskatalog. Dieser stellt ein Arbeitsprogramm für etwa 8 Folgewochen dar und muß ständig überarbeitet und dem aktuellen Stand angepaßt werden. Das gemeinsame Formulieren der Tätigkeiten sowie die freiwillige Zuordnung erlauben es jedem Teilnehmer, seine Kenntnisse und Fähigkeiten nach eigener Einschätzung in die Arbeit einzubringen und dabei seine Kooperationspartner selbst zu wählen. Im Tätigkeitskatalog wird also sichtbar, wer sich bei den folgenden Aktionen engagieren will.

Im Rahmen von Organisationsplanungen kann jeweils für die verschiedenen Planungsphasen ein Tätigkeitskatalog als Aktionsplan ausgearbeitet und als Kontrolle (= „Papierhierarch") des Arbeitsprogrammes benutzt werden.

Im Rahmen eines ET wird sichtbar, daß nur derjenige, der Arbeitszeit zur Verfügung stellt, die Chance hat, den Entscheidungsprozeß weiter zu beeinflussen.

Beobachtungen zeigen, daß sich Gruppen meist wehren, wenn es darum geht, sich in ihrem Engagement festlegen zu müssen. Meist wird akute Arbeitsüberlastung ins Feld geführt und für zeitliche Verschiebung argumentiert. Unsichere Gruppen umgehen häufig die Aufgabe, neue Konzepte zu verwirklichen, indem sie ihre Tätigkeiten auf Bestandsaufnahmen beschränken.

lfd. Nr.	0	1	2		R	Tätigkeit	Wer	Mit wem	Start	Stop	Dauer	Art des Ergebnisses	Bemerkung
1	3	9	5	19	5	Liste von Konfliktpersonen erstellen	Maier	Schultze Vogel Betriebe	30.8.	10.9.	2 Tage	Liste	
2	-	3	14	31	1	Bestandshöhe und Termine festlegen	Bischof	Fritsche Lindner		1.10.		Tabelle Grafik	
3	1	14	2	18	6	Schreibkräfte besorgen auch Werkstudenten usw.	Zimmer-mann	Personal-büro	30.8.	15.9.			Zwischen-lösung
4	3	6	8	22	3	Umfrage im Betrieb zu Umsatzentwicklung nach Hauptprodukten	Martin	Maier Fritsche		1.10.		grafische Darstlg. Tabellen	Teil-ergebnis
5	11	13	3	19	5	Vorbereitung der Durchlaufzeitenuntersuchung	Lindner	Team	1.10.	15.10.		Vorschlag	
6	11	4	2	8	12	Urlaubsregelungen feststellen	Maier	alle	30.8.	30.8			
Bewertungsspalten (Bewertung nach *Schiedsrichterverfahren)*						⋮	⋮	⋮	⋮			⋮	

Der Tätigkeitskatalog, der u.a. aus einem Scenario entstehen kann, soll

▷ auf großem Packpapier (3 m × 1,5 m) visualisiert sein,

▷ den Koordinator, Gruppenleiter oder Hierarchen ersetzen (= „Papierhierarch"),

▷ laufend neuen Erkenntnissen aus dem Planungsprozeß angepaßt werden und

▷ im Planungsraum ausgehängt sein.

Hinweise zur Erstellung eines Tätigkeitskataloges:

▷ Die Tätigkeiten werden im Plenum gemeinsam formuliert.

▷ Es sollen keine Tätigkeiten aufgeschrieben werden, für die in der Spalte „wer" kein Name eines Anwesenden steht („wer" bedeutet: Initiator der Tätigkeit, der mit ausführen kann, aber nicht muß).

▷ Die Reihenfolge des Auflistens der Tätigkeiten ist gleichgültig, da

- zeitliche Prioritäten durch die Spalten „Start“ und „Stop“ sowie „Dauer“ festgelegt sind und
- qualitative Prioritäten durch Rangzahlen (Spalte „R“) nach einer *Bewertungstechnik* ermittelt werden.

Durch die Erstellung eines Tätigkeitskataloges gibt es in der Gruppe keinen Beeinflusser mehr, der nicht mitarbeitet. Die Moderatoren sollten darauf achten, daß die Gruppen auch schwierige Aufgaben wahrnehmen, z. B. neue Wege aufzuzeigen und diese in die bestehenden Organisationen einzubringen.

Moderation

Überall, wo Menschen in Gruppen an einem Problem zusammenarbeiten (Planungsteam, ET, Konferenzen), verwenden sie einen großen Teil ihrer Energie dafür, ihre augenblicklichen Denk- und Verhaltensweisen nicht aufgeben zu müssen. Sie versuchen, alle Erfahrungen bzw. Informationen für sich „passend" einzuordnen.

Die häufigsten Vorwürfe z. B. gegenüber dem bisherigen Konferenzstil lauten:

- ungleiche Gesprächsbeteiligung der Teilnehmer
- zu lange Anlaufzeit (z. B. langwierige Grundsatzdiskussionen)
- lange Monologe („Alleinunterhalter")
- häufiges Abweichen vom Thema (Rechtfertigungen, persönliche Leistungsdarstellungen)
- zu wenig gemeinsame Ergebnisse (geringe Entscheidungs- und Handlungszwänge im Hinblick auf die Zielsetzung)
- persönliche Interessenkonflikte und Machtkämpfe blockieren gemeinsame Lösungssuche und -findung

Dies steht jedoch im Widerspruch zu den Zielen jeder Zusammenarbeit in Gruppen:

▷ gemeinsames Problembewußtsein
▷ kooperatives Verhalten bei der Meinungsbildung, den Entscheidungen und Handlungen
▷ Ausgleich von Informationsgefällen
▷ zielorientierter Gesprächsverlauf
▷ Kreativität und Innovationsfreudigkeit
▷ effizienter Ablauf (Zeit-Nutzen-Relation)
▷ interessante und lebendige Gestaltung (Motivation)

Die Erfahrung hat gezeigt, daß ungesteuerte Gruppen diese Ziele selten, hierarchisch gelenkte Gruppen diese nie erreichen. Die Alternative heißt: **Moderation statt Führung!**

„Menschen, die methodische Unterstützung für problemorientierte kooperative Gruppen leisten, nennen wir Moderatoren. Moderatoren sind nur in bestimmten Phasen der Gruppenarbeit sinnvoll. Eine dieser Phasen ist das Entstehen der Gruppen."

(W. Kasprzik, Metaplan-Reihe 3, 1973)

Moderatoren haben die Aufgabe,

▷ die psychische Energie, die zur Stabilisierung der vorhandenen „Ordnung" aufgewandt wird, durch Provokation freizusetzen und

▷ diese Energie durch Aufzeigen und Einführen eines Modellverhaltens in Richtung der Problemlösung zu kanalisieren.

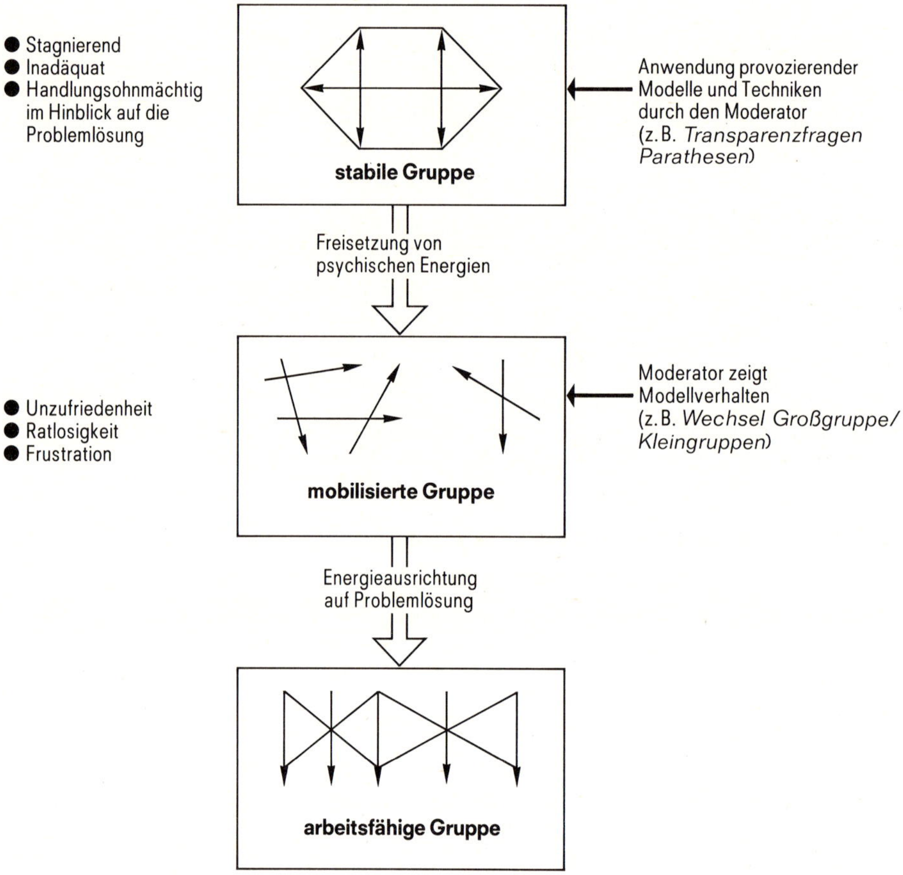

Da jede Gruppe situationsbedingt unterschiedlich reagiert, können die Schritte der Moderation nicht allgemeingültig beschrieben werden. Als Beispiel mag das im Ablauf geschilderte *Entscheidertraining* (s. S. 239 ff) gelten.

Dagegen gibt es einige wesentliche Verhaltensregeln, die bei der Moderation beachtet werden müssen. Prinzipiell ist es besser, wenn mehrere Moderatoren zusammenwirken (bei Gruppen über 10 Personen) oder einzelne alternierend agieren (z. B. aus dem Planungsteam).

▷ Spielregeln (z. B. *Diskussionsregeln*) bekanntgeben und kontrollieren!

▷ Sachlich verschleierte oder echte Sozialkonflikte innerhalb der Gruppe bewußt machen und auf die Sachebene zurückführen!

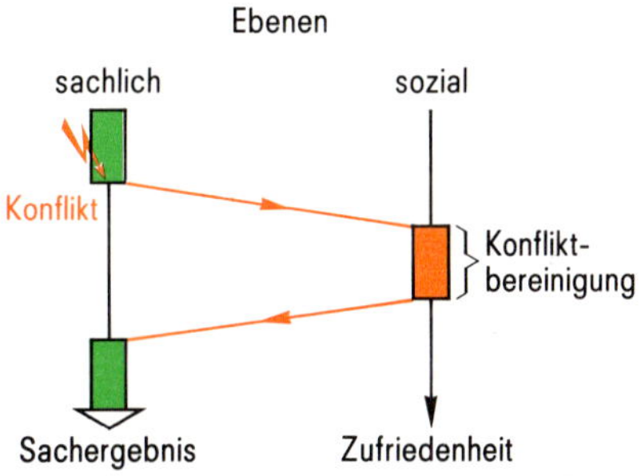

▷ Kreativität der Gruppe und ausgewogene Kommunikation zwischen den Teilnehmern fördern!

▷ Aktivitäten aller Teilnehmer anregen, ohne selbst Mittelpunkt der Gruppe zu werden!

▷ Entscheidungssituationen und Entscheidungszwänge schaffen!

▷ Ergebnisse und Konsequenzen festhalten (*Problemplakat, Scenario*) sowie Engagement für Folgeaktivitäten erzeugen (*Tätigkeitskatalog*)!

▷ Fragen stellen, statt Antworten oder Lösungen zu geben!

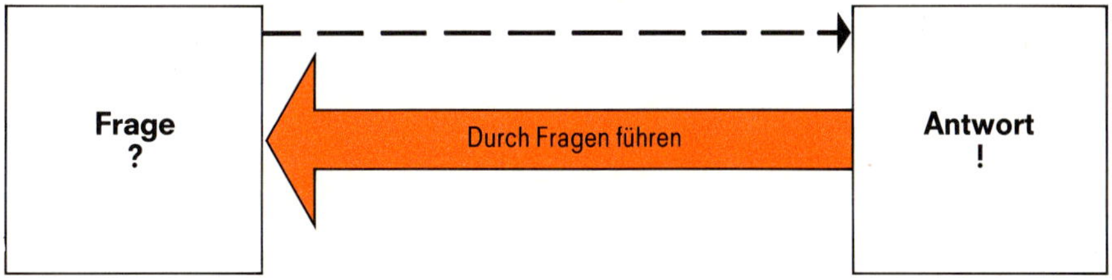

Die Fragestellungen müssen antwortorientiert sein und setzen deshalb die Kenntnis möglicher Antwortalternativen in ihrer Struktur voraus.

Welche Antworten sind zu erwarten?		
sachliche?	**emotionale?**	**neutrale?**
● Fakten/Wissen ● Ideen ● Erfahrungen ● Meinungen ● Bewertungen	● Haltungen ● Stimmungen ● Provokationen	● Schweigen ● Ja/Nein ● Leerformeln (z. B. Killerphrasen)

Gezielt fragen!

⇨ **Abfrage-Technik**

Die als neutral eingestuften Antwortmöglichkeiten haben wenig Erkenntniswert für die Gruppe und sollten deshalb nicht herausgefordert werden!

Eine spezielle Form der Fragestellung sind **Parathesen.**

Jede Parathese besteht aus zwei Thesen, in denen unterschiedliche Handlungsperspektiven zu einem gemeinsamen Problem formuliert sind. Die Gruppe muß durch eine Bewertung unterscheiden, welcher Handlungsperspektive oder These sie den Vorzug gibt.

Der Einsatz von Parathesen erfolgt in Phasen der Passivität. Sie sind als eine Herausforderung der Moderatoren an die Gruppe zu sehen. Ihre Bildung erfolgt aufgrund verarbeiteter Informationen aus der Vorphase bzw. aus Interviews mit den Beteiligten (s. S. 235 ff). Es sollten nicht mehr als fünf bis acht Parathesen gleichzeitig gebildet werden.

Parathesen werden bei anonymer Abfrage auf DIN-A4-Blätter geschrieben und den Teilnehmern mit der Aufforderung übergeben, jeweils die These anzukreuzen, welche sie für sehr zutreffend (+ +) oder zutreffend (+) halten. Alle Einzelergebnisse werden in einem weiteren Schritt auf einen großen Bogen übertragen und zusammengefaßt vorgestellt.

Beispiel:

	++	+	+	++	
Der Auftragseingang gibt uns verwertbare Hinweise auf einen Konjunkturaufschwung					Wenn wir den Konjunkturverlauf im voraus erkennen wollen, müssen wir den Auftragseingang kritisch beobachten
Die Organisationsstruktur zeigt, daß eine wirtschaftliche Gestaltung der Abläufe nicht möglich sein wird					Wirtschaftliche Abläufe erreichen wir nur, wenn wir auch Strukturen ändern

Ziel einer Parathese ist es, ein Thema zu problematisieren. In den angeführten Beispielen werden jeweils der Auftragseingang und die Organisationsstruktur in zwei unterschiedliche Handlungszusammenhänge gebracht. Will man der Gefahr entgehen, in unverbindlichen Grundsatzdiskussionen steckenzubleiben, ist es notwendig, die Gruppe insbesondere für die Formulierung von Zielvorstellungen mit solchen alternativen Handlungsmustern zu konfrontieren.

Von der Gruppe werden die formulierten Parathesen meist kritisiert. Es wird darauf hingewiesen, daß keine richtigen Alternativen vorliegen. Aus einer solchen Reaktion kann geschlossen werden, daß die Parathesen Tatbestände aufzeigen, die direkt in die Tätigkeitsfelder von Gruppenmitgliedern hineinwirken. Da es bei der Arbeit mit Parathesen nicht darum gehen darf, persönliche Angriffe zu formulieren, sind folgende Hinweise zur Erstellung von Parathesen wichtig:

- ▷ Die Parathesen sollen so formuliert sein, daß Ja/Nein-Entscheidungen vermieden werden und statt dessen Entscheidungen vom Typ „eher als" herbeigeführt werden.
- ▷ Tätigkeiten der Teilnehmer sollten nie in den Parathesen erscheinen, sondern nur Geschehnisse größerer Organisationseinheiten, in denen die Teilnehmer tätig sind.

Je unterschiedlicher die Parathesen bewertet werden, desto eher werden dadurch Konflikte der Teilnehmer sichtbar. Es ist Aufgabe der Gruppe, zu formulieren, um welche sachlichen/sozialen Konflikte es sich dabei handelt. Moderatoren sollten sich hüten, dies vorweg selbst zu tun. Da Parathesen Themen ergeben sollen, die bei der Gruppe das Verlangen nach sofortiger Bearbeitung (z. B. in Kleingruppen) erzeugen, sollten uninteressante Parathesen, die das Problem nicht treffen, gestrichen werden.

Gruppen reagieren auf Vorschläge der Moderatoren höchst unterschiedlich; deshalb gibt es kein Rezept dafür, was in welcher Situation zu tun ist.

Situation in Gruppen	Maßnahmenvorschlag
Monologe von Teilnehmern • zur Selbstdarstellung • zur Meinungsdurchsetzung • wegen Passivität anderer	• Karte mit Aufschrift „30 s" hochhalten • Aufforderung, die Aussagen zu visualisieren • Anonyme Kärtchenabfrage zu den Äußerungen • Aussagen durch Gruppe bewerten lassen • Transparenzfragen stellen • Killerphrasen sammeln
Sachliche Meinungsunterschiede • wegen unterschiedlichen Wissens • wegen unterschiedlichen Informationsstands	• Transparenz nach Lernbedarf oder Informationsbedarf • Bestandsaufnahme von Wissen und Informationen (evtl. in Kleingruppen) • Gemeinsame Strategieentwicklung für Deckung von Lern- und Informationsbedarf
Gegensätzliche Interessen (Gruppenengagement durch Ausspielen von Fachwissen töten)	• Rollenspiel der Interessenvertreter • Pro-und-Kontra-Spiel • Interesse der Gruppe abfragen • Interessenlage durch Kleingruppe darstellen lassen
Persönliche Differenzen zwischen den Teilnehmern	• Zuordnung der Kontrahenten zu verschiedenen Kleingruppen • Erweiterung des Diskussionskreises • Wechsel der Kontaktpersonen
Desinteresse der Gruppe	• Interessenlage abfragen • Gruppenmeinung über Situation und Verhalten abfragen • Pro und Kontra über vorhandenes/nicht-vorhandenes Interesse • Provozierende Äußerungen gegenüber der Gruppe • Parathesen
Abhängigkeitsgefühle einzelner, hierarchische Selbstbestätigung anderer	• Offenlegung des Problems durch Moderatoren (und evtl. Gruppenmitglieder) • Hilfe durch Dritte • Bildung von Koalitionen • Aufzeigen von Verhaltensweisen
Ablehnung der Moderatoren	• Diskussionsleitung auf andere Gruppenmitglieder übertragen • Gruppe allein arbeiten lassen (wenn es gut geht, Moderatoren nach Hause schicken) • Neufestlegung der Spielregeln • Pro-und-Kontra-Spiel über Moderation
• Abwälzen↔Einmischen • Prestigedenken • Rechtfertigung • Lokalpatriotismus • falsche Information • Vorurteile	• Transparenzfragen • Themen abfragen • Pro-und-Kontra-Spiele • Rollenspiele • Utopiespiele • Bewertungen • Kleingruppenarbeiten

Der vorstehende **Maßnahmenkatalog** ist – aufgebaut auf bisherigen Erfahrungen – kein Erfolgsrezept, sondern soll Hinweise auf methodische Möglichkeiten geben.

Die Kunst der Moderation liegt nicht so sehr im Einsatz von Techniken, sondern vielmehr darin, den Gruppenprozeß zu beobachten und zu erkennen, um durch die situationsgerechte Anwendung von Spielregeln und Techniken richtig darauf zu reagieren. Das Aufnehmen von spezifischen Gruppensituationen verlangt eine ausgeprägte Problem- und Situationssensibilität. Dazu gehört auch, daß der Moderator seine eigene Reaktion und die Wirkung, die er bei der Gruppe hervorruft, wahrnimmt und bei seinem Verhalten berücksichtigt.

Es ist daher falsch, zu meinen, nach der Teilnahme an einem ein- bis zweitägigen „Moderatorentraining" – bei dem primär Techniken geübt werden – selbst Gruppen moderieren zu können. Es ist gefährlich, Gruppen in die Hand von Laien zu geben, die z. B. noch nicht genügend unterscheiden können, wann Provokation eine Gruppe aktiviert und wann sie eine Gruppe hemmt. Ungenügende Moderation verstärkt Verhaltensstörungen in der Gruppe (siehe Maßnahmenkatalog) und bringt die Methoden interaktiver Gruppenarbeit (z. B. das ET) in Mißkredit.

Voraussetzungen für einen Moderator sind in jedem Fall:

- ▷ Einfühlungsvermögen in gruppendynamische Vorgänge,
- ▷ Erkennen von Gruppensituationen und der situationsgerechten Einsatzmöglichkeit von Spielregeln und Techniken,
- ▷ Kenntnis des Methodeninstrumentariums,
- ▷ Motivations- und Aktivierungsfähigkeit im Hinblick auf Gruppenleistungen,
- ▷ unabhängige Stellung gegenüber den Teilnehmern,
- ▷ keine Ergebnisorientierung des Moderators – die Gruppe formuliert Ziele und Ergebnisse selbst.

Das Entscheidertraining (ET)

ist eine Zielfindungsklausur von 3 bis 5 Tagen, in der das Wissen und Wollen einer Gruppe zu handlungsorientierten Strategien führt.

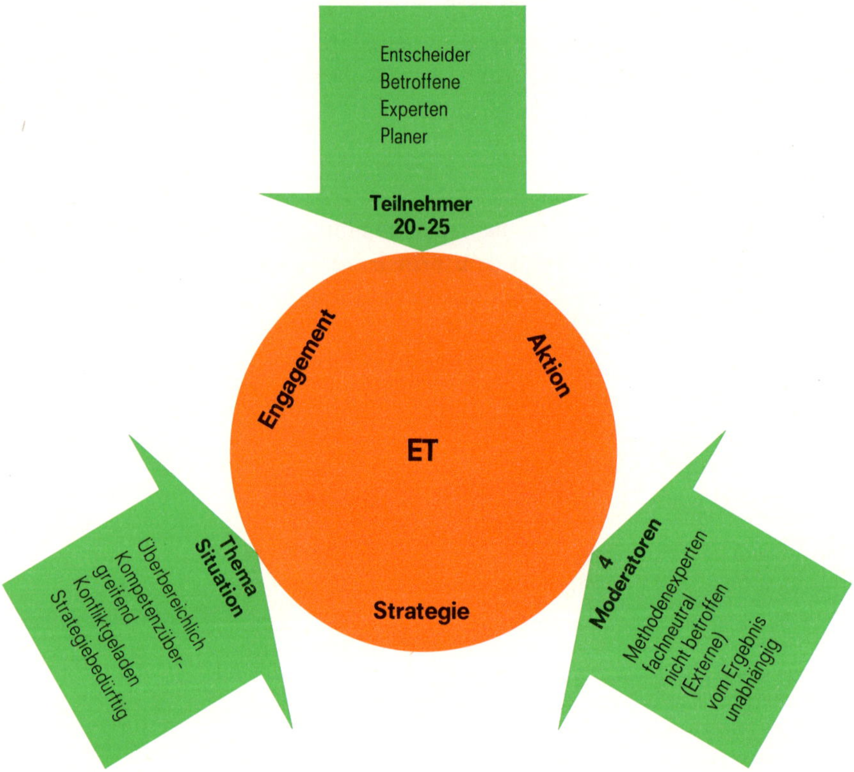

Als Kooperationsverfahren basiert das ET auf den Erkenntnissen der Gruppendynamik und stellt eine Kombination von Problemfindungs-, Problemstrukturierungs- und Lernmethoden dar. Es erhebt jedoch nicht den Anspruch, bereits fertige Problemlösungen zu liefern.

Ein „Training“ mehr? –

fragt man sich wahrscheinlich. Neben Kreativitäts**training**, Management**training**, Rhetorik**training**, Sensitivity**training** nun also auch noch ein **Entscheidertraining**! Betrachten wir doch einmal die bisherigen Formen der Trainings.

Was trainieren sie?

Fähigkeiten, die bei uns allen – Organisatoren und Planer, Manager in Industrie und Verwaltung, Politiker, Lehrer – aufgrund unserer Erziehung zu wenig ausgeprägt sind.

Wie trainieren sie?

So, daß wir lernen, etwas besser zu tun und anzuwenden, indem wir es tun und anwenden („learning by doing“).

Wen trainieren sie?

Einzelne in Gruppen – also trainieren sie auch die Zusammenarbeit. Jedoch: in welchen Gruppen? Da sitzt z.B. der Verkaufsleiter einer mittelgroßen Werkzeugfabrik neben einem Journalisten, einem Sparkassenfilialleiter, dem Kreisvorsitzenden einer Partei, dem Manager eines Industriekonzerns, dem Amtmann einer Stadtverwaltung. Alle Teilnehmer sind von **verschiedenen** Organisationen geschickt, weil es in diesen Organisationen – Werkzeugfabrik, Verlag, Sparkasse, Partei, Industriekonzern, Stadtverwaltung – schwierige Aufgaben und Probleme gibt, die nur zu lösen sind, wenn die darin agierenden Menschen kreativ sind, wenn sie richtig entscheiden, gut reden, ihre Fähigkeiten richtig einsetzen und ihre Schwächen erfolgreich abbauen können – und wenn sie fähig sind zur Zusammenarbeit.

Für den einzelnen sind viele dieser Trainings sehr erfolgreich. Sind sie damit ebenso erfolgreich für die Organisation, aus der er kommt und in die er wieder zurückkehrt? Das muß stark in Zweifel gezogen werden, wenn man sich der Tatsache bewußt ist, daß diese Trainingsveranstaltungen die einzelnen Teilnehmer in unverbindlichen Situationen („Seminarstimmung“) kooperieren lassen sowie an Problemen „von nebenan“ („Wer von Ihnen, meine Herren, kennt ein Problem, an dem wir zusammen üben können?“) oder an beliebigen „Laboratoriumsproblemen“ („Stellen wir uns vor, wir müßten zusammen das ideale Verkehrsmittel für das Jahr 2000 erfinden!“).

Tatsächlich reduziert die mangelnde Möglichkeit, das erworbene Können in der Praxis der eigenen Organisation anzuwenden, den Zufriedenheitsgrad der Trainingsteilnehmer oft erheblich. Meist bleibt nichts anderes übrig, als ziemlich bald ernüchtert wieder zur Tagesordnung überzugehen. Auf der anderen Seite sind aber auch die Erwartungen der Organisationen an ihre „Trainierten“ merkwürdig gering. Eine Ursache dafür mag die mangelnde Erfahrung sein, von Seminarteilnehmern bisher wirkliche Impulse erhalten zu haben, mit Sicherheit jedoch das Mißtrauen der „daheimgebliebenen“ Bezugspartner gegenüber allem Neuen und Unbekanntem (mit dem Geruch des Elitären), was „von draußen“ mitgebracht wird.

Nicht „ein Training mehr“ will das ET sein, sondern eine Alternative!

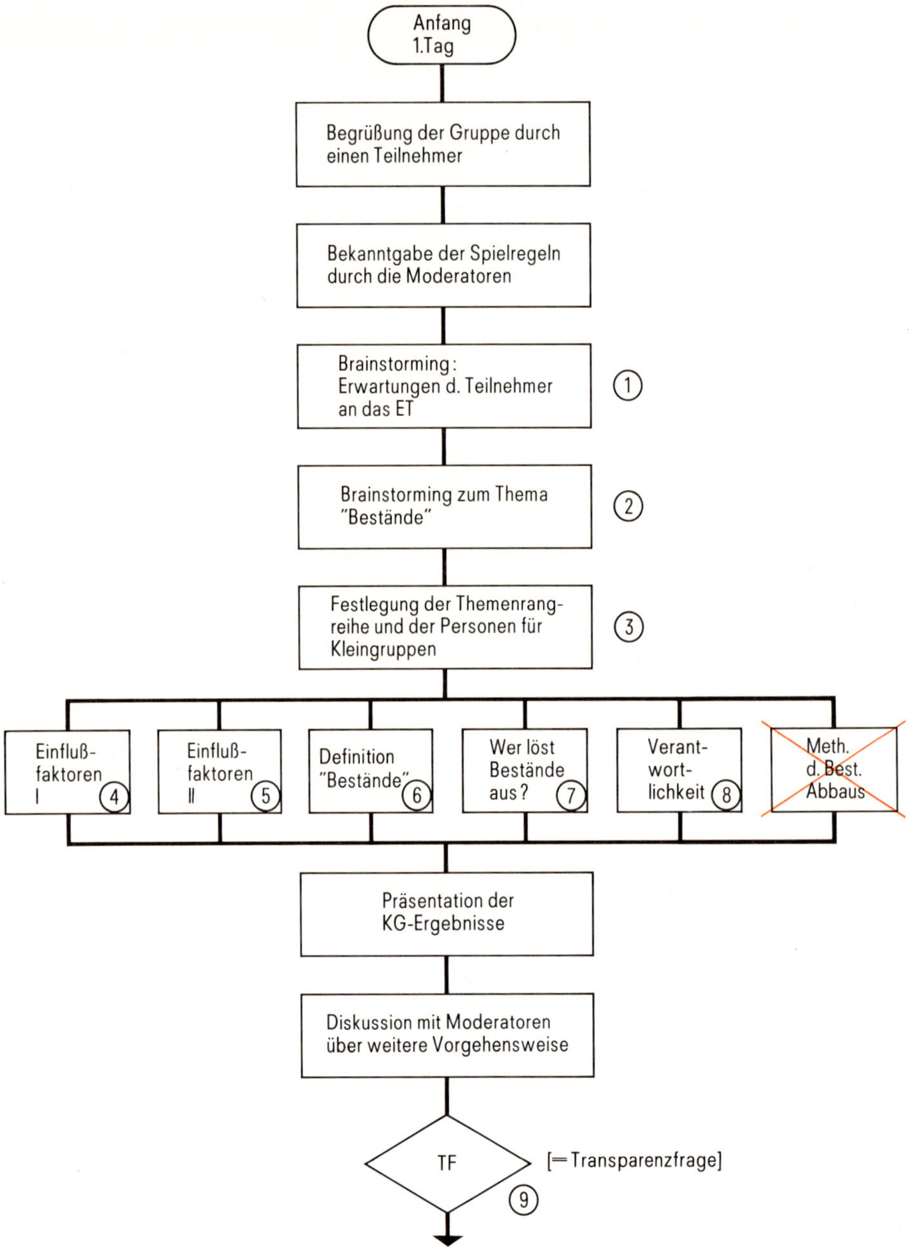
Anfang
1.Tag
Begrüßung der Gruppe durch einen Teilnehmer
Bekanntgabe der Spielregeln durch die Moderatoren
Brainstorming: Erwartungen d. Teilnehmer an das ET
1
Brainstorming zum Thema "Bestände"
2
Festlegung der Themenrangreihe und der Personen für Kleingruppen
3
Einfluß-faktoren I
4
Einfluß-faktoren II
5
Definition "Bestände"
6
Wer löst Bestände aus?
7
Verant-wort-lichkeit
8
Meth. d. Best. Abbaus
Präsentation der KG-Ergebnisse
Diskussion mit Moderatoren über weitere Vorgehensweise
TF
[= Transparenzfrage]
9

Zu Beginn werden im Plenum nur einige wenige Spielregeln bekanntgegeben:

30-Sekunden-Regel, Aussagen sichtbar machen und ordnen (auf Kärtchen), *Bewertungsverfahren* für Gruppen

Diese Spielregeln werden im Verlauf des ET situationsgemäß ergänzt. *(Diskussionsregeln)*

Erstes Brainstorming zur Übung der Technik:
„Was erwarten Sie sich vom ET am Ende der 4 Tage?"

① Arbeitsunterlage 1 (Die Arbeitsunterlagen werden hier nicht wiedergegeben.)

Brainstorming zum eigentlichen Thema:
„Was fällt Ihnen zum Thema Bestände alles ein?"

② Stichwort-/Themenkatalog

Bewertung der Themen mit roten Punkten ergibt Prioritäten für Kleingruppen-(KG-)Themen. Die nicht bearbeiteten Themen fallen nicht unter den Tisch, sondern bleiben als Merkposten stehen. Die Zuordnung der Personen erfolgt durch freiwillige Meldung. *(Wechsel Großgruppe/Kleingruppen)*

③

Für die Bearbeitung des Themas „Einflußfaktoren" liegen so viele Meldungen vor, daß 2 KG (à 5 Pers.) gebildet werden.
Für die Bearbeitung des Themas „Methoden des Bestands-Abbaus" finden sich keine Teilnehmer, obwohl es mit 9 Punkten Rang 5 erreichte.
Kleingruppenarbeit (20 bis 30 Min.)

④–⑧

KG-Ergebnisse meist in Form von *Problemplakaten!*
Aus den Diskussionen bei der *Präsentation* ergeben sich weitere Stichworte zum Thema Bestände, die vorgemerkt werden.

Versuch der Moderatoren, das Thema durch Ausweitung zu abstrahieren.

Von den Moderatoren gestellte TF:
„Wenn das ET nicht zum Thema Bestände stattfände, zu welchem Thema sollte es dann stattfinden?"

⑨

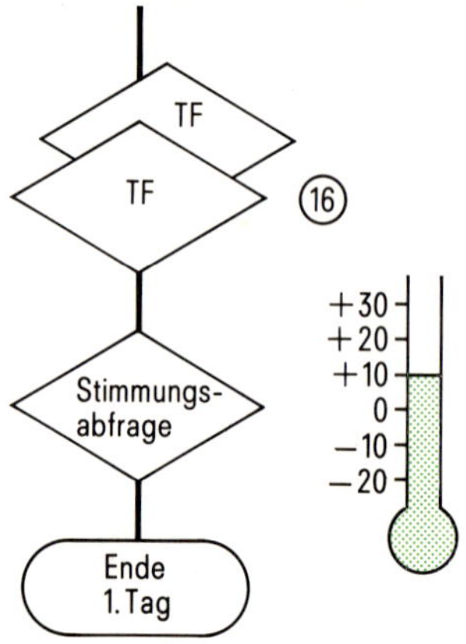

Zusammenfassender Eindruck zum ersten Tag:

- ▷ Bei den Diskussionen zur weiteren Vorgehensweise beteiligten sich die Moderatoren, nicht aber bei fachlichen Diskussionen.
- ▷ Bei den Teilnehmern war ein gewisses Unbehagen zu spüren, das wahrscheinlich auf den Wunsch, pragmatisch arbeiten zu wollen, und den Zwang, abstrahieren zu müssen, zurückzuführen ist.
- ▷ Einigen Teilnehmern wurde von den Moderatoren vorgeworfen, zu viel zu sprechen.
- ▷ Einige Teilnehmer waren wenig engagiert.
- ▷ Gruppenkonflikte wurden (noch?) nicht festgestellt.

► 2. Phase

In der folgenden 2. Phase wird die bisherige Problemsicht mit Wünschen und Zielvorstellungen der Teilnehmer einerseits sowie mit „unüberwindbaren Hindernissen“ andererseits konfrontiert. Nach dieser Phase, die im allgemeinen nach rund 2 Tagen abgeschlossen wird, ist erfahrungsgemäß der höchste Abstraktionsgrad in den Diskussionen und Überlegungen erreicht.

Der Gruppe wird erstmals bewußt, daß zur Problemlösung nicht allein die Technik „Organisieren“ ausreicht, sondern Verhaltensänderungen notwendig sind. Interessenkonflikte werden damit deutlicher gemacht, die Diskussion

Wortlaut der Schlußabfrage des 1. Tages (durch Moderatoren):

„Ist die Gruppe zum Thema richtig ausgewählt?“

„Fühle ich mich hier am richtigen Platz?“

⑯

Ergebnis:

++	+	○	–	– –
1	13	6	2	–
9	6	4	3	–

engagierter. Die Gruppe merkt, daß es nicht beim „Palavern“ des ersten Tages geblieben ist. Die Moderatoren versuchen in dieser Phase durch viele Fragen, die Teilnehmer zur Artikulierung ihres „Nichtwissens“ als Voraussetzung für den Beginn eines gemeinsamen Lernprozesses anzuregen. Die Gruppe wehrt sich dagegen, was besonders bei Kleingruppenarbeiten beobachtet werden kann. Kleingruppen verlangen in dieser Phase Zeitvorgaben, um „weiterzukommen“. Die Präsentationen der Kleingruppen zeigen, daß die Themen sehr allgemein behandelt werden. Man scheut sich noch, Institutionen gezielt zu kritisieren, neue, weiterführende Ideen zu bringen. Die Kleingruppenvorträge im Plenum ernüchtern. Man scheint trotz Engagement und guten Willens nicht recht vorangekommen zu sein.

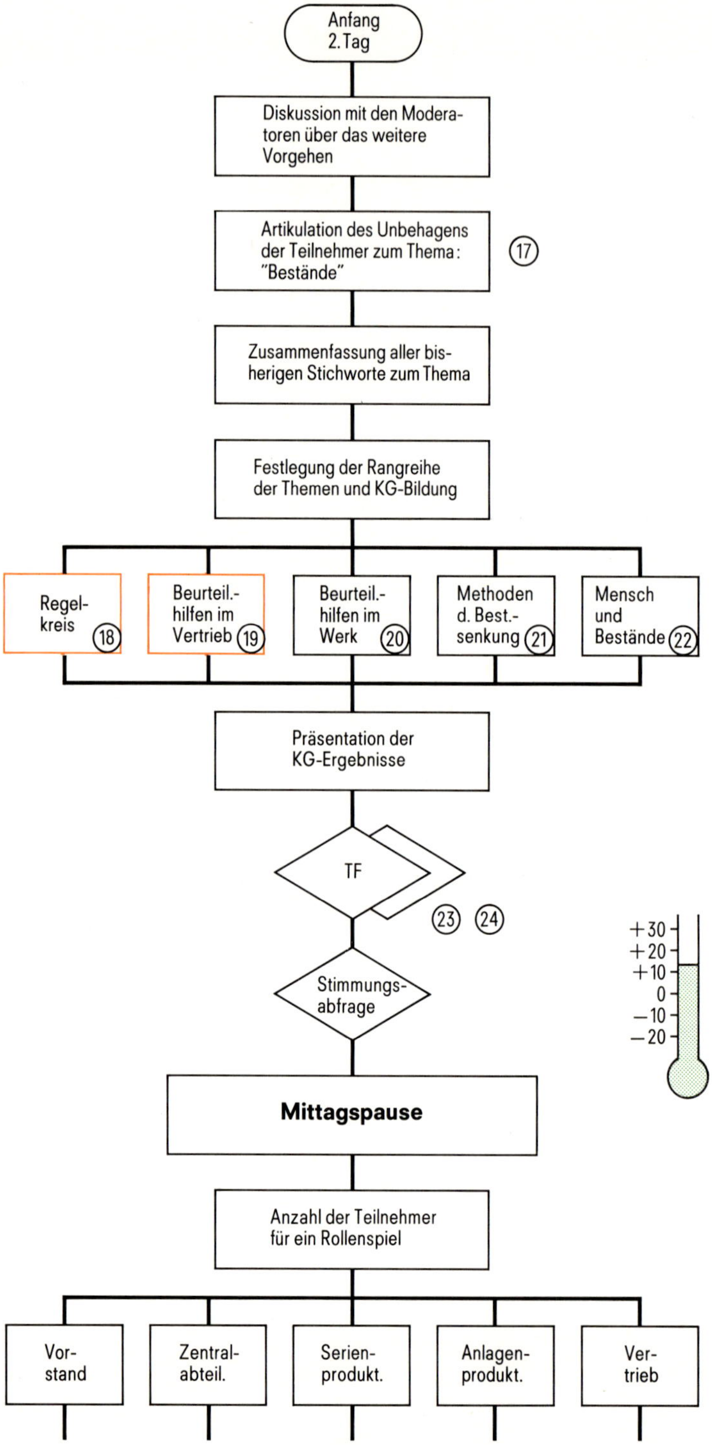
Anfang
2. Tag
Diskussion mit den Moderatoren über das weitere Vorgehen
Artikulation des Unbehagens der Teilnehmer zum Thema: "Bestände"
⑰
Zusammenfassung aller bisherigen Stichworte zum Thema
Festlegung der Rangreihe der Themen und KG-Bildung
Regelkreis ⑱
Beurteil.-hilfen im Vertrieb ⑲
Beurteil.-hilfen im Werk ⑳
Methoden d. Best.-senkung ㉑
Mensch und Bestände ㉒
Präsentation der KG-Ergebnisse
TF
㉓ ㉔
Stimmungsabfrage
+30
+20
+10
0
−10
−20
Mittagspause
Anzahl der Teilnehmer für ein Rollenspiel
Vorstand
Zentralabteil.
Serienprodukt.
Anlagenprodukt.
Vertrieb

Diese Diskussion entzündet sich an der Frage der Moderatoren:
„Wie machen wir weiter?“ –

Einige Gruppenmitglieder zeigen Unbehagen, denn man will die weitere Vorgehensweise von den Moderatoren hören.
Mit dieser Aufforderung an die Gruppe sollen die „persönlichen“ Schwierigkeiten des einzelnen aufgezeigt werden.

⑰

Dabei werden auch noch einmal einige der am Vortag bereits bearbeiteten Themen genannt. Damit ist beabsichtigt, alle Aspekte eines Themas transparent zu machen!

Festlegung der Themenrangreihe diesmal mit Plus- und Minuspunkten. Das Thema „Mensch und Bestände“ erhält dabei 7 Minuspunkte. Ein Teilnehmer will dieses Thema jedoch bearbeiten und findet weitere 4 Partner für diese Aufgabe.
(Frage: Inwieweit ist eine Gruppe beeinflußbar?)

● Beide KG haben das Thema ihrer Arbeit verfehlt!

⑱–㉒

Auffallend wenig Reaktionen bei den KG-Präsentationen im Plenum!

Wortlaut der Transparenzfragen durch die Moderatoren:
„Wie sind wir weitergekommen?“
㉓–㉔ „Warum nicht?“

Aus der Arbeitsunterlage ㉔ ist die unterschiedliche Gruppenauffassung ersichtlich: Ein Teil der Gruppe meint, man verliere sich in Einzelheiten – ein anderer Teil, man abstrahiere zu sehr.

Diese Diskussion, in der sich Konflikte zwischen den Teilnehmern anzudeuten scheinen, wird während der Mittagspause von einzelnen Teilnehmergruppen fortgesetzt.

Die Auswahl der „Spielgruppe“ erfolgt auf Zuruf.

Vorbereitung für das *Rollenspiel* in KG.

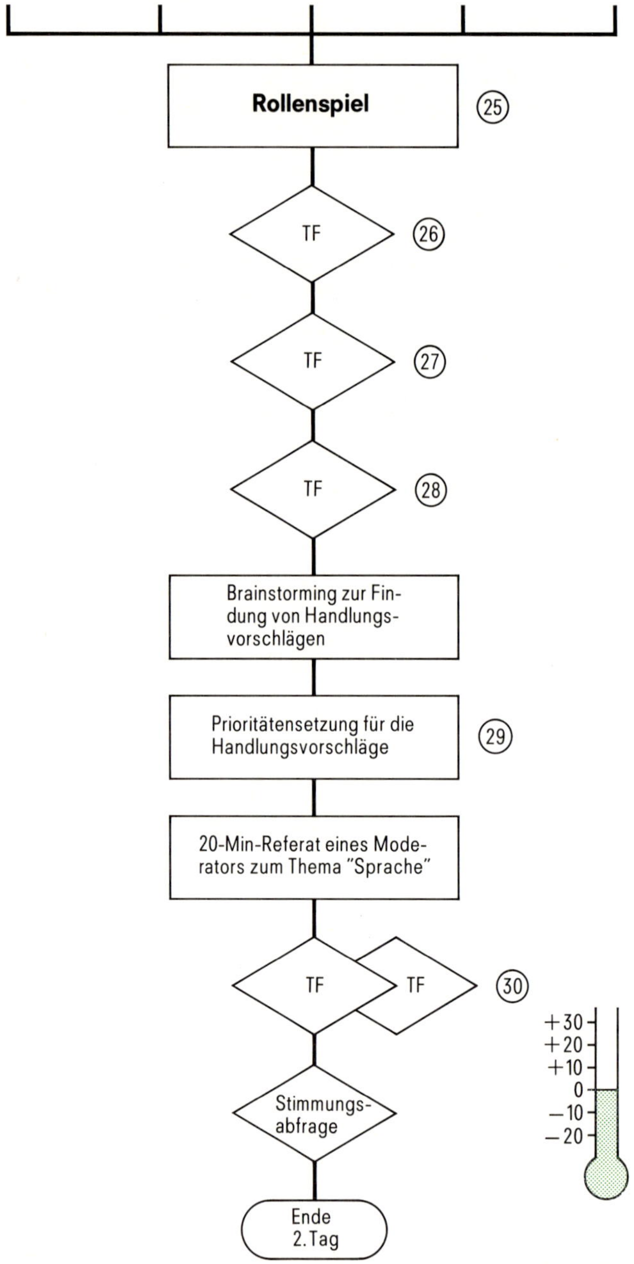
Rollenspiel
25
TF
26
TF
27
TF
28
Brainstorming zur Findung von Handlungsvorschlägen
Prioritätensetzung für die Handlungsvorschläge
29
20-Min-Referat eines Moderators zum Thema "Sprache"
TF
TF
30
Stimmungsabfrage
+30
+20
+10
0
−10
−20
Ende 2. Tag

Das Rollenspiel sollte u.a. Konflikte zwischen den Teilnehmern aufzeigen. Insofern wurde es ein Mißerfolg. Ursachen dafür können sein:

▷ Rollenspiel zum falschen Zeitpunkt angesetzt (die Themen wurden am Vormittag bereits im Plenum diskutiert; daher war eine gewisse Müdigkeit zu beobachten).

▷ Das Spiel hätte besser vorbereitet werden müssen (Besetzungskriterien, Ablaufkriterien, Rollenspielthemen von der Gruppe erfinden lassen).

▷ Spielleitung durch Moderatoren statt durch die Gruppe selbst. ㉕

Die Moderatoren stellen 3 Transparenzfragen:
Wortlaut: „Wer sind die konträren Partner der ersten beiden Tage in der Gruppe?" Diese Frage soll ebenfalls Konflikte aufzeigen. Leider „mauern" die Teilnehmer. Es werden nur 9 statt 22 Antwortkarten abgegeben.

㉖

Wortlaut: „Welche Frage haben Sie im Rollenspiel erwartet, die nicht gekommen ist?"
Interessant ist, daß in den Antworten häufig der Wunsch nach Richtlinien, Anweisungen und Forderungen zum Ausdruck gebracht wird.

㉗

Wortlaut: „Können Sie, wenn Sie zurückkehren, zum Thema Bestände aktiv werden?"
(nach Beantwortungsschema + +/+/○/−/− −)

㉘

Das Thema des Brainstorming wird wie folgt formuliert: „Was muß passieren, wenn wir jetzt an das Thema Bestände herangehen?"

Die Rangreihe wird nach der Methode der *Präferenz-Matrix* ermittelt.

㉙

Dieses Referat – das für die Gruppe überraschend kommt – ist nach Ansicht der Moderatoren wegen der vorangegangenen Diskussionen notwendig.
Der Gruppe sind die Ausführungen zum größten Teil zu theoretisch.

Wortlaut: „Wie sehen heute – nach 2 Tagen – Ihre Erwartungen an das ET aus?"
„Sind wir weitergekommen?"

㉚ Ergebnis (der 2. Frage)

+ +	+	0	−	− −
6	10	2	4	–

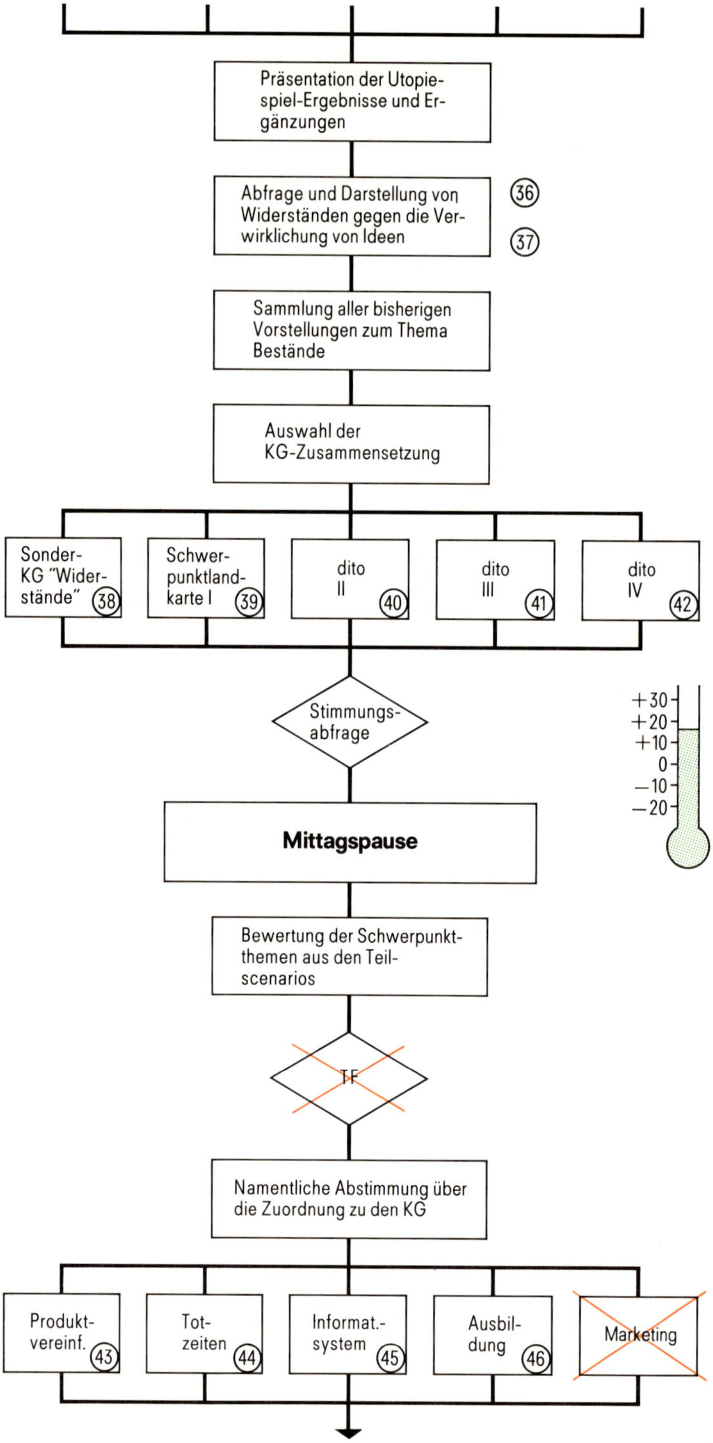
Präsentation der Utopie-spiel-Ergebnisse und Er-gänzungen
Abfrage und Darstellung von Widerständen gegen die Ver-wirklichung von Ideen
36
37
Sammlung aller bisherigen Vorstellungen zum Thema Bestände
Auswahl der KG-Zusammensetzung
Sonder-KG "Wider-stände" 38
Schwer-punktland-karte I 39
dito II 40
dito III 41
dito IV 42
Stimmungs-abfrage
+30
+20
+10
0
–10
–20
Mittagspause
Bewertung der Schwerpunkt-themen aus den Teil-scenarios
TF
Namentliche Abstimmung über die Zuordnung zu den KG
Produkt-vereinf. 43
Tot-zeiten 44
Informat.-system 45
Ausbil-dung 46
Marketing

Die Abfrage erfolgt mit Kärtchen. Die Ergebnisse werden im Zusammenhang mit den Utopie-Ideen (36) und nach Bereichen (37) dargelegt.

Diese Sammlung dient der Vorbereitung von Teil-Scenarien.

In diesen werden ► Haupt- und Nebenschwerpunkte,
► Maximen und Widerstände
verschieden groß und -farbig dargestellt.

Die personelle Zuordnung zu den KG erfolgt durch „Abzählen".

Auf Wunsch der Teilnehmer und der Moderatoren wird an eine KG das Thema „Überwindung von Widerständen" vergeben.

(38) – (42)

Zur Bewertung wird erstmals das *Schiedsrichterverfahren* angewandt.

Diese TF wird von einem Teilnehmer gestellt und lautet: „Ist sich die Gruppe ihres Beurteilungsumschwunges bewußt?" Damit sollte die Ursache für die hohe Bewertung von Nebenthemen festgestellt werden.

Wiederum wird die Beantwortung von der Gruppe abgelehnt! (Evtl. wurde der Sinn der Frage nicht verstanden?)

Zu den entsprechenden Schwerpunktthemen laut Bewertung werden zunächst Namenskarten verdeckt auf den Boden gelegt und anschließend aufgedeckt.

Die KG „Produktvereinfachung" ist von Anfang an überbesetzt. Für das Thema „Ausbildung" finden sich erst nach „Zureden" Bearbeiter, obwohl es in der Bewertung die zweithöchste Punktzahl erzielte. Für das Thema „Marketing" findet sich kein Bearbeiter.

(43) – (46)

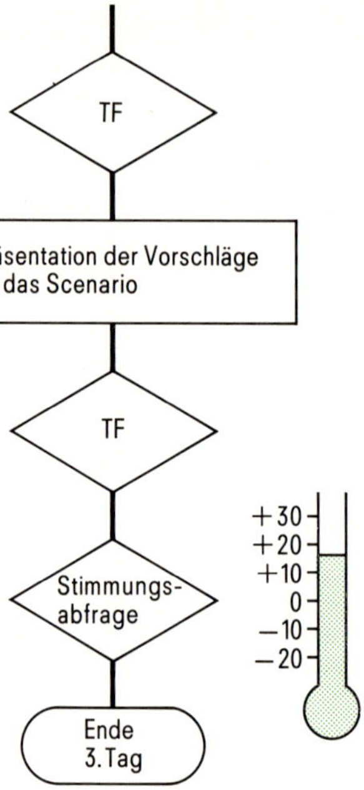

Zusammenfassender Eindruck zum dritten Tag:

▷ Das spielerische Herausarbeiten von Lösungsansätzen ließ Eigeninteressen einerseits einfließen, andererseits im Interesse der gemeinsamen Lösung aber auch zurücktreten. Koalitionspartner finden sich.

▷ Es sollte methodisch sichergestellt sein, daß nicht neu auftauchende „Nebenthemen" durch einmal genannte „Schwerpunktthemen" unterdrückt werden.

▷ Der scheinbare Führungsanspruch von Gruppenmitgliedern wird von der Gruppe abgelehnt (siehe Nichtbeantworten von Transparenzfragen).

▷ Es erfolgte keine fachliche Steuerung der Gruppe (das muß die Gruppe selbst tun, wobei jeder gleiche Möglichkeiten haben soll!).

► 4. Phase

In dieser Phase zeigen die Gruppenmitglieder ihr Engagement am Problem und erklären sich bereit, bestimmte, genau abgrenzbare Tätigkeiten zur Realisierung der Problemlösung zu übernehmen. Diese Aktivitäten werden im *Tätigkeitskatalog* zusammengefaßt und von der Gruppe gemeinsam bewertet.

Wieder eine TF, die von einem Teilnehmer gestellt wird: „Nach welchen Überlegungen haben Sie sich für eine bestimmte KG gemeldet?“ Dies ist die erste TF eines Teilnehmers, die von der Gruppe beantwortet wird! Aus der Mehrzahl der Antworten geht hervor, daß das „Mitreden-können“ entscheidend war.

Von den Moderatoren gestellt: „Wer kann nach Rückkehr in seinen Bereich etwas am Thema Bestände tun?“ (nach Antwortschema + +/+/0/−/− −)

Die Moderatoren müssen darauf achten, daß in dieser Phase nicht eine Euphorie in Richtung von Aktionen ausbricht und dabei der Blick auf Realitäten verlorengeht. Es gilt zu vermeiden, daß der „Katzenjammer“ über Unmöglichkeiten in einer späteren Phase zu groß wird.

Die Kunst der Moderatoren liegt also darin, die Gruppe während der Arbeit am Scenario und dem Tätigkeitskatalog so weit zu bringen, daß

▷ Entscheidungen über potentielle Ziele entstehen, die durch konkrete Aktionen verwirklicht werden sollen,

▷ die Aktionen operational sind und

▷ der Lernbedarf der Gruppe deutlich zum Ausdruck kommt.

Das ET kann seinen Abschluß in einer Präsentationsübung finden. Dabei wird eine „Dramaturgie“ entwickelt, mit deren Hilfe die Gruppe ihre Problemsicht anderen Betroffenen verdeutlichen kann.

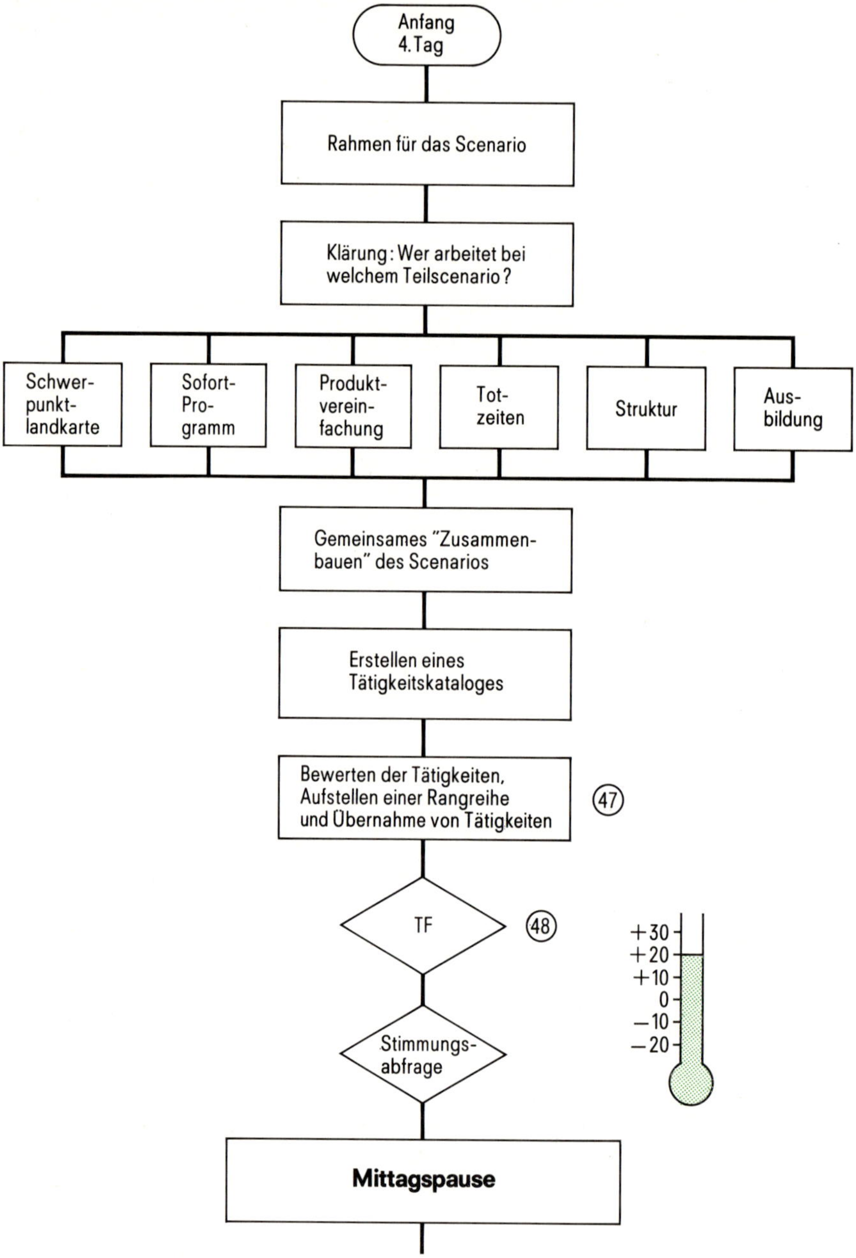
Anfang
4. Tag
Rahmen für das Scenario
Klärung: Wer arbeitet bei welchem Teilscenario?
Schwerpunktlandkarte
Sofort-Programm
Produktvereinfachung
Totzeiten
Struktur
Ausbildung
Gemeinsames "Zusammenbauen" des Scenarios
Erstellen eines Tätigkeitskataloges
Bewerten der Tätigkeiten, Aufstellen einer Rangreihe und Übernahme von Tätigkeiten
47
TF
48
Stimmungsabfrage
+30
+20
+10
0
−10
−20
Mittagspause

Die Schwerpunktthemen werden auf Packpapier so lange verschoben, bis ihr Zusammenhang am besten deutlich wird (*Scenario*).

Neben den bereits am Vortag erarbeiteten Teil-Scenarien, die nur vervollständigt und besser visualisiert werden müssen, werden von den Moderatoren zwei weitere Teilscenarien vorgeschlagen:
„Schwerpunktlandkarte" und
„Sofortprogramm".

Für beide finden sich vorerst keine Bearbeiter. Die Schwerpunktlandkarte wird daraufhin von den Moderatoren mit Unterstützung eines Teilnehmers erstellt; für das Sofortprogramm wird ein „Erinnerungshinweis" konzipiert.
Praktisch arbeiten die gleichen KG wie am Vortag.

Abbildung s. S. 220/221

Aufgrund der im Scenario enthaltenen Probleme und Zielvorstellungen werden durch die Gruppe auf Zuruf einzelne klar umrissene Tätigkeiten formuliert und aufgelistet.

Nach der Nennung von 22 Tätigkeiten (≙ Teilnehmerzahl) ist die „Sektschwelle" erreicht: Man ließ die Korken knallen und trank im voraus auf den Erfolg der vorzunehmenden Aktionen. (Allerdings entstand der Eindruck, daß im Hinblick auf die Sektschwelle auch stark zusammengehörige Aktivitäten aufgegliedert und als einzige Tätigkeit genannt wurden.)

Methodischer Hinweis: An dieser Stelle ist es gut, den Tätigkeitskatalog mit dem Scenario zu koppeln, indem man die Nummern des Tätigkeitskatalogs in die entsprechende Stelle des Scenarios einträgt. Damit kann festgestellt werden, ob das Engagement der Gruppe tatsächlich mit den Problemschwerpunkten übereinstimmt oder ob das Engagement für das Anpacken der wichtigsten Probleme fehlt!

Bewertung durch *Schiedsrichterverfahren* und anschließend personelle Zuordnung der Teilnehmer zu den Tätigkeiten („Wer mit wem").

(47)

Frage der Moderatoren: „Wo hätte Zeit gespart werden können?"

Während etwa die Hälfte der Teilnehmer glaubt, es hätte nirgendwo an Zeit gespart werden können, beziehen sich die anderen auf unterschiedliche Einzelheiten des Ablaufs.

(48)

Das Fazit dieser Abfrage war, daß der lange intensive Kommunikationsprozeß über die Problematik des Themas (zwei volle Tage) nahezu ausnahmslos den Bedürfnissen aller Teilnehmer entsprach bzw. im nachhinein als notwendig empfunden wurde (trotz der Frustration am Ende des 2. Tages wegen fehlender „Ergebnisse"!).

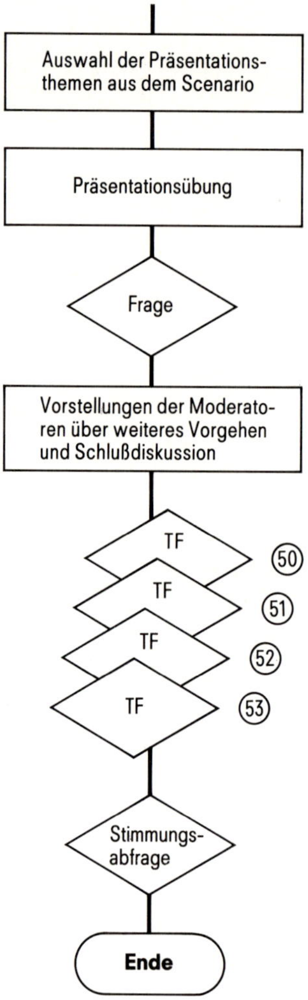

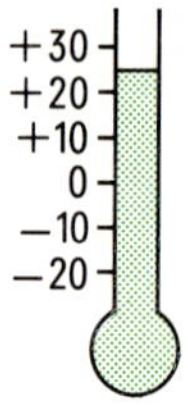

Zusammenfassender Eindruck vom ET:

▷ Das ET ist eine Methode, die neue Wege eröffnet. Die Antworten auf die entsprechende TF verteilen sich wie folgt:

++	+	○	−	−−
15	7	−	−	−

▷ Diese Methode sollte bei komplexen Problemen verstärkt angewandt werden. Wichtig sind dabei unabhängige, ausgebildete Moderatoren; wünschenswert ist „neutraler Boden" (Herauslösung aus der gewohnten Arbeitsumwelt gewährleistet u.a. einen störungsfreien Ablauf).

Diese Auswahl erfolgt auf Zuruf und im Beisein von hinzugekommenen Gästen (oberste Leitungsebene). Mit der Themennennung ist auch die Bestimmung des jeweils Vortragenden verbunden.

Redezeit: 2 Minuten (wird fast immer eingehalten)
Auffallend ist die geringe Kritik an den Referaten durch das Plenum.

(49)

Von einem Teilnehmer wird die Frage gestellt: „Wie geht es weiter?" Diese Frage wird an die Moderatoren weitergegeben.

Während der Schlußdiskussion werden Fragen gesammelt und in die folgenden Transparenzfragen umgesetzt:

(50) „Welches war der Höhepunkt dieser Veranstaltung?"
(Antwort fast einstimmig: Utopie-Spiel)

(51) „Welche wichtigen neuen Erkenntnisse hat das ET zum Thema Bestände gebracht?"
(Die Antworten reichen von „Zusammenspiel aller Einflußgrößen" bis zur Forderung nach verstärkter zukünftiger Zusammenarbeit.)

(52) „Ist ET eine Methode, die neue Wege eröffnet?" (unabhängig vom Thema Bestände)
(Beantwortungsschema + +/+/0/−/− −)

(53) „Wie soll man ET im Unternehmen weiterbetreiben?"

▷ Nach den inzwischen mit dem ET gewonnenen Erfahrungen muß aber auch davor gewarnt werden, ein ET als „Allheilmittel" zu betrachten.

Das Ingangsetzen einer Dynamik in größeren Gruppen birgt die Gefahr in sich, daß die thematische Behandlung teilweise grob und allgemein bleibt und an Stelle des Verstandes Gefühle und Stimmungen die Oberhand gewinnen. Das muß von den Moderatoren erkannt und methodisch gebremst werden.

Mit wachsender Teilnehmerzahl (über 25) kann es auch passieren, daß Verantwortungsbewußtsein und Interesse nachlassen, da bei zu großer Ausweitung der Komplexität der Anteil des einzelnen und seine Eingriffsmöglichkeiten immer geringer werden.

Die Vorzüge des ET können in Nachteile umschlagen, wenn die Methode wahllos und dilettantisch eingesetzt wird. Die Einführung sollte deshalb das Methodenverständnis der Betroffenen nicht überfordern, sondern schrittweise und mit Hilfe geübter Moderatoren erfolgen.

Ergebnis und Konsequenzen eines Entscheidertrainings

Entscheidend bei der Beurteilung des Ergebnisses eines ET ist die Einsicht, daß es bei planerischen Aufgaben nur selten einen Maßstab für die Vollendung einer Tätigkeit gibt. Deshalb sollte man Unvollständigkeit in Kauf nehmen, statt die Problemlösung an einer „Perfektionsidee" scheitern zu lassen.

Ein ET hat nur dann einen Sinn, wenn die Weiterarbeit an der Problemlösung gesichert ist. Dazu gehört zunächst, daß sich die Gruppe bezüglich der Abarbeitung des Tätigkeitskataloges immer wieder abstimmt und besonders ihr Informationsweitergabeprogramm nicht vernachlässigt.

Darüber hinaus sollte sich die gesamte Gruppe nach ca. einem halben Jahr noch einmal für mindestens zwei Tage zusammenfinden, um die Ergebnisse zu ratifizieren, ggf. zu modifizieren. Weitere Klausurtagungen im Zusammenhang mit der Problemlösung sind denkbar zu den Themen Ausbildung, Problemvertiefung, -kopplung und Zielrevision.

Ausblick

Die Erfahrungen der letzten Jahre zeigen, daß die Änderungsgeschwindigkeit der Organisationen immer höher wird. Daraus ergibt sich auf Sicht die Notwendigkeit, die Organisationsplanung als einen dauernden Prozeß im Unternehmen zu installieren. Dies kann aber nur geschehen, wenn

▷ die Unternehmensziele bekannt sind,

▷ eine Veränderung der Ziele im Laufe der Planungsprozesse möglich ist,

▷ gegenwärtige und zukünftige Bedürfnisse, ihrem Bekanntheitsgrad entsprechend, laufend in die Planung eingebracht werden.

Mögliche Fernziele bei permanenter Arbeit mit der Methode des ET sind daher:

▷ im Unternehmen alle wichtigen und komplexen Themen auf der Basis strategischer Gremien und des dafür erforderlichen Instrumentariums abzuwickeln,

▷ die strategische Planung als Methode in der Unternehmensleitung in einem „strategischen Sekretariat" zu verankern mit den dazu notwendigen Konsequenzen (personelle, technische und organisatorische Voraussetzungen, Moderatoren, Zugriff zur Personaleinsatzplanung, Abwicklungsbüro).

Eine solche Planungsorganisation muß auf die besonderen Bedürfnisse eines Unternehmens zugeschnitten sein und eine möglichst breite Akzeptierung finden. Das setzt voraus, daß mit allen Organisationsplanern gemeinsam die organisatorischen Ziele wie auch ihre Operationalisierung in Planungsabschnitten diskutiert werden. In diesen Fällen hat das Entscheidertraining die Aufgabe, die notwendige Kooperationsbasis zwischen Planern und Beplanten herzustellen und die Ziele der Planung zu formulieren. Voraussetzungen dafür sind die Transparenz der Konfliktsituationen im Unternehmen und die Bereitschaft zur gemeinsamen Realisierung der Ziele.

Informationsmarkt

Die Zahl der Kommunikationsveranstaltungen, wie Tagungen, Konferenzen usw., steigt, obwohl ihnen mehr und mehr die Effizienz abgesprochen wird.

- ▷ Einzelne dominieren die Mehrheit.
- ▷ Ausgeprägtes Konsumverhalten der Teilnehmer.
- ▷ Keine Rückkoppelung zu den Teilnehmern.
- ▷ Wenig Kommunikation zwischen den Teilnehmern.
- ▷ Mangelnde Identifikation mit den Themen.
- ▷ Die Darbietungsform überfordert die Aufnahmefähigkeit.

Wie kommt es zu dieser Situation?

- ▷ Die Form hierarchischer Einweg-Information (Vater–Kinder, Lehrer–Schüler, Vorgesetzter–Untergebener usw.) wird auf völlig veränderte Gegebenheiten übertragen.
- ▷ Die Erkenntnisse über Gruppenverhalten und Gruppenarbeitstechniken werden bei diesen Kommunikationsprozessen nicht berücksichtigt – es gilt allein der glänzende Rhetoriker.
- ▷ Die äußeren Gegebenheiten (Räume, Einrichtungsgegenstände, Arbeitsmittel) sind nicht den Bedürfnissen der Gruppe angepaßt.

Informationsmarkt – ein Konzept für die Kommunikation in kleinen und großen Gruppen

Vor diesem Hintergrund entstand die Idee, eine gezielte Kommunikation in Gruppen nach dem Marktprinzip zu gestalten. Der Markt wird dabei verstanden als Treffpunkt von Anbietern und Nachfragern, als Ort des Austausches von Informationen.

Dieser Informationsmarkt kann eine Tagung, eine Konferenz, ein Seminar, aber auch eine Sitzung sein. Dabei werden die Möglichkeiten einer Gruppe voll ausgeschöpft.

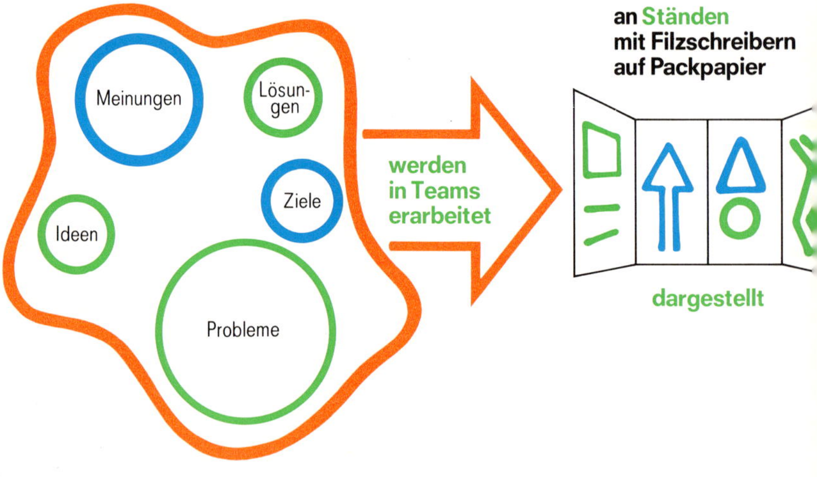

▷ Spontane Aufteilung der Teilnehmer in kommunikationsfähige kleinere Gruppen (max. 25 Personen je Stand).

▷ Das vielfältige Themenangebot deckt das spezifische Informationsbedürfnis der Teilnehmer.

▷ Mehrmaliges Wiederholen der Standpräsentation läßt dem Teilnehmer Dispositionsfreiheit über Zeit und Themen.

▷ Alle Themenschwerpunkte müssen visualisiert sein.

▷ Der Teilnehmer kann durch seine Beiträge Themen mitgestalten, aber auch eigene Themen anbieten.

▷ Umkehrung der bisherigen Relation von Vortrags- zu Diskussionszeit.

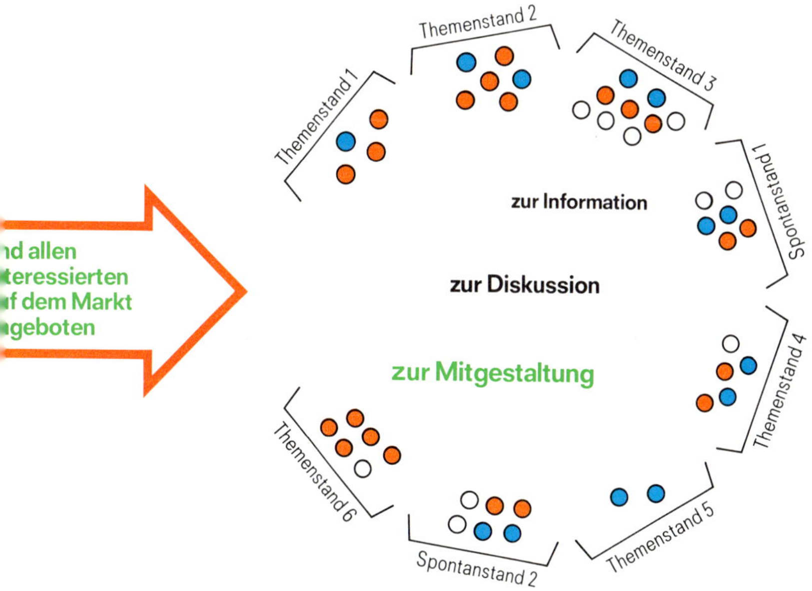

Informationsmarkt heißt:

- ▷ Es werden viele Arten von Informationen angeboten (durch Veranstalter und Teilnehmer).
- ▷ Es erfolgt ein Informationsaustausch zwischen allen Beteiligten, um
  - den gleichen Informationsstand zu bekommen,
  - Problemlösungen und Ideen einzelner Fachgebiete vorzustellen,
  - Anregungen, Wünsche und Meinungen der Teilnehmer hervorzubringen und anzubieten.
- ▷ Es werden Lösungen, Ideen und Meinungen zwischen den Beteiligten diskutiert, um Prioritäten und Standpunkte zu erkennen und abzustimmen.

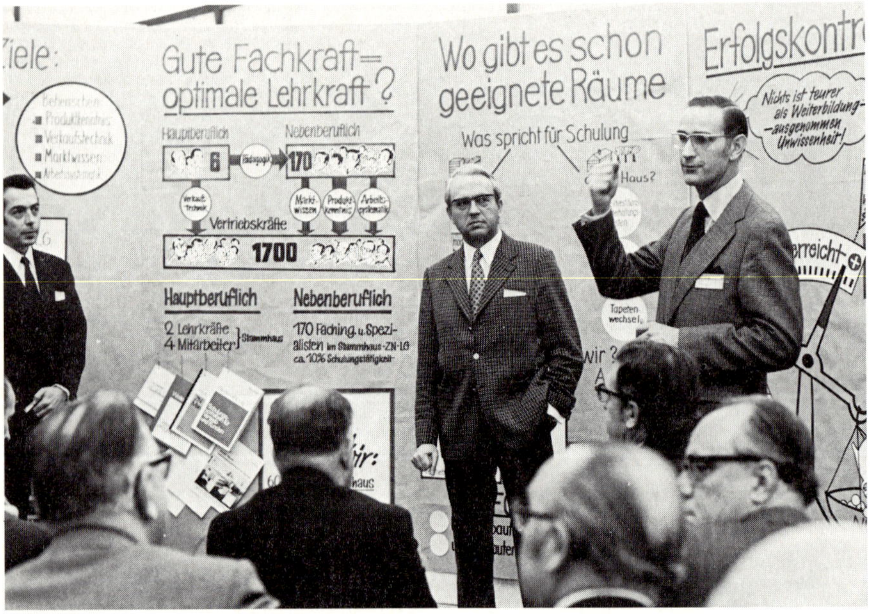

Der Informationsmarkt ist also ein Kooperationsverfahren für Gruppen von 20 bis 1 000 Personen, die sich auf einem Markt intensiv über mehrere Themenbereiche unterrichten und durch eigene Ideen und Intentionen zu deren weiteren Erarbeitung beitragen (nach E. Schnelle).

Die Leistungsfähigkeit dieser Veranstaltungsform wird im wesentlichen durch den gruppendynamischen Charakter getragen.

- ▷ Rückkoppelungsprozesse in Gang setzen
- ▷ Ideensammlung auf breiter Basis
- ▷ Motivation durch Einbeziehen in einen Meinungsbildungsprozeß (z. B. Beplante)
- ▷ Problembewußtsein wecken, Lösungsansätze verkaufen
- ▷ informelle Kontakte erleichtern

Kommunikationsmedien

Während eines Informationsmarktes werden an Themen- und Spontanständen problemorientierte Wissens- und Meinungsdiskussionen geführt; sie stellen 80% des Informationsaustausches dar. Daneben werden aber auch lediglich zu „konsumierende“ Informationen geboten.

► Themen-Stände

bestehen aus 3 bis 9 Thementafeln, an denen Themen und Fragen dargestellt werden. Die räumliche Anordnung zeigt das Bild auf Seite 266

► Spontan-Stände

bestehen aus 2 bis 4 freien Tafeln, die für spontane Diskussionsrunden zur Verfügung stehen. Der Teilnehmer hat hier die Möglichkeit,

- ▷ Themen Öffentlichkeit zu verschaffen, die der Veranstalter von sich aus nicht auf das Programm setzen kann,
- ▷ evtl. vorhandene Marktlücken zu füllen,
- ▷ Gegendarstellungen zu visualisieren und zu präsentieren.

Diese Stände sind mit je einem Moderator besetzt, der methodische Hilfestellung leistet (*Visualisierung, Abfragetechnik, Diskussionsregeln* usw.).

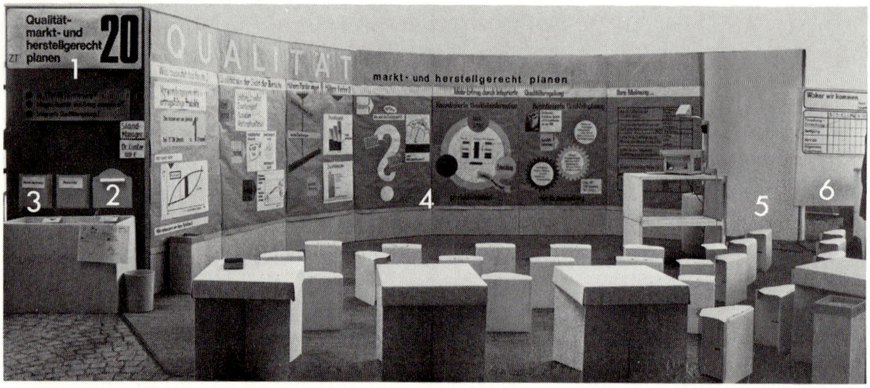

1 Die Titeltafel stellt den Stand kurz vor. Sie besteht aus dem Standtitel und drei bis vier Thesen, die den Inhalt des Standes kurz formulieren.

2 Die Kontaktkarten dienen dazu, das Interesse der Teilnehmer an Folgeaktivitäten festzuhalten.

3 Das Stand-Summary stellt die schriftliche – zur Verteilung bestimmte – Zusammenfassung des Standinhaltes dar.

4 Auf den Thementafeln ist das Thema in visualisierter Form dargestellt. Hierzu können auch Bewertungen und Abfragen (auf austauschbaren Bögen) gehören, die in die Präsentation eingearbeitet werden.

5 Die Arbeitstafel (auch Flip-Chart-Ständer möglich) kann nach Bedarf im Laufe der Präsentation/Diskussion eingesetzt werden, um Aussagen festzuhalten, Bewertungen durchzuführen oder Zusammenfassungen zu visualisieren.

6 Die Besuchermatrix dokumentiert die Zusammensetzung der jeweiligen Teilnehmergruppe. Die Zeilen können z. B. nach Funktionen (Forschung, Fertigung, Vertrieb), die Spalten nach Unternehmensteilen gegliedert sein. Die Teilnehmer tragen sich vor Beginn der Präsentation in das entsprechende Feld ein (z. B. mit Klebepunkten).
Damit ist die Matrix ein wertvolles Hilfsmittel für die Standmacher, ihr Publikum ganz gezielt ansprechen zu können.

► Informationsstände

Hier werden den Teilnehmern weitere Informationen in unterschiedlicher Form angeboten, z. B. Bücher, Zeitschriften, Informationsbroschüren, Dia-Schau, Filmvorführungen.
Außerdem sollten die Besucher an einem Stand Gelegenheit haben, sich mit den Methoden und Techniken eines Info-Marktes vertraut zu machen.

Durchführung einer Standrunde

Das Zusammenspiel von Standmachern (Ersteller und Gestalter eines Problemstandes) und Teilnehmern verdeutlicht folgende Darstellung:

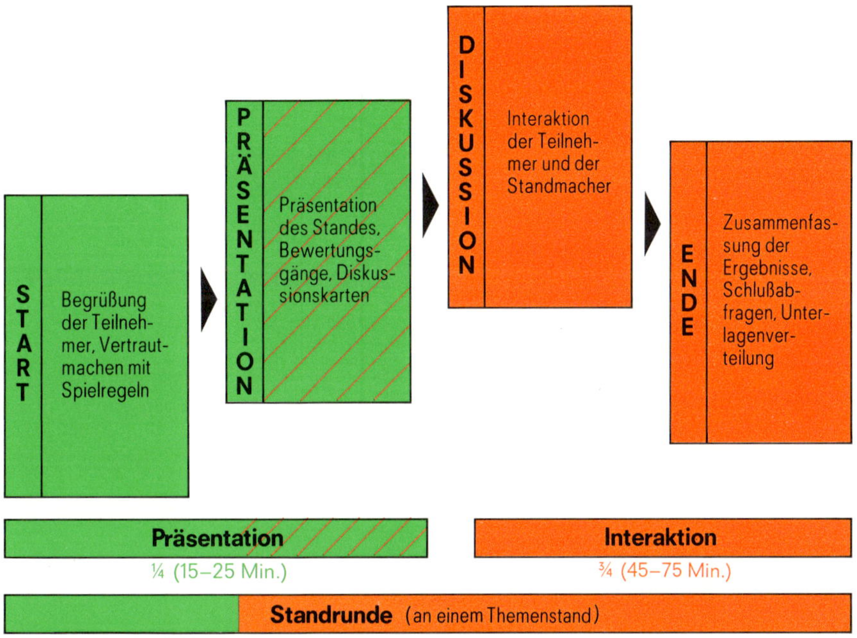

Für den Erfolg einer Standrunde sind einige **Regeln** ausschlaggebend:

▷ Mehrere Vortragende, d.h. zwei oder drei Standmacher, sollen sich bei der Präsentation abwechseln.

▷ Die Präsentation basiert auf dem Visualisierten.

▷ Blickkontakt mit den Teilnehmern halten.

▷ Alle Wortmeldungen beachten.

▷ Kärtchen für Stellungnahmen der Besucher verteilen und einsammeln.

▷ Die Vortragenden kontrollieren sich gegenseitig auf Einhaltung der Regeln.

► Präsentation

Um die Teilnehmer auf die Standrunde einzustimmen, muß der Standmacher einleitend

▷ das Ziel des Standes erklären,
▷ einen Überblick über den Themenaufbau geben,
▷ den Ablauf einer Standrunde erläutern.

Zu Beginn der 1. Standrunde empfiehlt es sich, den Teilnehmern einige *Diskussionsregeln* (30-s-Regel, Kärtchenschreiben, Bewertung usw.) bekanntzugeben.

Der Vortrag soll das Engagement und das Interesse der Teilnehmer für die Diskussion aufbauen:

▷ Der Vortrag muß ergänzungsbedürftig bleiben; die Teilnehmer müssen sich zur Mitgestaltung aufgefordert fühlen.
▷ Er muß mit konkreten Aussagen oder Fragen enden, nicht mit abstrakten Formulierungen.

► Interaktion

Interaktion ist das Geschehen in der Gruppe am Stand, sie umfaßt Teilnehmer wie Standmacher, letztere in der Rolle von Moderatoren.

Die Moderation versucht, diese Interaktion, den Meinungsaustausch anzuregen und zu steuern, z. B. durch

▷ provokative Thesen,
▷ Aufzeigen von Meinungsgruppen,
▷ Abfragen und Bewertungen, die Prioritäten, Werturteile, Stimmungen und Meinungen für die Gruppe transparent und diskutierbar machen.

Für die **Moderation** der Teilnehmer gelten drei Maximen:

Nach dem Vortrag gestalten die Besucher die Standrunde; der Standmacher hält nur durch geschickte Fragen die Diskussion in Gang.
Der Standmacher darf sich nie in die Rolle des Fragen-Beantworters drängen lassen, er gibt die Fragen immer an die Teilnehmer weiter.
Keine Rechtfertigungen auf Angriffe aus dem Publikum — der Standmacher sollte die Angriffe zum Gegenstand der Diskussion unter den Teilnehmern machen.

Am Ende der Standrunde werden die Standmacher

▷ die geplanten Folgeaktivitäten anbieten und, wenn möglich, Kontakte herstellen sowie

▷ das Ergebnis der Standrunde dokumentieren.

Planung und Erstellung des Informationsmarktes

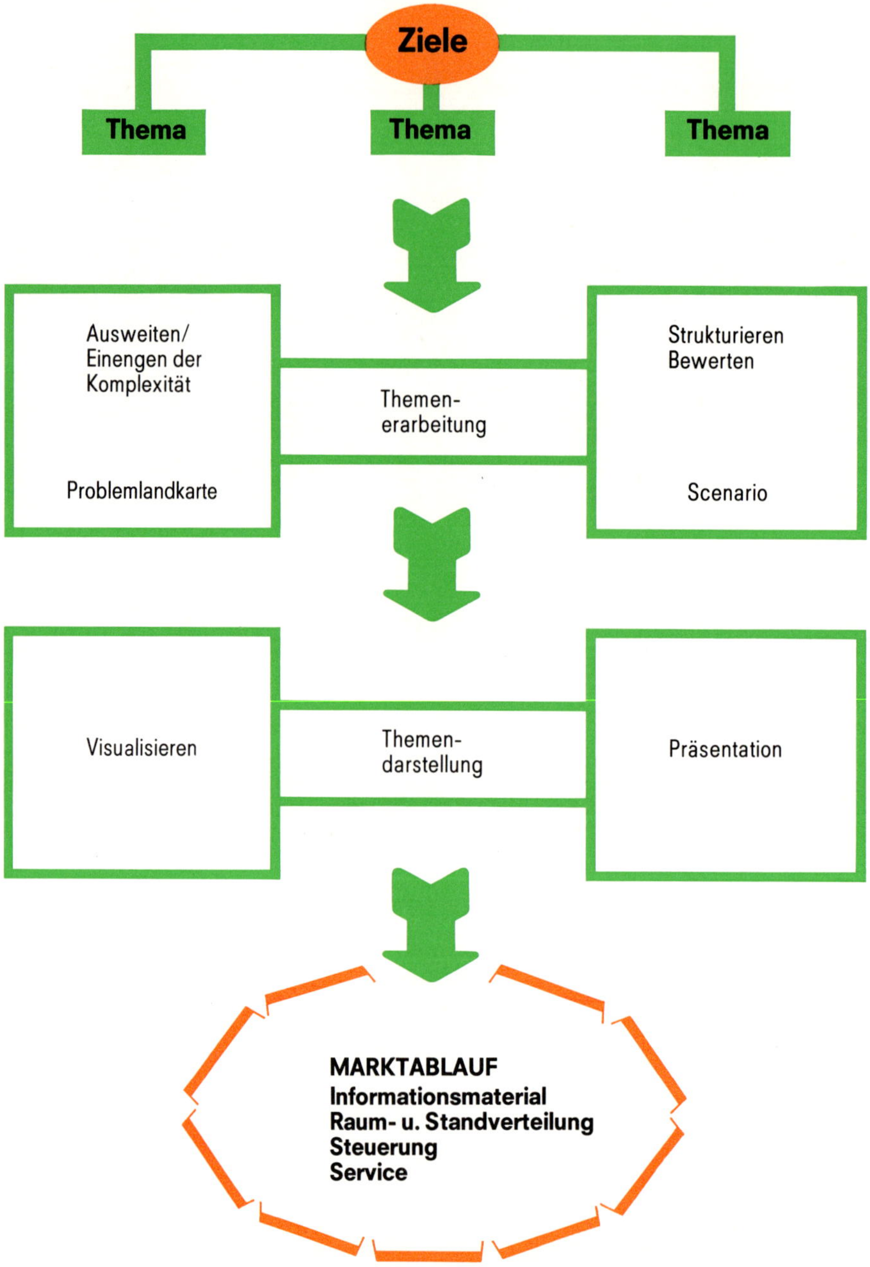

► Zielformulierung, Themenauswahl

Bei der Planung und Durchführung eines Informationsmarktes wirken neben den Veranstaltern (Planungsteam, hierarchische Ebenen, Bereich, Interessengruppen usw.) drei Gruppen mit:

▷ **Standmacher** erarbeiten unter Mithilfe von Moderatoren die Themenstände und präsentieren diese auf dem Markt.

▷ **Moderatoren** bringen die für die Themenerarbeitung und -darstellung nötigen Techniken ein (*Gruppenarbeitstechniken, Problemlösungstechniken, Visualisierungstechniken* usw.) und wirken bei der Gestaltung des Informationsmarktes mit.

▷ **Zielgruppe** sind die Teilnehmer des Informationsmarktes.

Voraussetzung für die Arbeit an den Ständen ist eine klare Zielvorstellung beim Veranstalter. Prinzipiell stehen dabei drei Wege der Zielfindung offen:

Ziele werden von der Hierarchie formuliert	Ziele werden in Abstimmung mit Teilnehmern und Standmachern erarbeitet	Ziele werden von den Markterstellern formuliert, z. B. wenn ein Planungsteam Ergebnisse seiner Arbeit dem Unternehmen präsentiert

Dieselben Möglichkeiten gelten für die Festlegung eines Themenkreises oder einzelner Themen. Für die Phase der Standerstellung ist weiterhin Voraussetzung, daß

▷ die Themen auf das Ziel abgestimmt sind und

▷ das Themenangebot der Zielgruppe (d.h. den späteren Teilnehmern) gerecht wird.

Als Vorlauf für die Standarbeit sollte von den Moderatoren ein ca. zweitägiges Training durchgeführt werden.
Zur Schulung gehört eine Information über die Ziele des Informationsmarktes sowie ein Training von Methoden und Techniken zur Standerstellung und Präsentation. Die Moderatoren vermitteln den Standmachern dieses Wissen in einer gemeinsamen Plenumsveranstaltung anhand von frei gewählten The-

men – die strukturiert, visualisiert und präsentiert werden – in der Form eines Verhaltenstrainings durch Selbsterfahrung.

► Themenerarbeitung

Entwicklung eines Kriterienkataloges zur Beurteilung des Standes.

Als formale Arbeitsrichtlinie erarbeiten sich die Standmacher einen Katalog mit verschiedenen Anforderungen zur Beurteilung ihrer Arbeit bzw. des fertigen Standes. Dieser Katalog enthält Kriterien zur formalen Gestaltung (Visualisierung, Text usw.) und Kriterien zur Beurteilung des Standinhaltes.

Die folgende Darstellung zeigt das Beispiel eines solchen Kriterienkataloges, der den jeweiligen Zielen der Marktveranstaltung angepaßt werden kann.

Kriterien	++	+	○	–	––
• Ziel ist klar • bereichsüberschreitend • handlungsorientiert • Konflikte deutlich					
• Visualisierung • Publikum einbezogen • Text aufnehmbar					

Orientierung

In dieser Phase müssen die Standmacher zu einer Zielsetzung finden. Allen muß klar werden, was der Stand erreichen will. In einer folgenden Analyse der Zielgruppe sind Untergruppen herauszufinden, die der Stand ansprechen will. Anhand dieser Erkenntnisse kann jeder Stand seinen „Marktanteil“ auf der Veranstaltung schätzen. (Der Vergleich mit der tatsächlichen Besucherzahl wird zeigen, wie gut man den Informationsbedarf der Gruppe geschätzt hat.)

Ausweiten der Komplexität

Anschließend muß eine Themensammlung durchgeführt werden, um sich einen Überblick über das Arbeitsfeld zu schaffen. Die Standmacher können sich dabei einer *Problemlandkarte* bedienen, die alle Einflußgrößen und die zwischen ihnen bestehenden Abhängigkeiten transparent machen soll.

Beispiel:

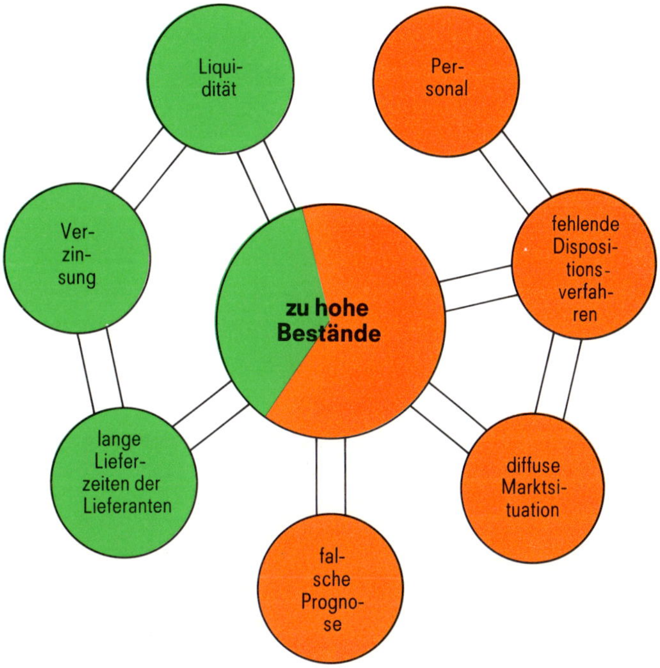

Die hierbei gefundenen Themenaspekte müssen von der Standmachergruppe formuliert werden, z. B. als

Feststellung

Konflikt

Werturteil

Alle diese Aussagen werden in einer Tabelle zusammengefaßt und nach bestimmten Gesichtspunkten geordnet.

Einengen der Komplexität

Diese Sammlung von Aussagen wird von den Standmachern bewertet, um Schwerpunkte zu erkennen, die nun gezielt weiterverfolgt werden.

Test

An dieser Stelle müssen die Standmacher die Themenschwerpunkte mit der ursprünglichen Zielsetzung abgleichen. Ist keine Übereinstimmung gegeben, muß geprüft werden, ob der neuen Zieldefinition (aufgrund der Bewertungsschwerpunkte) eine höhere Priorität zuzuordnen oder ob eine neue Bewertung der Themensammlung durchzuführen ist.

Problemplakat ausarbeiten

Nach dieser Eingrenzung und Formulierung des Stand-Themas beginnt die Themenstrukturierung. Hierzu bietet sich die Form eines *Problemplakates* an, in dem der Stoff nach einem Schema geordnet und zusammengefügt wird. Gleichzeitig werden aber auch Lücken und Schwachstellen aufgezeigt.

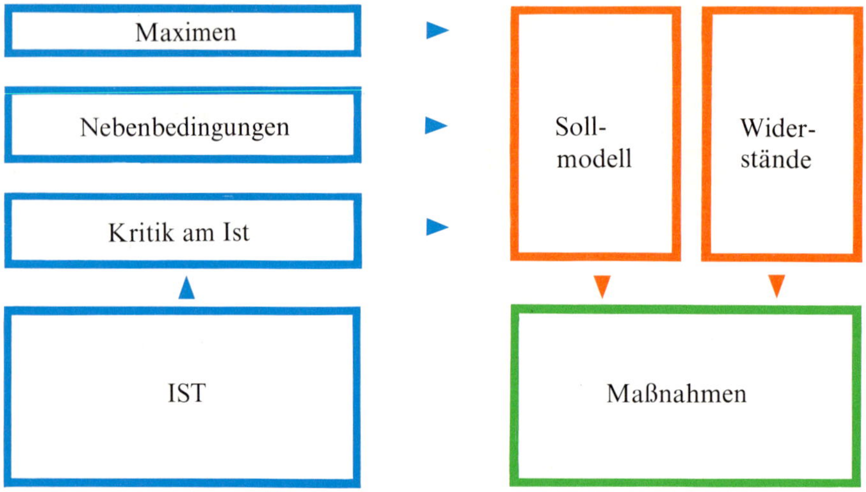

Der Standmacher muß sich an dieser Stelle bereits Gedanken über Bewertungen und Abfragen machen, mit denen er das Engagement der Teilnehmer erhöhen bzw. das Interesse wecken kann.

Inhaltliche Aussagen erhalten

Dazu gehören Wissens- und Meinungsabfragen. Die Fragen sollten auf keinen Fall eine Ja-Nein-Antwort zulassen.

Interesse wecken

Der Standmacher startet eine Abfrage über einen alltäglichen Sachverhalt und konfrontiert anschließend die Teilnehmer mit unerwarteten Fakten (Überraschungseffekt!).

Stimmungen abfragen

Die Veranstalter können über eine Abfrage (*Situationsabfrage*) ein Stimmungs- bzw. Meinungsbild der Teilnehmer erhalten.

Ideensammlung

Das Zusammentreffen von einer Vielzahl von Fachleuten auf einem Info-Markt sollte zur Ausschöpfung dieses Ideenpotentials benutzt werden.

Ist das Problemplakat in einer ersten Fassung vorhanden, so sollte im Plenum ein Test mit allen Standmachern durchgeführt werden, wobei jeder seinen Stand präsentiert. Das Plenum nimmt danach anhand des Kriterienkataloges vor allem eine inhaltliche Kritik vor.

► Stand ausarbeiten

Visualisierung

Für einen Stand müssen besonders folgende Visualisierungsregeln beachtet werden:

- ▷ Genügend freie Flächen, damit der Besucher Eingriffsmöglichkeiten hat, $^1/_3$ der Fläche sollte frei bleiben.
- ▷ Möglichst wenig Text und viele bildhafte Darstellungen. Bilder können schneller aufgenommen werden und zwingen außerdem dazu, komplexe Gedanken anschaulich und einfach darzustellen.
- ▷ Der Text muß aus 6 m Entfernung zu lesen sein. Schreibinstrument ist der Filzschreiber.
- ▷ Kein graphischer Perfektionismus. Er hemmt den Besucher, Änderungen anzubringen, und kostet außerdem unverhältnismäßig viel Zeit.

Präsentation

Ist der Stand fertiggestellt, dann wird die Präsentation geübt: der abwechselnde Vortrag, die Durchführung der Abfragen und Bewertungen, die Moderation der Besucherrunde, der Abschluß einer Standrunde.

Die Vorbereitung des Marktes

Die für den Ablauf des Marktgeschehens wichtigen organisatorischen Vorkehrungen hängen wesentlich von der Menge der erwarteten Besucher ab. Vier Dinge müssen in Abhängigkeit von der Größe des Marktes geregelt werden:

1 Da das Geschehen auf dem Markt sich selbst steuern soll, muß der Marktbesucher über genügend Informationen (Themenangebot, Tagesablauf, Lageplan, Spielregeln usw.) verfügen, die rechtzeitig verteilt werden sollten.

2 Die Wahl der Räumlichkeiten für den Markt muß dem Platzbedarf der Stände sowie der Beweglichkeit, die das Marktgeschehen erfordert, entgegenkommen.
Die Standanordnung kann z. B. nach thematischen Gesichtspunkten vorgenommen werden.

3 Die Regie des Markttages wird in erster Linie durch Angebot und Nachfrage an den Themenständen geregelt, doch sollten auch die Veranstalter ein Steuerungsinstrument in der Hand behalten. Dieses stützt sich auf eine Nachrichtenorganisation, die alle für den Ablauf wichtigen Informationen an eine zentrale Stelle leitet. Diese steuert:

- ▷ Anfang und Ende der Standrunden,
- ▷ Eröffnung eines Spontanstandes,
- ▷ die Schlußveranstaltung (z. B. Hammelsprung),
- ▷ unvorhergesehene Teilnehmeransammlungen.

4 Die Marktveranstaltung bedarf auch gewisser Serviceleistungen. Dafür können eigene Stände vorgesehen werden, an denen

- ▷ Reservematerialien bereitliegen (Papier, Filzstifte usw.),
- ▷ kopiert werden kann,
- ▷ Telefonverbindungen hergestellt werden,
- ▷ Polaroidkameras bereitliegen,
- ▷ Texte zum Schreiben gegeben werden können usw.

Administrative Aufgaben

Damit die Standerstellung und die Vorbereitung des Marktes reibungslos durchgeführt werden können, wird eine Ablaufgruppe gebildet. Diese besteht aus einem Teil der Moderatoren sowie einem Planungssekretariat und nimmt in Zusammenarbeit mit entsprechenden Dienststellen (z. B. Einkauf, Standortverwaltung) alle notwendigen administrativen Aufgaben wahr.

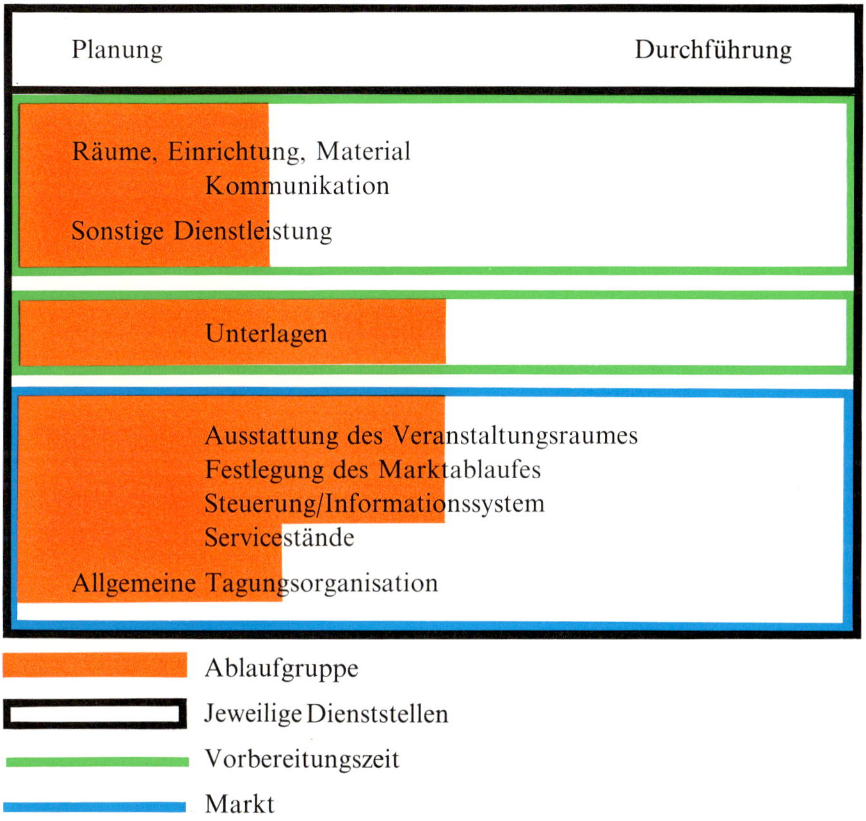

Raum, Einrichtung, Material: Feststellen des Bedarfes, Erstellen einer Checkliste für die benötigten Dinge, Beschaffung

Kommunikation: Telefonanschlüsse, Postdienst usw.

Sonstige Dienstleistungen: Kopiermöglichkeit, Zuweisung einer Schreibdame, Essensregelung usw.

Unterlagen: Erstellen (Inhalt, Layout) aller nötigen Informations- und Arbeitsunterlagen für Standmacher und Marktteilnehmer

Check-Liste

A Planung des Info-Marktes

I Zielgespräche
1. Zielgruppe abgrenzen
2. Themenkreise festlegen
3. Standmacher und Moderatoren ernennen
4. Verantwortlichkeit und Instanzen festlegen
5. Information der betroffenen Hierarchie

II Auswahl der Themen
1. Entscheidung über Auswahlmodus
2. Themenauswahl
3. Anzahl der Themenstände fixieren

III Termine
1. Entscheidung über die Dauer des Forums
2. Zeitvorgabe für die Vorbereitung
3. Terminraster mit den wichtigsten Ereignissen
4. Abstimmung der Termine mit allen Betroffenen

IV Schulung der Standmacher
1. Problemstrukturierung
2. Visualisierung
3. Präsentation
4. Zuteilung von Standmachern und Moderatoren auf die Themen überprüfen

B Gestaltung des Info-Marktes

I Themenbearbeitung
1. Kriterien für Standerstellung erarbeiten
2. Zielsetzung und Zielgruppe analysieren
3. Komplexität des Themas ausweiten
4. Komplexität des Themas einengen
5. Problemplakat entwickeln
6. Standtest

II Themendarstellung
1. Visualisierung
2. Einbau von Abfragen und Bewertungen
3. Test
4. Zusammenstellung aller Standteile

Problemlösungstechniken

Problemlösungstechniken erleichtern die Ideenfindung und -verarbeitung. Sie sind Hilfsmittel, deren Beherrschung allein jedoch nicht zwingend zu neuen Lösungen führt.

Wege zur Ideenfindung und Problemlösung

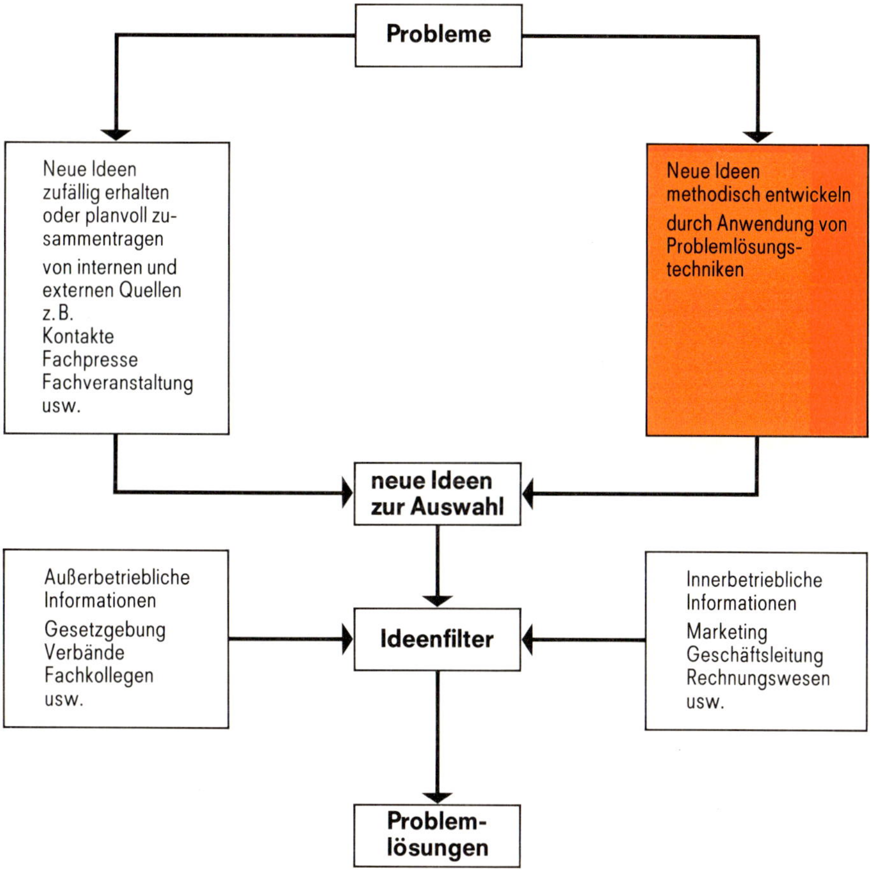

Für die Entwicklung neuer Ideen ist ein starkes Maß an Kreativität erforderlich.

Daneben sollten zur Verbesserung der Ideenproduktion einige Verhaltensnormen beachtet werden, z. B.

- Informationen nicht sofort klassifizieren und einordnen
- Untersuchungsobjekte auch unter zukünftigen Blickwinkeln betrachten
- aus alten Begriffsgefängnissen ausbrechen, sprunghafte Denkvorgänge zulassen
- auch scheinbar belanglose Informationen verarbeiten
- unwahrscheinliche Lösungsansätze nicht von vornherein verwerfen

Der im allgemeinen langwierige kreative Prozeß wird mit **Problemlösungstechniken in Gruppen** simuliert und abgekürzt. Diese Techniken sollen den einzelnen dazu zwingen, die drei Abschnitte des schöpferischen Denkprozesses bewußt zu durchlaufen. Hierdurch ist es möglich, die durch logisches und systematisches Denken aufgebauten Schranken zu durchbrechen.

Warum Gruppen?

Sämtliche Problemlösungstechniken werden stets von Gruppen durchgeführt. Dadurch summiert man das Ideen- und Wissenspotential der einzelnen Gruppenmitglieder. Zusätzlich erfolgt auf gruppendynamischem Wege ein gegenseitiger Anreiz zu neuen Ideen, und es ist die Möglichkeit gegeben, diese Ideen aufzunehmen und weiterzuführen.
Wenn die Gruppe sehr heterogen zusammengesetzt ist, wird das Problem von verschiedenen Standpunkten aus betrachtet und durch Einbringung von Meinungen aus verschiedenen Fachbereichen bearbeitet.

Warum Moderator?

Sich selbst überlassen ist eine Gruppe oft nicht arbeitsfähig. Deshalb wird in den meisten Fällen entweder innerhalb der Gruppe ein Moderator gewählt oder von extern angefordert.
Dieser sollte die Techniken kennen und erläutern sowie in der Lage sein, die Sitzung zu steuern. Während des Ablaufes muß er sich neutral verhalten, auf die Einhaltung der Spielregeln achten und Zwischenresultate visualisieren. Bei Stockungen müssen von ihm neue Impulse ausgehen.

Technik / Bestimmungsgrößen	Vorbereitende Techniken			Spezielle Techniken				
	Rollenspiel	Utopiespiel	Pro-und-Kontra-Spiel	Brainstorming	Methode 635	CNB-Methode	Synektik	morphologische Analyse
Problem	definiert	bekannt	definierte Lösungsansätze	definiert	definiert	Problemfeld bekannt	definiert	definiert und für morphologische Analyse geeignet
Regeln	wenig	wenig	wenig	wenig	wenig	wenig	viele	viele
Teilnehmerkreis	6 bis 30 Pers. (2 bis 4 Rollen)	4 bis 5 Gruppen von je 4 bis 6 Personen	6 bis 30 Pers. (4 bis 6 aktive Teilnehmer)	5 bis 12 Pers.	in der Regel 6 Pers.	Experten	5 bis 7 geübte Teilnehmer	5 bis 7 Pers.
Durchführungsart	zentral	zentral	zentral	zentral	in der Regel zentral	schriftlich dezentral	zentral	zentral
Steuerung	in Ausnahmefällen Moderatoren	1 Moderator je Gruppe	keine	1 bis 2 Moderatoren	nur Initiator („Taktgeber“)	nur Initiator	Moderator	Moderator
Vorbereitungszeit	ca. 1 Std.	keine	ca. 1/2 Std.	abhängig von der Beschaffung der Hilfsmittel	gering	1 Sitzung	abhängig von der Beschaffung der Hilfsmittel	keine
Durchführungszeit	15 Min.	20 bis 30 Min. ohne Präsent.	20 Min.	max. 30 Min.	45 Min.	1 bis 10 Wochen	2 bis 6 Std.	1/2 bis 2 Std.
Auswertungszeit	gering	gering	gering	mittel	mittel	1 Sitzung	Auswertung durch Außenstehende	groß
Ergebnis	Verhaltensänderung, Sammlung von Argumenten	Utopien	Argumente	viele Ideen	Vielzahl von Lösungsansätzen	Lösungskonzeption	unkonventionelle Lösungsansätze	Lösungen

Rollenspiel

Das Rollenspiel bietet die Möglichkeit, Spannungen innerhalb einer Gruppe sowie zwischen einer Gruppe und ihrer Umwelt aufzudecken und neue Verhaltensweisen zu entwickeln.

Das Rollenspiel soll

- Einfühlungsvermögen erzeugen bzw. steigern,
- Strategien zur Überzeugung von Außenstehenden entwickeln,
- dem Teilnehmerkreis schnell Interessenlagen und Machtverhältnisse aufzeigen,
- latente Gruppenspannungen aufdecken,
- deren wirkliche Ursachen (emotionale, rationale) ermitteln.

Um diese Probleme in einer Gruppe gemeinsam lösen zu können, ist es notwendig,

▷ Distanz zur eigenen Rolle zu gewinnen und

▷ Lernbereitschaft für neues Verhalten zu wecken.

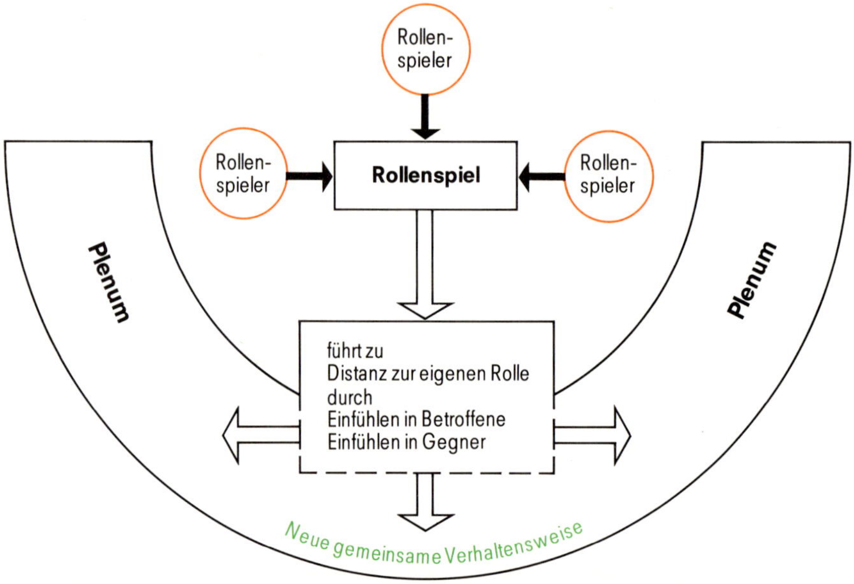

Vorbereitung

Die Gruppe listet mögliche Konfliktpartner und ihre Konfliktsituationen auf und definiert sie.

- Diese Liste wird von der Gesamtgruppe bewertet und dadurch das Thema festgelegt.
- Zu diesem Thema werden die Konfliktpersonen genannt und ihre Rollen von den voraussichtlich am besten geeigneten Teilnehmern, die sich für das Thema melden, übernommen.
- Die Rollenspieler bereiten sich 10 bis 15 Minuten getrennt voneinander auf ihre Rolle vor.
- Soweit es angebracht erscheint, kann die Gesamtgruppe ebenfalls in „Parteien" aufgeteilt werden, die bei der Vorbereitung helfen.

Durchführung

Es sind folgende Regeln zu beachten:

- Es soll so diskutiert werden, daß man recht behält (rhetorische Kniffe zur Verteidigung des eigenen Standpunktes sind erlaubt).
- Leerformeln sollen von der Gegenpartei sofort aufgedeckt werden.
- Alle Argumente, gleich ob emotionaler oder sachlicher Natur, werden in schriftlicher Form von Protokollanten festgehalten.
- Das Spiel sollte zeitlich begrenzt werden (Sprechzeit ca. 5 bis 15 Minuten).

Auswertung

Zu den festgehaltenen Aussagen werden nach dem Spiel von der Gruppe Fragen beantwortet, wie:

▷ Welches waren die unangenehmsten Argumente, Einwände, Fragen?

▷ Welches waren die besten Vorschläge?

▷ Welche auffälligen Verhaltensweisen wurden demonstriert?

Alle während des Rollenspiels und seiner Auswertung festgehaltenen Ergebnisse werden in Gruppendiskussionen vertieft bzw. an Kleingruppen zur weiteren Ausarbeitung gegeben.

Utopiespiel

Erwachsene Menschen öffnen sich nur sehr schwer. Da Phantasie im allgemeinen nicht belohnt wird, wird sie leider auch bei Problemlösungen kaum gefördert.

Das Utopiespiel soll im Rahmen von Planungen und *Entscheidertrainings* die Phantasie anregen. Der einzelne verläßt seine Rolle als Funktionsträger und artikuliert seine „geheimen Wünsche“. Dadurch kann im Verlauf des Spiels über Utopievorstellungen kollektives Unbehagen aufgezeigt werden. Spontan geäußerte Aussagen und Verhaltensweisen überwinden etwa vorhandene „Angstschwellen“. Vorübergehend werden geltende Normen außer Kraft gesetzt und vorher akzeptierte Determinanten (an denen meist die Planungsprozesse zum Stillstand kommen) ignoriert.

Eine Gruppe steht dem Angebot des Utopiespiels mit gemischten Gefühlen gegenüber. Einerseits will man mit der Arbeit vorankommen, andererseits ist es reizvoll, einmal in die Unverbindlichkeit einer Utopie auszubrechen. Das Thema des Spiels darf jedoch nicht bereits ausdiskutiert oder durch Vorentscheidungen beeinflußt sein, da in solchen Fällen kaum Phantasie entwickelt wird. Es muß problembezogen sein und eine plastische Zukunft haben.

Beispiele:

Wie verwalten wir unsere Bestände im Jahr 2000? Wie funktioniert ein Industriebetrieb ohne Verwaltung? Was bringt uns eine totale Kommunikation?

Durchführung

- Das Plenum teilt sich in *Sympathiegruppen* von ca. je 4 Personen auf. Jede Gruppe hat einen Moderator.
- Die Kleingruppen entwickeln rund 20 Minuten lang ihre Ideen und visualisieren diese gleichzeitig (farbige Filzschreiber, Packpapier). Dabei kann Sekt die Gedanken beflügeln.
- Die Kleingruppen tragen dem Plenum die Ergebnisse vor (es darf gelacht werden, jedoch keine Kritik von Einzelheiten).
- Die Ergebnisse des Utopiespiels werden durch das Plenum mit Selbstklebepunkten bewertet. Dabei soll die Gruppe Ideen herausfinden, die weiterentwickelt werden können.
- Die Hauptwünsche der Gruppe können mit Hilfe der *Präferenz-Matrix* für das *Scenario* ausgewählt werden.

Ergebnisse und Auswertung

- ▷ Utopien, d.h. gewünschte Zukunftsvorstellungen
- ▷ Dystopie-Modelle, d.h. unerwünschte Zukunftsvorstellungen
- ▷ Verbalisierung bzw. *Visualisierung* der Sachzwänge, die einer Utopie im Wege stehen
- ▷ Darstellung der Gruppe, d.h. die Teilnehmer erkennen, wie sie sich selbst und andere einschätzen

Beispiel:

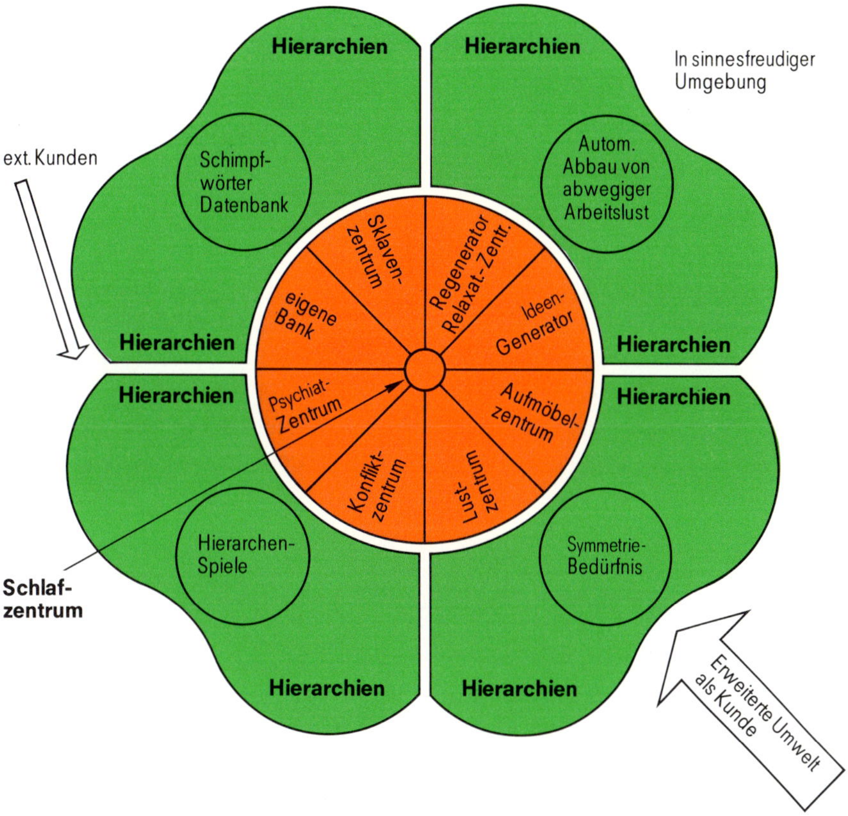

Utopiemodell zum Thema:
Wunschvorstellungen über die Arbeitsbedingungen einer Abteilung

Pro-und-Kontra-Spiel

Das Pro-und-Kontra-Spiel ermöglicht es, Lösungsalternativen zu einem Problem auf ihre Brauchbarkeit zu überprüfen.

Vorbereitung

▷ Die von der Gruppe gefundenen Lösungsansätze werden definiert und aufgelistet.

▷ Die Auswahl von 2 bis 3 zu behandelnden Alternativen erfolgt durch Punktebewertung.

▷ Es werden je Thema 2 bis 3 Vertreter gewählt, bestimmt oder auf freiwilliger Basis ermittelt, die die jeweilige Lösung vertreten oder ablehnen sollen (pro und kontra).

Ausführung

Die Vertreter von Pro und Kontra setzen sich gegenüber und versuchen, so schnell wie möglich ihre Argumente an den „Mann" zu bringen. Dabei schreiben Protokollanten die Argumente nach Pro und Kontra mit.
Nach 5 bis 10 Minuten werden die Partner ausgewechselt, d.h. die Kontra-Vertreter übernehmen die Rolle der Pro-Vertreter und umgekehrt.
Sind alle Thesen abgehandelt, so werden die festgehaltenen Aussagen des Gesamtverlaufes in einer Gruppendiskussion vertieft und an Kleingruppen zur Überarbeitung oder Weiterführung gegeben.

Brainstorming

Brainstorming („Gehirnsturm") ist die bekannteste und am häufigsten angewandte Problemlösungstechnik; es handelt sich um eine Form

gemeinsamen Nachdenkens,
gemeinsamer Ideenfindung

über ein vorgegebenes Problem unter Leitung eines Diskussionsmoderators.

In der folgenden Darstellung wird ein Überblick über die in den verschiedenen Phasen des Brainstorming zu beachtenden Punkte gegeben.

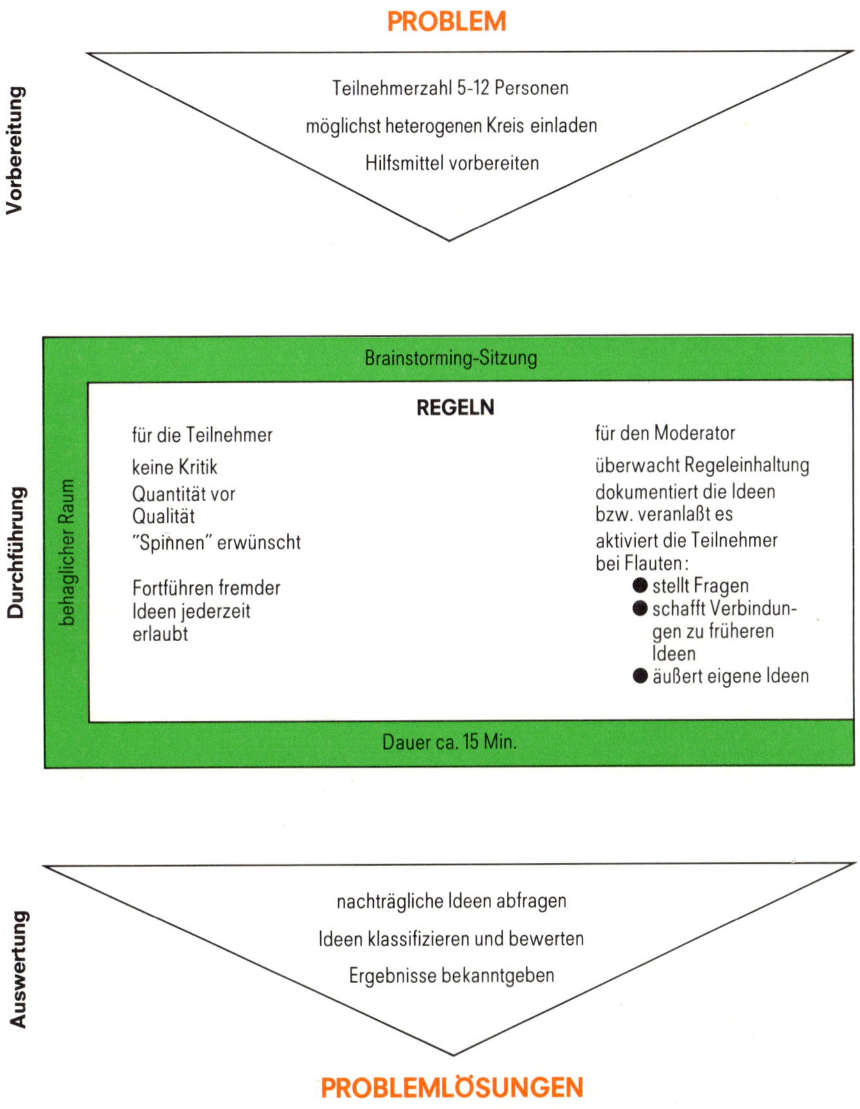

Brainstorming ist für festumrissene, abgegrenzte und eindeutig definierte Themen auf allen Gebieten anwendbar, z. B.

Anwendung

- im Privatleben (Planung einer Urlaubsreise)
- zur Produktauswahl
- zur Lösung technischer Probleme
- zur Entwicklung neuartiger Arbeitsflüsse

Das wesentlichste Merkmal des Brainstorming ist, daß während der Sitzung keine Kritik geäußert werden darf. Das fördert die Spontaneität und führt zu einer größeren Anzahl neuer Ideen.

Aus eigener Erfahrung wird jeder rückblickend erkennen, wie schnell die Effizienz von Problemlösungskonferenzen abnahm, sobald das Für und Wider der Lösungsvorschläge sofort diskutiert wurde.

Vorbereitung

Der Moderator sollte bei der Festlegung der Gruppe darauf achten, daß diese zwischen 5 und höchstens 12 Personen umfaßt und die Teilnehmer möglichst unterschiedliche Kenntnisse und Erfahrungen mitbringen. Stammen die Teilnehmer aus verschiedenen Hierarchiestufen eines Unternehmens, kann sich dies negativ auf den Ideenfluß auswirken.
In den meisten Fällen ist es angebracht, die Teilnehmer rechtzeitig über

Ort, Zeit, Themenkreis und Teilnehmer

zu informieren (Einladung). Es sollte in der Einladung aber kein genaues Thema angegeben werden, damit sich der einzelne ein freies Gedankenspiel nicht durch Vorüberlegungen blockiert. Als Tagungsort ist ein Raum zu wählen, in dem man sich in einer behaglichen Atmosphäre ungestört und unbelastet von geschäftlichen Problemen auf das Thema konzentrieren kann.
Grundsätzlich kann ein Brainstorming jedoch auch spontan aus einer Gruppensituation heraus durchgeführt werden.

Durchführung

Vor Beginn der Sitzung sollten die Regeln bekanntgegeben und das Thema für alle Teilnehmer deutlich sichtbar gemacht werden.
Ist das Thema zu weit gefaßt, muß versucht werden, eine von allen Teilnehmern akzeptierte Arbeitsdefinition zu finden.
Alle während einer Sitzung produzierten Ideen sind festzuhalten; hierzu eignen sich besonders Flip-charts und Kärtchen.

Regeln

1. Keine Kritik oder Beurteilung von Gedanken
2. Entwicklung möglichst vieler Ideen: Quantität vor Qualität
3. Erzeugung möglichst außergewöhnlicher Ideen: „sich etwas einfallen lassen – spinnen"; unbegrenzte Spontaneität
4. Fortführen und Weiterentwickeln bereits vorgebrachter Ideen, es gibt kein Urheberrecht

Es ist Aufgabe des Moderators, die Einhaltung der Regeln zu überwachen und alle Teilnehmer zu aktivieren. Dabei darf er aber nie eine Führungsrolle anstreben, sondern muß ausgleichend wirken. Vom Geschick des Moderators hängt wesentlich der Ablauf der Brainstorming-Sitzung ab; er muß es verstehen, auftretende Pausen richtig zu deuten (Nachdenken oder Ermüdungserscheinung) und entsprechend den Ideenfluß wieder anzuregen bzw. die Sitzung abzubrechen.

Auswertung

Die produzierten Ideen werden entsprechend der Problemstellung vom Moderator systematisiert und von der Gruppe einzeln bewertet, z. B. nach folgenden Gesichtspunkten:

▷ Mit den Gegebenheiten und Bedürfnissen vereinbar?

▷ Realisierbar oder nicht realisierbar?

▷ Sofort, bald oder erst längerfristig realisierbar?

▷ Ohne vorherige Untersuchung realisierbar? Schon in ähnlicher Form vorhanden?

Erst hier werden die hervorgebrachten Ideen kritisiert!

Das daraus resultierende Zwischenergebnis dient als Arbeits- und Entscheidungsunterlage für weitere Schritte, z. B. Bildung von Kleingruppen. Es zeigt Alternativen zur Überwindung des gestellten Problems auf.

Um die Teilnehmer für andere Brainstorming-Sitzungen positiv zu motivieren, sind ihnen alle Auswirkungen der gut bewerteten Ideen mitzuteilen.

Erfahrungen

▷ Nicht nur „Experten" sollten teilnehmen, sondern auch von dem Problem unberührte Mitarbeiter; neue Ansichten beleben die Atmosphäre.

▷ Das Vorgesetzten-Untergebenen-Verhältnis sollte während der Sitzung aufgehoben sein – sonst mangelnde Spontaneität, Angst vor Beurteilung u.a.

▷ Die Sitzung sollte höchstens 30 Min. dauern, weil danach die Kreativität der Teilnehmer merklich nachläßt.

▷ Die Visualisierung der Ideen hat sich als beste Form der Protokollierung erwiesen: Ständige Bezugnahme auf bereits produzierte Ideen wird möglich.

▷ Brainstorming steigert die Effizienz von Konferenzen und verkürzt die Sitzungsdauer, da

- normalerweise gute Ideen aus Prestigegründen, Rivalität, Unternehmenspolitik, finanziellen Gründen u.a. zurückgehalten werden,
- „spinnen" ausdrücklich zugelassen wird (auf einer normalen Konferenz würde sich lächerlich machen, wer seiner Phantasie freien Lauf läßt).

▷ Es steigert das Selbstbewußtsein des Teilnehmers, wenn er erkennt, wie viele Ideen er hat.

▷ Teilnehmer am Brainstorming entwickeln später auch zu anderen Problemlösungen ein weit kreativeres Verhalten.

▷ Brainstorming verstärkt die Kommunikations- und Informationsbeziehungen im Unternehmen durch die gemeinsame Problemlösung und die gelockerte Atmosphäre („Wir-Gefühl").

▷ Anfangs ergeben sich Schwierigkeiten, kein Urheberrecht zu haben und „unsinnige" Vorschläge nicht kritisieren zu dürfen.

Methode 635

Die Methode 635 ist eine Methode, die aus dem Brainstorming entwickelt wurde. Ideen werden nicht wie beim Brainstorming akustisch zum Ausdruck gebracht, sondern vom einzelnen Teilnehmer schriftlich festgehalten.
Bei der Auswertung des Brainstorming ist oft zu erkennen, daß die Weiterentwicklung bereits produzierter Ideen über mehrere Stufen zu den fruchtbarsten

Ergebnissen führt. Die Methode 635 verwendet diese Erkenntnis; die Grundideen werden systematisch vertieft. Dadurch wird die Ideenauswahl zwar eingeschränkt, aber die verfolgten Ideen sind wesentlich konkreter als beim Brainstorming.

In dem folgenden Bild ist der normale Ablauf einer Sitzung schematisch dargestellt. Die Vorbereitungs- und Auswertungsphase verlaufen analog zum Brainstorming.

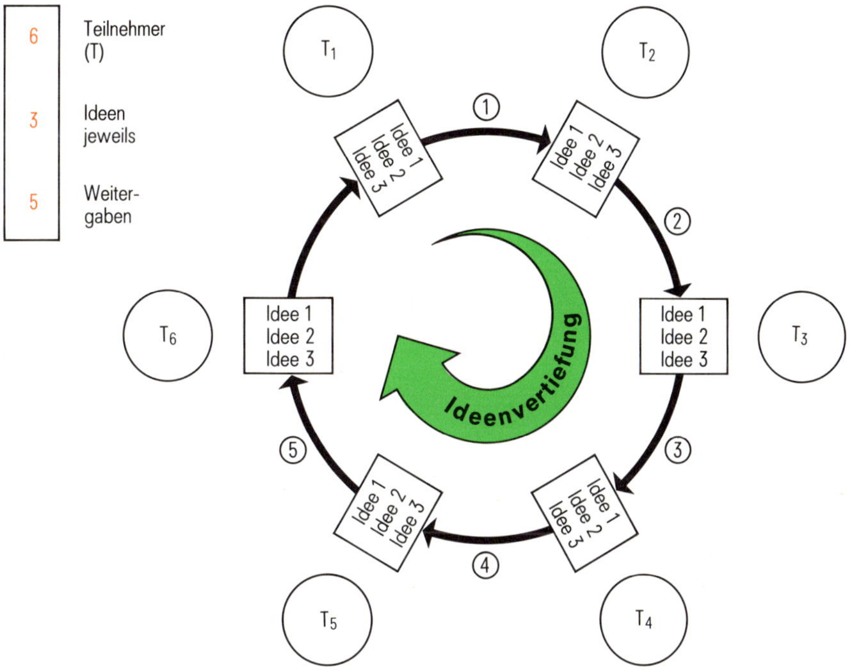

Durchführung

Jedes Mitglied der aus 6 Teilnehmern bestehenden Gruppe schreibt 3 Ideen auf ein Blatt Papier, das in einer vorgegebenen Reihenfolge 5mal weitergereicht wird. Aufbauend auf den vorliegenden Gedanken sollen dabei die Teilnehmer jedes Blatt um 3 weitere Ideen zur Problemlösung ergänzen. Die Antworten der Teilnehmer sollen sich möglichst an die aufgezeichneten Ideen anlehnen und diese weiterentwickeln; ein logischer Aufbau ist aber nicht unbedingt erforderlich. Es genügt, wenn nach genauer Durchsicht der bereits produzierten Ideen drei neue Gedanken zum gegebenen Problem entwickelt werden.

Erfahrungen

▷ Handelt es sich um einen größeren Teilnehmerkreis oder ist eine Mehrzahl von Antworten erwünscht, so können mehrere Gruppen gebildet werden.

▷ Folgende Zeitvorgaben haben sich als geeignet erwiesen:

1. Runde	5 Minuten
2. Runde	6 Minuten
3. Runde	7 Minuten
4. Runde	8 Minuten
5. Runde	9 Minuten
6. Runde	10 Minuten

Durch diese Zeiteinteilung haben die Teilnehmer genügend Zeit, die vorausgegangenen Ideen zu lesen und weiterzuentwickeln bzw. eigene Ideen zu produzieren.

▷ Mit dieser Methode ist es auch möglich, Ideen zu einer Themenstellung zu sammeln, ohne daß die Teilnehmer zusammenkommen müssen. Jedoch ist dann der Zeitaufwand wesentlich größer.

▷ Die Methode 635 ist auch als Nachfolgetechnik geeignet, Ideen einer Brainstorming-Sitzung zu vertiefen und weiterzuführen.

▷ Weil die Gedanken schriftlich fixiert werden, sind die vorgebrachten Ideen abgerundeter und fundierter, aber meist weniger originell als beim Brainstorming.

▷ Die wechselseitige Anregung zur Weiterentwicklung neuer Ideen ist eingeschränkt, da nicht die ganze Gruppe sofort mit den vorgebrachten Lösungsansätzen konfrontiert wird.

▷ Im offenen Gespräch werden viele eher abwegige Ideen genannt, als wenn diese schriftlich fixiert werden müssen.

▷ Jeder Teilnehmer wird zwangsweise aktiviert. Zeitweiliges „Abschalten“ ist nicht möglich.

▷ Es ist möglich, von der Teilnehmerzahl von 6 Personen geringfügig abzuweichen, aber

- bei zu wenigen Teilnehmern werden die Ideen nicht ausreichend vertieft,
- bei zu vielen Teilnehmern läßt die Konzentration am Ende der Sitzung wegen zu langer Dauer stark nach.

CNB-Methode

Die CNB-Methode (Collective Notebook: gemeinsames Notizbuch) ist eine abgewandelte Brainstorming-Methode wie die Methode 635 und entstand aus folgenden Überlegungen:

- Um das Unterbewußtsein mehr zu aktivieren, wird die Phase der Ideensammlung über einen längeren Zeitraum ausgedehnt.
- Um die Schwierigkeit zu umgehen, die zur Problemlösung erforderlichen Experten mehrmals zu bestimmten Terminen zusammenzuziehen, wird die Ideenabfrage nur schriftlich durchgeführt.

Vorbereitung

Der Initiator (z.B. die Planungsgruppe) beschreibt das Problemfeld und bereitet das CNB vor. Die erste Seite des Buches enthält folgende Aufforderungen:

▷ Schreiben Sie alle Ideen zum Problem nieder.

▷ Versuchen Sie, das Problem neu zu definieren.

▷ Notieren Sie, wo Lösungsansätze bereits zu finden sind, z.B. Literaturangaben.

Der Initiator wählt eine geeignete Expertengruppe aus und schickt jedem Teilnehmer ein CNB.

Durchführung

Während eines festgelegten Zeitraumes (z.B. ein Monat) trägt jedes Gruppenmitglied spontan seine Gedanken und Ideen zum vorliegenden Problem in das CNB ein, z.B.

- Ideen zur Lösung des Problems
- Fakten, die in Zusammenhang mit dem gegebenen Problem stehen,
- Ideen und Anregungen zu tangierenden Problemen,
- stimulierende Fragestellungen für die weitere Forschungsarbeit.

Jedes Gruppenmitglied faßt nach Ablauf der vorgegebenen Frist den Inhalt des CNB in drei Punkten zusammen:

- die beste Idee zum Problem
- Vorschläge zur weiteren Vorgehensweise
- Ideen, die außerhalb der Problemstellung liegen.

Während der gesamten Dauer der Aufschreibungen ist jedes Gruppenmitglied auf sich gestellt, es gibt keine Eingriffe von anderen Teilnehmern.

Auswertung

Der Initiator wertet die Ideenbücher aus und erstellt eine schriftliche Zusammenfassung. Die einzelnen CNB und die schriftliche Zusammenfassung bilden die Grundlage für eine Arbeitssitzung, in der alle Teilnehmer gemeinsam versuchen, eine Lösungskonzeption zu erarbeiten.

Bei langfristiger Anwendung der CNB-Methode werden die entstandenen Ideen in eine „Ideenkartei" übernommen. Dieses Ideenpotential sollte zur Lösung neuer Probleme herangezogen werden.

Erfahrungen

▷ Die CNB-Methode ist als Vorphase einer komplexen Planung und eines *Entscheidertrainings* einsetzbar.

▷ Eine Variation der CNB-Methode besteht in der Verwendung nur eines Notizbuches, das täglich herumgereicht wird.

Synektik

Die Technik Synektik (≙ Zusammenfügen) versucht, die unterbewußt ablaufenden Denkprozesse zu simulieren. Der entscheidende Aspekt dabei ist die Verfremdung des Problems.
Durch Konfrontation unabhängiger Strukturen mit dem Problem soll eine Verknüpfung gefunden werden, die eine Lösung des Problems darstellen kann.

Ablaufplan einer Synektiksitzung

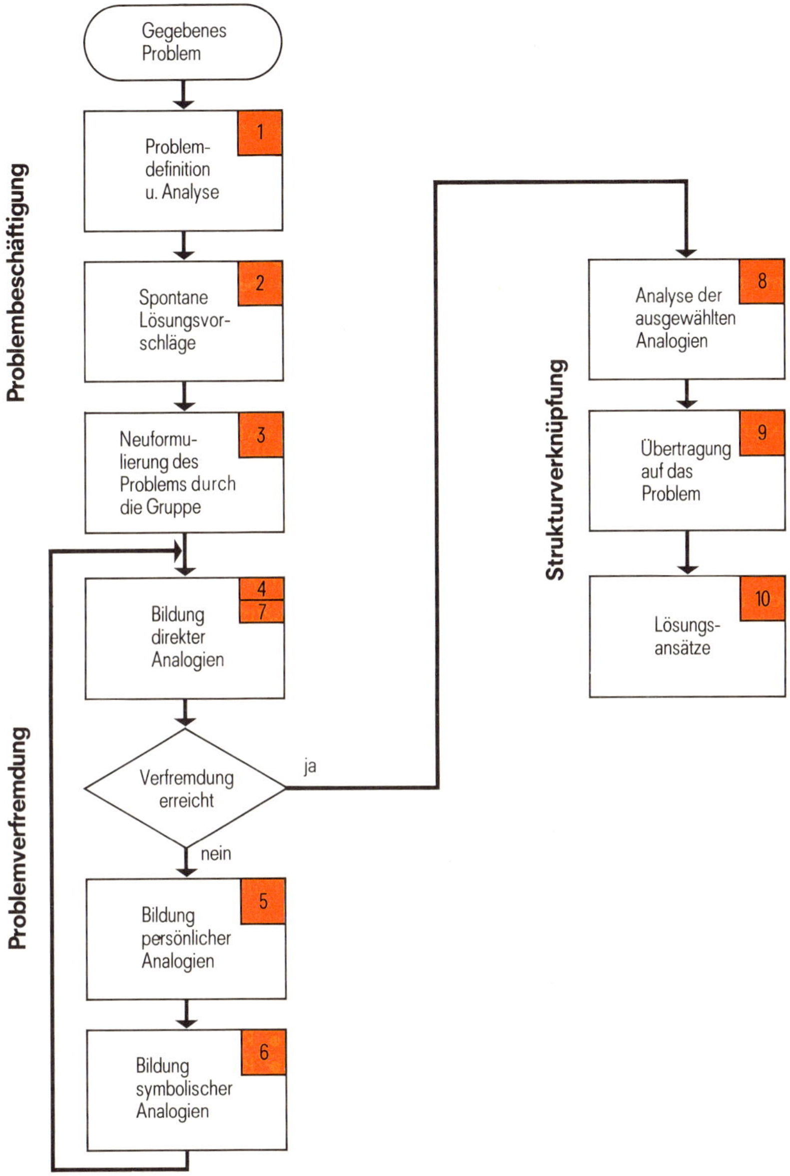

8

Die gefundene Analogie wird von der Gruppe analysiert und beschrieben. Die Analyse erfolgt durch die Beschreibung des gefundenen Objektes nach seinen Eigenschaften, Funktionen, Vorkommen usw.

- Es gehört eine Warze dazu.
- Saugsystem: – Vakuum
  – Druck, Massage
- Der Saugstutzen muß die Warze fest umschließen.

9

Die gefundenen Teilstrukturen des Objektes werden mit dem von der Gruppe definierten Problem in Verbindung gebracht. Diese Phase ist der eigentliche Kern der Synektiksitzung.

- Die Glasrohre werden mit Vakuum zusammengehalten (Manschette)
- In die Glasrohre werden Verbindungsstücke gesteckt und dann mit Überdruck festgepreßt.
- Abkühlen eines Rohres und Einschieben des zweiten Rohres. Bei Wiedererwärmung wird sich ein Rohr ausdehnen.

10

Aus diesen Verbindungen ergeben sich Lösungsansätze. Spricht die Gruppe alle Problemdefinitionen durch, so kommt sie zu einem Katalog von Aussagen und Aspekten, die zusammen helfen können, das Problem zu lösen.

Ergebnis:

Technische Ausarbeitung einer Alternative

Klassische Synektiksitzungen laufen in den dargestellten Phasen ab. Eine Verkürzung der Sitzung tritt dann ein, wenn die Gruppe feststellt, daß der angestrebte Verfremdungseffekt schon nach der Phase 4 erreicht ist und somit sofort in die Phase 8 übergegangen werden kann.

Voraussetzung und Auswertung

► Personenkreis

Eine Synektikgruppe sollte aus etwa 5 bis 7 kreativen und fachlich heterogenen Teilnehmern bestehen. Wichtig ist, daß die Gruppe in der Technik Synektik geschult ist. Die Gruppe sollte während einer Synektiksitzung in ihrer Zusammensetzung nicht wechseln.

► Moderator

Die für Synektiksitzungen notwendige Moderatorfunktion sollte wegen sonst auftretender Status- und Gruppenzusammenhaltsprobleme von den Gruppenmitgliedern abwechselnd übernommen werden.

Aufgaben des Moderators:

- Vorgehensweise auf Flip-Chart festhalten
- Auf die Einhaltung des Ablaufes laut Ablaufplan achten
- Vorschläge über weitere Vorgehensweise, Einsatz von Techniken usw. machen

► Zeitdauer

Exakte Angaben über die optimale Zeitdauer von Synektiksitzungen lassen sich nicht machen. Es hat sich aber gezeigt, daß das Minimum einer Synektiksitzung bei ca. 90 Minuten liegt. Wichtig ist bei längeren Sitzungen, daß genügend Pausen eingelegt werden (aber: z. B. die Verfremdungsphase geschlossen durchführen).

► Organisatorische Voraussetzungen

Die Synektiksitzung sollte in einem Raum stattfinden, der die kreative Leistung der Teilnehmer durch seine Größe und Ausstattung unterstützt (siehe Seite 56ff.).

► Auswertung

Über den Wert der von der Synektikgruppe gefundenen Lösungen entscheiden außenstehende Fachleute.
Wichtig im Rahmen dieser Auswertung ist die Prüfung der Lösungen auf

- Durchführbarkeit
- Realisierbarkeit

Vorteile und Erfahrungen

Der wesentliche Vorteil der Technik Synektik liegt im Zwang zu neuen Ideen durch die Verfremdung des Problems. Die Analogiebildungen schaffen die Möglichkeit, unkonventionellen Ideen freien Lauf zu lassen, ohne daß störende Kritik den Ideenfluß einschränkt.

Nach den bisherigen Erfahrungen sollte der Verfremdungsprozeß nicht länger als 30 bis 45 Minuten dauern, um die Gruppen nicht schon vor Beginn des eigentlichen Problemlösungsprozesses zu ermüden. Für eine Synektiksitzung eignen sich auch Laien, da bei ihnen keine Hemmungen der Spontaneität wegen zu großen Wissenshintergrundes bzw. Abwägens von Für und Wider auftreten.

Als begleitende Techniken können im Rahmen einer Synektiksitzung *Brainstorming* und verschiedene *Bewertungstechniken* eingesetzt werden.

Morphologische Analyse

Bei der Lösung komplexer Probleme neigen wir zu

▷ Problemvereinfachungen und Teillösungen	Der Mensch denkt wegen seines begrenzten Kurzzeitgedächtnisses sequentiell, d. h., er bildet Assoziationsketten. Es fällt ihm schwer, Gesamtlösungen komplexer Probleme als Ganzes zu begreifen.
▷ Irrtümern . . .	weil wir wesentliche Aspekte eines gegebenen Problems unberücksichtigt lassen.
▷ vorgefaßten Meinungen . . .	die uns daran hindern, alle relevanten Lösungen überhaupt in Betracht zu ziehen.
▷ der Unterdrückung von unwahrscheinlichen Lösungen . . .	und ziehen vor, uns im Bereich der naheliegenden, realisierbaren Lösungen aufzuhalten.

Ziel der morphologischen Analyse

Vollständige Erfassung eines komplexen Problembereichs.
Ableitung aller möglichen Lösungen vorgegebener Probleme.

PHASEN

1. **Problemanalyse** und Formulierung der Fragestellung
2. Ermittlung aller **Einflußgrößen** des Problems
3. Ermittlung aller **Ausprägungen** dieser Einflußgrößen
4. Zusammenstellung einer **morphologischen Matrix**
5. Zusammenstellung und **Analyse** aller möglichen Lösungen
6. **Bewertung** und **Auswahl** der besten Lösung

Beispiel

Problem: Gestaltung eines Förderungsseminars

Zielgruppen — Seminarstil — Unterlagen — Seminarziel — organisatorische Hilfsmittel — räumliche Bedingungen — stoffliche Schwerpunkte — Zeitpunkt — Unterbringung — Referentenauswahl — Teilnehmerzahl — Seminarort

Seminarziel: Weiterbildung
Vermittlung von Grundwissen
Erfahrungsaustausch
Problemlösung
Motivierung

Ausprägungen / Einflußgrößen	1	2	3	4	5
Seminar-ziel	Weiter-bildung	Vermittlg. v. Grund-wissen	Erfah-rungsaus-tausch	Problem-lösungen	Moti-vierung
Stoffl. Schwer-punkt	indiv. Arbeits-technik	Kreativi-täts-techniken	Führungs-stil	zielgruppen-bezogene Sach-themen	
Seminar-stil	Einzel-vortrag	Team-Teaching	Plenums-diskussion	Gruppen-diskussion	Gruppen-arbeit
Unter-bringung	Erholungs-center	Hotel	Berg-hütte	keine	Zelt-platz
Referen-ten-auswahl	externe Speziali-sten	interne Speziali-sten	Mitarbeiter des Unter-nehmens	professio-nelle Lehrkräfte	Vorstands-mitglied

Erläuterungen

► Zusammen mit der Analyse des Problems ist häufig eine Verallgemeinerung der ursprünglichen Fragestellung zweckmäßig. Durch diese Verfremdung erreicht man eine Ausweitung des Problemfeldes mit dem Ziel origineller Lösungen.

► Kernstück der morphologischen Analyse ist die Aufstellung der Matrix:

- Bestimmung voneinander möglichst unabhängiger Einflußgrößen des Problems und deren Auflistung in der Vorspalte der Matrix.
- Für jede Einflußgröße werden alle nur denkbaren Ausprägungen in der Matrix aufgeführt.

In einer solchen Matrix ist jede Kombination von Ausprägungen aller Einflußgrößen eine theoretisch mögliche Lösung.

► Die Bewertung und Auswahl geeigneter Lösungen kann erfolgen

- durch systematische Bewertung der Lösungen, z. B. durch Anwendung der *Multifaktorenmethode*.

  Die Anzahl der Einflußgrößen und deren Ausprägungen ist bei dieser Methode durch den Aufwand bei der Lösungsbewertung beschränkt. Eine Unterstützung durch Computer ist bei der Bewertung denkbar.

- durch intuitive Bewertung

  Der Bearbeitende betrachtet die morphologische Matrix und verfolgt gedanklich einen Linienzug, der ihm ganzheitlich als alternative Lösung bewußt wird. Dabei wird er diese Lösung bezüglich ihrer Qualität spontan bewerten und festhalten. Wegen des begrenzten menschlichen Kurzzeitgedächtnisses sind hierbei mehr als 5–10 Einflußgrößen kaum sinnvoll.

Im Anschluß an die Auswahl der besten Lösungen sollten von der gleichen Gruppe, die die morphologische Matrix erstellt hat, Realisierungsstrategien erarbeitet werden.

Determinanten

- Die wesentlichen Einflußgrößen müssen bekannt sein.
- Das Problem muß gut strukturierbar sein.
  Die jeweiligen Einflußgrößen sollten möglichst unabhängig voneinander sein, damit jede Kombination von Ausprägungen eine **zulässige Lösung** darstellt; ggf. müssen stark miteinander verflochtene Einflußgrößen unter einem Oberbegriff zusammengefaßt werden.
- Die Ausprägungen einer Einflußgröße müssen möglichst klar gegeneinander abgrenzbar sein bzw. sich gegenseitig ausschließen.
- Man sollte nur 5 bis 10 Einflußgrößen und Ausprägungen zulassen, da der Auswertungsaufwand sonst zu groß wird. Eine morphologische Matrix der Dimension 5×5 ergibt bereits $5^5 = 3125$ Lösungsmöglichkeiten.

  Möglichkeiten zur Begrenzung der Lösungsanzahl:

  - Verminderung der Anzahl der Einflußgrößen durch Erhöhung ihres Komplexitätsgrades – z. B. Zusammenfassung verwandter Einflußgrößen zu übergeordneten Begriffen.
  - Gewichtung der Einflußgrößen und der entsprechenden Ausprägungen. In einem weiteren Schritt werden die besten Lösungen der derart verkleinerten morphologischen Matrix zusammengestellt.

  Aber: Hierbei können für das Problem wesentliche Randlösungen verlorengehen!

Voraussetzungen

Personenkreis

Bei komplexen Problemen bis zur Auswertungsphase heterogener Teilnehmerkreis, z. B. Spezialisten verschiedener Fachgebiete.
Für die Bewertung nach einzelnen Kriterien sind homogene Fachteams häufig zweckmäßiger – z. B. zur Beurteilung der technologischen Realisierbarkeit eines neuen Produktes ein Team aus Verfahrenstechnikern und Fertigungsplanern.
In den ersten Phasen ist ein Moderator von Vorteil.

Personenzahl
Abhängigkeit von der Komplexität des Problems, 3 bis 7 Personen

Dauer
ca. 0,5 bis 2 Stunden (für die Erstellung der Matrix), abhängig von der Komplexität des Problems

organisatorische Hilfsmittel
Stecktafeln, Kärtchen, Flip-Charts, Filzschreiber usw.

Erfahrungen

Zur Bewältigung der ersten drei Phasen einer morphologischen Analyse ist bei komplexen Problemen eine Gruppe zweckmäßig, um Einflußgrößen und Ausprägungen von verschiedenen Seiten zusammenzutragen.
Bei der Suche nach Ausprägungen zu den erarbeiteten Einflußgrößen kann oft der Einsatz von Gruppen vorteilhaft sein, denen die ursprüngliche Aufgabenstellung nicht bekannt ist – u. U. Verhinderung von problembezogenen Denkbarrieren! Es können dabei originellere Lösungen produziert werden!

Probleme

- ▷ Die weitaus kritischste Phase ist die Erarbeitung der wesentlichen Einflußgrößen.
- ▷ Große Schwierigkeiten bereitet die Abgrenzung der Einflußgrößen und ihrer Ausprägungen.
- ▷ Bewertung einer meist sehr großen Anzahl von Lösungen erforderlich.
- ▷ Zu große Gruppen sind häufig ineffizient, wenn Auswahlentscheidungen getroffen werden müssen („viele Köche verderben den Brei“).

Ist-Aufnahme- und Analysetechniken

Mit der Ist-Aufnahme sollen zielgerichtet alle relevanten Informationen erfaßt werden, die über den organisatorischen Ist-Zustand im Planungsfeld Auskunft geben können.
Vor Beginn der Ist-Aufnahme ist es wichtig, das angestrebte Ziel genau zu definieren und den daraus resultierenden Informationsbedarf festzustellen. Eine zu große Anzahl von Informationen kann oft nicht ausgewertet werden; sie birgt außerdem die Gefahr in sich, der Betrachtung von wesentlichen Dingen zu wenig Zeit einzuräumen und die Analyse zu erschweren.
Da die Ist-Aufnahme und Analyse eines der teuersten Teile einer komplexen Planung ist – bis zu 80% der gesamten Planungskosten –, muß sie stets besonders sorgfältig vorbereitet werden.

Man beachte:

Im Rahmen der Untersuchungen müssen folgende Aspekte der erhaltenen Informationen festgestellt werden:

▷ Wiederholungshäufigkeit
Genereller Arbeitsablauf oder Sonderfall?

▷ Konstanz
Wie oft ändern sich Anforderungen bei der Aufgabenerfüllung? (Änderungsrate)

▷ Komplexität
Gibt es starke Zusammenhänge, müssen wesentliche Verknüpfungspunkte einbezogen werden?

▷ Determiniertheit
Sind bestimmte Sachverhalte nicht änderbar und für die Planung daher als Festpunkte anzusehen?

Erst wenn diese Kriterien überprüft sind, können die Informationen für verbindliche Auswertungen herangezogen werden.

Tiefenstufe der Ist-Aufnahme

Die Frage nach der notwendigen Tiefenstufe steht in unmittelbarem Zusammenhang mit den Fragen:

▷ Wie stichhaltig muß eine Beweisführung sein?

▷ Welche organisatorischen Bereiche sind einzubeziehen?

▷ Welche Verfahren und Tätigkeiten sind aufzunehmen?

Meist genügt es bei reinen Ablaufuntersuchungen, den Ist-Zustand aufgrund des Belegdurchlaufs („roter Faden") festzustellen. Dasselbe gilt auch für den Zweck, einen raschen Überblick zu gewinnen und die Untersuchungsschwerpunkte herauszufinden.

In Untersuchungsschwerpunkten und beim „Nachfassen" ist es in der Regel erforderlich, Arbeitsplätze detailliert aufzunehmen, um hier Aussagen über die Aufgabenstruktur und -erledigung zu erhalten. Jedoch soll man den Arbeitsaufwand nur so bemessen, daß ein ausreichender Erkenntniswert erreicht wird. Dies setzt auch die Bereitschaft zum „Mut zur Lücke" voraus.

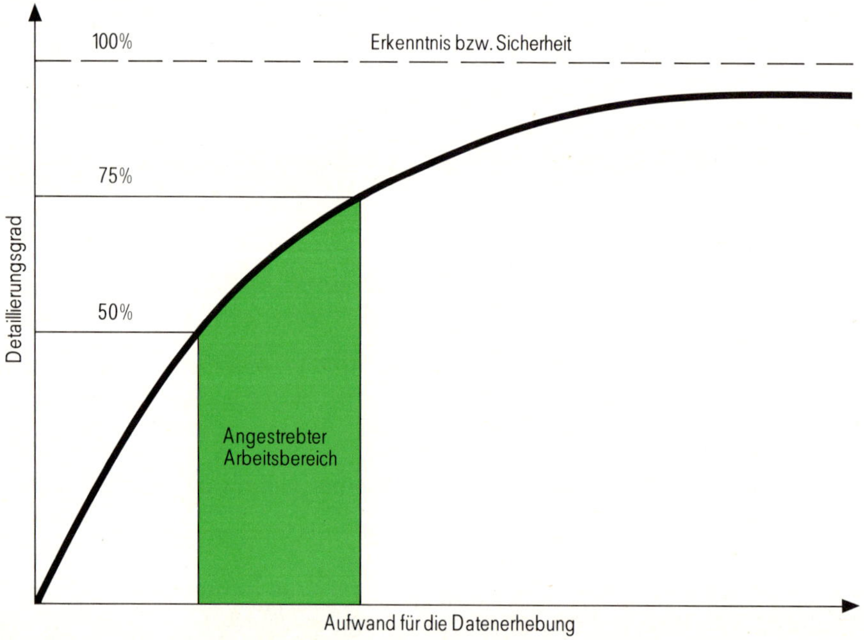

Untersuchungstechniken

Aus der Vielzahl der vorhandenen Ist-Aufnahme- und Analysetechniken werden diejenigen gewählt, die am häufigsten angewendet werden. Die Beherrschung dieser Techniken ist das unbedingt notwendige Rüstzeug eines jeden Organisationsplaners. Die hier beschriebenen Techniken sind teilweise in verkürzter Fassung gebracht worden; erforderliche detailliertere Ausführungen (z. B. für Multimomentaufnahmen im Fertigungsbereich) sind in der Fachliteratur zu finden. Es wurde der Schwerpunkt auf das Prinzip und auf praktische Hinweise für die Auswahl und Durchführung gelegt. Erfahrungsgemäß genügt die Auswahl und der *Detaillierungsgrad* der dargebrachten Techniken, um Organisationsplanungen im gesamten Verwaltungsbereich durchführen zu können.

- Auswertung vorhandener Unterlagen
- Interview
- Fragebogen
- Dauerbeobachtung
- Selbstaufschreibung
- Kommunikationsanalyse
- ABC-Analyse
- Multimomentverfahren
- Netzplantechnik

Auswahl und Kombination von Techniken

► Auswahl

Für die Untersuchung eines Tatbestandes ist es oft möglich, alternativ mehrere Techniken anzuwenden. Die Auswahl der geeigneten Technik kann nicht per Rezept angegeben werden, sondern kann nur durch Beachtung bestimmter Kriterien erleichtert werden, z. B.:

- zeitliche und psychologische Belastbarkeit des Untersuchungsfeldes
- Kooperationswille des zu beplanenden Bereiches
- Art des Untersuchungsobjektes
- Art der gewünschten Untersuchungsergebnisse
- dem Organisationsplaner zur Verfügung stehende Zeit
- zur Verfügung stehendes Personal
- Planungsbudget
- erforderlicher Genauigkeitsgrad

► Kombination

Keine Technik ist so beschaffen, daß deren Resultate eine vollkommen abgeschlossene Untersuchung ergeben. Die zwangsläufig entstehenden Lücken und Unsicherheiten müssen durch die Anwendung weiterer Techniken beseitigt werden. Bei der Wahl der Kombinationen gilt der Grundsatz:

Die Vorteile verschiedener Techniken vereinen und dabei deren Nachteile vermeiden!

Beispiele:

Interview + Multimomentverfahren,
Interview + Selbstaufschreibung + Kommunikationsanalyse,
Auswertung vorhandener Unterlagen + Interview + Fragebogen + Netzplantechnik.

Auswertung vorhandener Unterlagen

Zu Beginn der eigentlichen Untersuchung sollten soweit wie möglich bereits vorhandene Unterlagen vom beplanten System beschafft und ausgewertet werden (Kosten- und Zeitersparnis). Daraus ergibt sich meist ein genauer Überblick, welche Informationen zusätzlich, d.h. unter Zuhilfenahme von Techniken, noch gezielt beschafft werden müssen.

Aus diesen Unterlagen können bereits erste Erkenntnisse gezogen werden, z.B.:

▷ Gliederung der Verantwortungsbereiche

▷ Funktionsgliederung im Rahmen des Gesamtablaufes

▷ Informationswege

▷ Übersicht über den Arbeitsablauf, die verwendeten Vordrucke und sonstige Unterlagen

▷ Personaleinsatz nach qualitativen und quantitativen Gesichtspunkten

▷ Beurteilung der Hilfsmittel und Ausstattung

Beispiele:

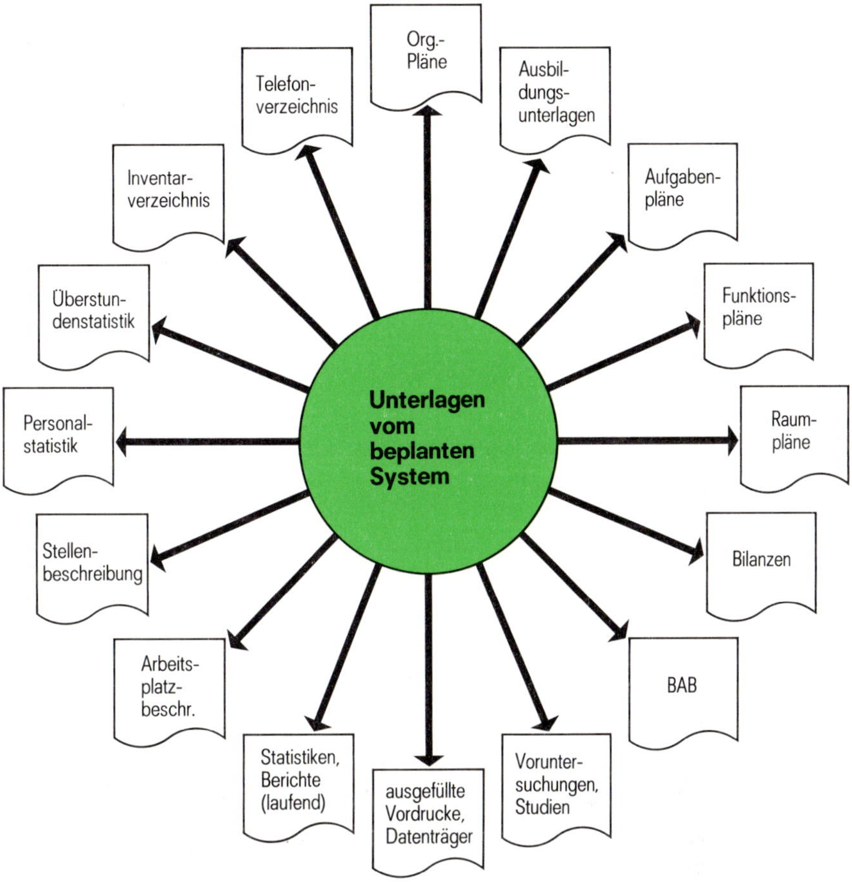

Interview

Definition

Persönliche und mündliche Befragung

Vorbereitung

Der Interviewer soll

- den Aufgabenbereich der zu Befragenden wenigstens in groben Zügen kennen,

- die Stellung des zu Befragenden im Arbeitsablauf einschätzen können,
- sich möglichst auf jedes Interview einzeln vorbereiten
  — in fachlicher Hinsicht,
  — hinsichtlich der Person des zu Befragenden,
- bei umfangreichen Fragenkomplexen ein schriftliches Konzept festgelegt haben.

Regeln für Interviews

sachlich:

▷ Der Interviewer sollte sich im Verlauf des Interviews die wichtigsten Arbeitsmittel und Unterlagen nicht nur beschreiben, sondern auch zeigen lassen.

▷ Die richtige Reihenfolge der Fragestellung ist zu beachten (z. B. überwiegend sachliche Fragen, die frei sind von Gefühlsmomenten und Werturteilen, in zusammenhängender Form stellen).

▷ Der Interviewer sollte sich nicht mit passiv formulierten Antworten begnügen (z.B. nicht: „der Beleg wird abgelegt", sondern konkret: „ich lege den Beleg ab" usw.).

▷ Die Dauer eines Interviews sollte so bemessen sein, daß einerseits nicht der Eindruck von Hast entsteht und andererseits der Befragte nicht ermüdet wird.

▷ Falls der Themenkreis sehr komplex ist, lieber mehrere Interviews als ein überlanges; Zeitdauer maximal 1 Stunde.

▷ Bei wichtigen Aussagen sollte ein Protokoll angefertigt werden, das dem zu Befragenden zur Kontrolle vorgelegt wird.

psychologisch:

▷ Der Zweck des Interviews ist zu Beginn zu erläutern.

▷ Das Vertrauen des Befragten muß gewonnen werden z. B. durch Eingehen auf dessen Probleme.

▷ Der Interviewer kann Abschweifungen des Befragten, z. B. Geschwätzigkeit, zusammenhanglose Ausführungen, Anekdotenerzählungen, unterbinden durch:

- die „Rangier"-Frage, d. h., der Befragte kann zu sachdienlichen Angaben durch solche Fragen zurückgeführt werden, die seine Aussage auf den Gegenstand beziehen, an dem der Interviewer interessiert ist,

- eine zu Beginn des Interviews gestellte allgemeine Frage, die dem Befragten Gelegenheit gibt, einiges von dem auszusprechen, was ihm besonders am Herzen liegt.

▷ Der Interviewer sollte Fragen zu problematischen Tatbeständen, z.B. Beurteilung der Mitarbeiter, Rationalisierungsmöglichkeiten, indirekt stellen.

▷ Der Interviewer sollte sich in der Regel einer Wertung und Kritik sowie Kommentaren und Gefühlsäußerungen enthalten.

▷ Vermeide Hast — benutze das „fragende Schweigen“ (z.B. bei schwierigen und wichtigen Fragen und dann, wenn der Befragte mit der Antwort ringt).

▷ Vermeide „intelligente“ Fragen und Aussprüche (z.B. „ich verstehe auch eine ganze Menge von der Materie“) sowie suggestive Fragen (hier wird nur die Erwartung des Interviewers befriedigt, nicht aber eine evtl. mögliche Problemaufdeckung erreicht).

▷ Vorsicht bei aggressiven, kompliziert ausgedrückten oder zu theoretischen Fragen.

▷ Der Interviewer muß „zuhören“ können!

▷ Nur solche Fragen stellen, die der Interviewte wahrscheinlich fundiert beantworten kann (sonst Gefahr von Ausschweifung bzw. Frustration).

▷ In Ausnahmefällen ist es notwendig, durch provokative Wertungen Aussagen herauszufordern, die sonst nicht erhältlich wären.

▷ Vermeide zu lange Fragen, da sonst die eigentliche Fragestellung vernachlässigt wird bzw. verlorengeht.

▷ Der Interviewer sollte bei dem zu Befragenden mögliche Abwehrmechanismen beobachten und entsprechend reagieren.

Aufzeichnung der Interview-Daten

▷ Aufschreiben aus dem Gedächtnis: Interviewer versucht, sich so gut wie möglich an Aussagen des Befragten zu erinnern.

▷ Wörtliche Aufzeichnungen: Interviewer versucht, gleichzeitig mit den gestellten Fragen die wesentlichen Aussagen zu notieren.

▷ Mechanische Aufnahme: Die Aussagen werden direkt auf ein Aufnahmegerät genommen.

▷ Feldbewertungen: Interviewer hat ein Einstufungsschema und ordnet die Aussagen diesem Schema direkt zu (z.B. Grad der Zufriedenheit).

Kontrolle der Interview-Aussagen

- ▷ Kontrollfragen stellen
- ▷ Befragen mehrerer Personen zum gleichen Thema

Vor- und Nachteile der Interview-Methode

Vorteile:

Das Interview

- ist die einzige Ist-Aufnahmetechnik, die es ermöglicht, ein Stimmungsbild über das Betriebsgeschehen zu vermitteln (Betriebsklima, Sympathie, Antipathie, *Opinionleaders*),
- bietet die Möglichkeit, nicht nur Daten, sondern auch Meinungen zu erhalten (z. B. Verbesserungsvorschläge),
- erlaubt es, nicht nur Informationen zu erhalten, sondern auch weiterzugeben.

Der Interviewer kann

- seine Fragen individuell auf den jeweils Befragten abstellen,
- Fragen so präzisieren, daß Mißverständnisse praktisch ausgeschlossen werden,
- sachliche Stichhaltigkeit der Antworten durch Querfragen prüfen,
- Fragen so stellen, daß sich die Antworten unmittelbar in einen größeren Zusammenhang einordnen lassen.

Nachteile:

- Die Interview-Methode stellt besonders hohe Anforderungen an die Person des Interviewers, von ihm hängt die Qualität der Ergebnisse ab.
- Der Interviewer ist von der zeitlichen Verfügbarkeit sowie der Bereitschaft der zu befragenden Personen abhängig.
- Sehr große Bereiche können als Ganzes nicht gleichzeitig untersucht werden, sondern nur Teilbereiche.
- Erhebungen erstrecken sich auch bei Einsatz mehrerer Interviewer auf einen größeren Zeitraum.

Formen

Beurteilung / Formen	Adressaten-kreis	Spielraum für Befragte	Vorbereitungs-arbeit	Auswertungs-arbeit
Gespräch	Vorgesetzte Opinionleader Sachbearbeiter Gruppen	sehr groß Rahmen und Behandlung des Themas noch offen	keine da nur Thema bekannt	sehr schwierig Aussagen noch nicht einordenbar
Interview im engeren Sinne	Vorgesetzte Opinionleader Sachbearbeiter Gruppen	groß da Rahmen nur grob vorgegeben	mittel lediglich Grob-strukturierung	schwierig Aussagen nicht eindeutig ein-ordenbar
Standardisiertes Interview mit offenen Fragen	Sachbearbeiter	eingeschränkt Rahmen und Behandlung des Themas fixiert	groß umfassende Vor-strukturierung	mittel Art der Aussage noch offen
Standardisiertes Interview mit geschlos-senen Fragen	Sachbearbeiter Gruppen	klein lediglich Aus-wahl vorgege-bener Antworten	sehr groß komplette Vor-strukturierung	einfach Art der Aussage vorgegeben

▷ Gespräch

Nicht vorbereiteter Informationsaustausch; ein Gedächtnisprotokoll kann angefertigt werden; keine Formalisierung

▷ Interview im engeren Sinne

Gezielte Fragen; Anfertigung eines Protokolls; keine Formalisierung

▷ Standardisiertes Interview mit **offenen Fragen**

Die vorher festgelegten Fragen werden in gleicher Reihenfolge und gleichem Wortlaut allen Befragten gestellt; die Antworten werden nach Möglichkeit wörtlich notiert

▷ Standardisiertes Interview mit **geschlossenen Fragen**

Der Befragte kann nur zwischen vorgegebenen Alternativen (Multiple-Choice-Verfahren) wählen; z. B. ja, nein, viel, mittel, wenig

Fragebogen

Der Fragebogen dient zur Feststellung organisatorischer Tatbestände.

Auf Fragebögen gemachte Angaben sind Momentaufnahmen der Organisation.

Adressatenkreis

Vorgesetzte	insbesondere für funktionale und disziplinarische Unterstellungsverhältnisse
Sachbearbeiter	für Arbeitsabläufe, Arbeitsgestaltung, Daten

Anwendungsbereich

- Vorbereitung von *Arbeitsplatz-* und *Stellenbeschreibungen*
- Untersuchung der Arbeitsauslastung
- Untersuchung von *Arbeitsabläufen*
- Untersuchung von *Organisationsstrukturen*
- Grobe Ermittlung des Ist-Zustandes und Abtasten für mögliche Soll-Vorschläge
- Ergänzung zu anderen Techniken, insbesondere des *Interviews*

Regeln

▷ Fragebögen so gestalten, daß das Ausfüllen nicht mehr als $^1/_2$ Stunde dauert

▷ Ablieferungstermin angeben (maximal 2 Wochen)

▷ Anregungsfragen stellen, d.h. um Rat für ein bestimmtes Problem nachfragen, damit sofort Interesse beim Befragten geweckt wird

▷ Berücksichtigung der Problemsituation des zu Befragenden (z.B. unterschwellige Sorge der Mitarbeiter um den Arbeitsplatz)

- ▷ Fragen kurz, präzise und leicht verständlich formulieren
- ▷ Bei Entwurf des Fragebogens an Auswertungsmöglichkeiten denken
- ▷ Fragen sorgfältig formulieren und auf den zu befragenden Personenkreis abstimmen
- ▷ Bei der Formulierung von Fragen Themengruppen bilden; z.B. Zusammenfassung sachlicher Fragen in einen Komplex und Zusammenfassung von Fragen zur Person
- ▷ Fragebogenentwürfe testen
- ▷ Begleitschreiben mit folgenden Erläuterungen:

  Grund der Befragung

  Angabe des Auftraggebers

  Zusicherung über vertrauliche Behandlung der Unterlagen

Vorteile:

- Antworten aus verschiedenen Untersuchungsbereichen liegen schriftlich in einheitlicher Form vor.
- Kurzer Zeitaufwand für Ist-Aufnahme zu einem bestimmten Stichtag.

Nachteile:

- Zuverlässigkeit und Brauchbarkeit der Antworten sind eingeschränkt, da der Befragte die gestellten Fragen bewußt oder unbewußt mißverstehen kann.
- Es ist schwierig, einen Standardfragebogen zu entwickeln, der sinnvoll in den verschiedenartigsten Bereichen eingesetzt werden kann (z.B. muß ein Fragebogen für Schreibkräfte anders aussehen als ein Fragebogen für Rechnungsprüfer, da die Tätigkeit zu unterschiedlich ist).
- Der Fragebogen läßt dem Befragten wenig Spielraum. Stellt man sehr spezielle Fragen, so stößt man evtl. auf Unverständnis, schafft Heiterkeit oder auch Verdruß; bei allgemeinen Fragen sind auch nur allgemeine Antworten zu erwarten, die kein klares Bild des Ist-Zustandes vermitteln.
- Der Fragebogen wird oft nicht selbständig vom Befragten ausgefüllt, sondern von mehreren Befragten zusammen bzw. nach Gesprächen mit Kollegen (manipuliertes Ergebnis!).

- Antworten, die zur Bewertung des Befragten verwendet werden können, sind meist subjektiv beeinflußt.
- Die Aufbereitung der Ergebnisse kann bei sachlich einwandfreien, aber ungeschickt formulierten Antworten sehr erschwert werden.

Dauerbeobachtung

Ständiges Beobachten von Arbeitsabläufen und Tätigkeiten an einem oder mehreren Arbeitsplätzen über einen längeren Beobachtungszeitraum hinweg.

Anwendungsbereich

Die Methode ist anwendbar für die Ermittlung von Ist-Zuständen in räumlich überschaubaren Bereichen, speziell für einzelne Arbeitsplätze, z. B. bei:

- Ermittlung der Arbeitsschritte und der Eignung der Arbeitsplatzgestaltung,
- Ermittlung der Auslastung eines Arbeitsplatzes,
- Ursachenermittlung bei Engpaßproblemen.

Regeln

▷ Sämtliche Arbeiten und Tätigkeiten im Aufnahmebereich werden ständig beobachtet und notiert.

▷ Alle zum jeweiligen Arbeitsprozeß gehörenden Arbeitsmittel und -unterlagen werden festgehalten.

▷ Der Zeitraum für die Dauerbeobachtung ist um so höher, je mehr einzelne Arbeitsvorgänge zu beobachten sind.

▷ Arbeitsbeeinflussende *Umweltbedingungen* (z. B. Lärm, Staub, Beleuchtung, Wochenbeginn und -ende) sind festzuhalten und in den Auswertungen zu berücksichtigen.

▷ Der Beobachtungszeitraum muß so groß gewählt werden, daß eine Konstanz in der Art und Häufigkeit der Beobachtungen gegeben ist.

Vorteile:

- Sehr genaue Ergebnisse im Untersuchungsbereich
- Punktuelle Kontrolle und Vertiefung anderer Ist-Aufnahmen

Nachteile:

- Psychologische Belastung der Beobachteten
- Dauerbeobachtung wird als unangenehme Kontrolle empfunden
- Gefahr der Aufnahme verfälschter Daten durch Verhaltensänderung der Untersuchten
- Anwendbarkeit nur innerhalb der Sichtweite des Beobachters (z. B. Einzelarbeitsplätze, Bearbeitergruppe, kleine Abteilung)
- Relativ hoher Zeitaufwand für den Organisator

Selbstaufschreibung

Bei der Selbstaufschreibung werden die benötigten Informationen durch die Mitarbeiter im beplanten Bereich selbst schriftlich auf Vordrucken oder Formularen festgehalten.

Anwendung

Diese Technik wird immer dann angewendet, wenn die gleichen Daten (z. B. Anzahl Kundenbesuche) fortlaufend während eines bestimmten Zeitraumes bis zur Erreichung einer bestimmten statistischen Sicherheit gesammelt werden müssen. Im Gegensatz zur Dauerbeobachtung können viele Arbeitsplätze gleichzeitig untersucht werden. Dabei müssen die Arbeiten genau definierbar sein und regelmäßig auftreten. Zu kleine Arbeitsschritte dürfen jedoch als Untersuchungsgegenstand nicht gewählt werden, da der Aufwand für die Durchführung sonst den normalen Rhythmus des Bearbeiters und somit auch die Resultate verfälschen würde.

Ziele

Einige Beispiele seien hier aufgeführt:

- Erhebung der notwendigen Daten für eine *Arbeitsplatzbeschreibung* bzw. *-bewertung*
- Ausgangsdaten für *Kommunikationsanalyse*
- Ausgangsdaten für *Multimomentverfahren*

- Ermittlung des Zeitbedarfes bestimmter Vorgänge zur Errechnung von durchschnittlichen Bearbeitungskosten eines Auftrages
- Ermittlung des Auslastungsgrades einer Abteilung in bezug auf bestimmte Objekte

Voraussetzungen

▷ Eine Ist-Aufnahme muß vorher stattgefunden haben, damit der Arbeitsplatz hinlänglich bekannt ist und Fragestellung sowie Vorgehensweise fixiert werden können.

▷ Da bei dieser Technik die Betroffenen über einen längeren Zeitraum hinweg an der Datenerhebung aktiv mitwirken müssen, ist es unbedingt notwendig, die Zustimmung des Vorgesetzten für diesen erhöhten Arbeitsaufwand in Absprache mit den Betroffenen einzuholen.

▷ Der Betroffene ist genau zu informieren über das Ziel und die Dauer der Untersuchung. Außerdem ist ihm die Vorgehensweise genau zu erläutern, d.h.
- was er aufschreiben und
- wie er es aufschreiben soll.

▷ Dem Betroffenen ist zuzusichern, daß die Auswertung ohne Angabe der Person erfolgt und somit seine Aufzeichnungen vertraulich behandelt werden.

▷ Die zur Anwendung kommenden Strichlisten, Formulare, Bögen u.ä. müssen vorher auf ihre Eignung getestet werden.

Kommunikationsanalyse

Untersuchung der Beziehungen zwischen verschiedenen Stellen hinsichtlich Häufigkeit und Dauer des Informationsaustausches.

Anwendungsbereich

- Bei Untersuchungen zur Rationalisierung von *Aufbau- und Ablauforganisation*
- Bei Raum- bzw. Gebäudeplanungen zur Festlegung der zweckmäßigsten räumlichen Zusammenlegung von verschiedenen Abteilungen

Durchführung

In einer Vorphase werden die zu untersuchenden Bereiche genau eingegrenzt und definiert sowie die vorkommenden Informationsbeziehungen festgelegt. Diese Daten werden auf ein Formular übertragen, das folgendermaßen aussehen kann:

Abt. 2

Abt. 1

Ausgehende Informationen
Im Zeitraum vom .... bis .... Bearbeiter ....

Abteilungen	Art der Beziehungen			Summe
	schriftlich	telefonisch	persönlich	
Abt. 2				
Abt. 3				
Abt. 4				
Abt. 5				
Abt. 6				
Summe				

Die Formulare werden in den verschiedenen Abteilungen an die Mitarbeiter verteilt. Diese tragen nun jeden Kontakt, den sie mit anderen Abteilungen haben, in der betreffenden Zeile bzw. Spalte ein. Unter Art der Beziehungen können Telefonate, persönliche Besuche, Schriftwechsel u.ä. aufgeführt sein. Je nach gewünschtem Genauigkeitsgrad bzw. Ziel der Untersuchung können diese Angaben stärker detailliert werden. Es ist oft nötig, neben der Anzahl der Kontakte deren Zeitdauer festzuhalten.

Auswertung und Darstellung

Nach Ablauf der Untersuchungsperiode werden die von den Abteilungen ausgefüllten Strichlisten ausgewertet.
Die einfachste Form der Darstellung ist die Zusammenfassung der Einzelaufnahmebögen innerhalb einer Abteilung. Diese Zusammenfassung, in der Form identisch mit den Strichlisten, zeigt die Einfachbeziehung einer Abteilung mit allen anderen. Sie zeigt gleichfalls auf, welcher Art diese Beziehungen sind. Will man die Beziehungen sämtlicher Abteilungen zueinander in einer Darstellung aufzeigen, so gibt es dafür verschiedene Möglichkeiten, mit denen man die

- Gesamtkontakte
- Art der Beziehungen
- Zeitdauer

darstellen kann.

Beispiel 1
Kommunikationsmatrix

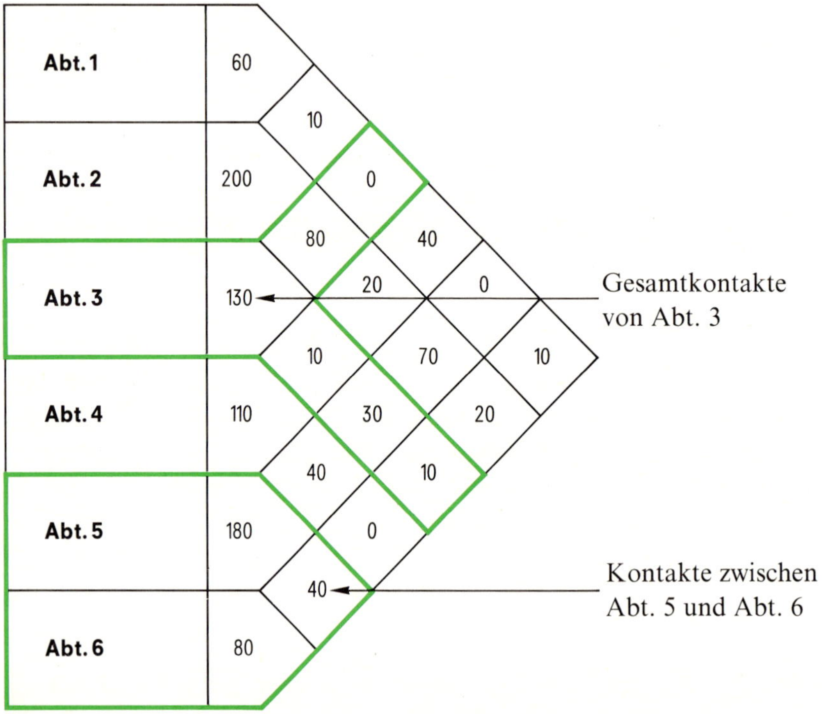

Beispiel 2

Kommunikations-
netz

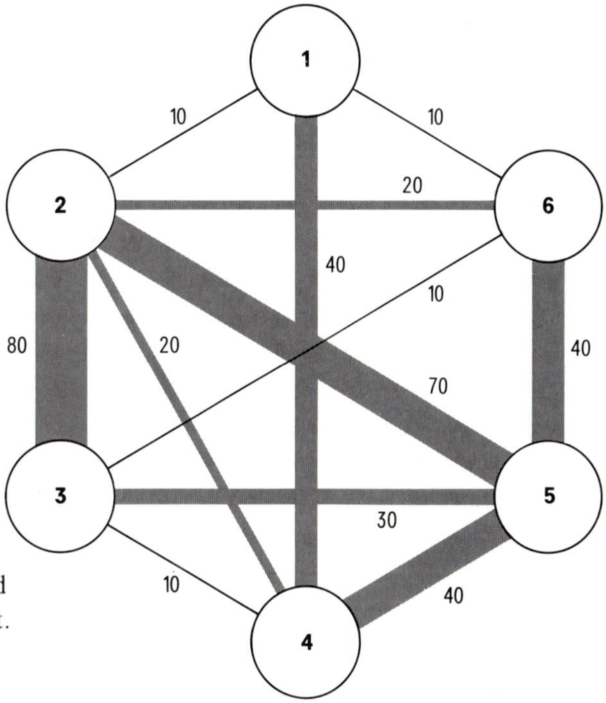

Anzahl der Kontakte wird durch Ziffern und Linienbreite dargestellt.

Beispiel 3

Kommunikations-
spinne

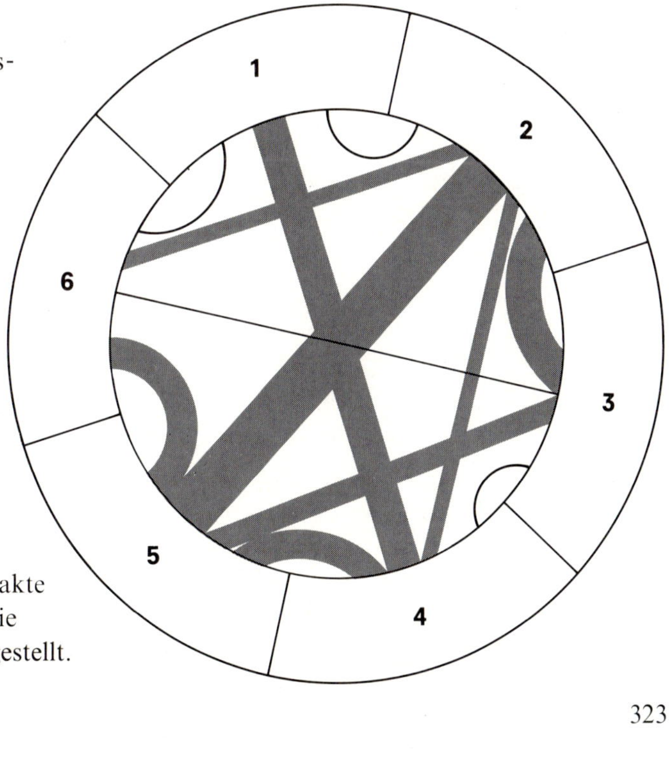

Anzahl der Kontakte wird nur durch die Linienbreite dargestellt.

ABC-Analyse

Die ABC-Analyse ist ein Instrument zum Erkennen von Schwerpunkten. Bei Kenntnis dieser Schwerpunkte können Regeln für ihre betriebswirtschaftliche Behandlung erarbeitet werden.

Vorgehensweise

Anhand des nachfolgenden Beispiels (Materialverbrauch in DM während eines bestimmten Zeitraumes) wird die Vorgehensweise dargestellt. Die Erstellung der ABC-Analyse vollzieht sich nach folgenden Schritten:

► Erfassung

- Sämtliche Materialien, die in den Verbrauch eingegangen sind, werden nach Positionen mit dem Materialwert aufgelistet.
- Errechnung des Gesamt-Materialverbrauchs in Mio DM
- Errechnung der Materialpositionen in % der Gesamtsumme

Pos.-Nr.	Bezeichnung der Materialposition	Wert Mio. DM	% von Gesamt	Rangfolge
1	Schweißmaterial	0,7	0,6	14
2	Kabel	1,3	1,2	9
3	Kugellager	5,0	4,7	5
4	Dichtungen	0,4	0,4	17
5	Lötmaterial	0,2	0,1	19
6	Farben	1,1	1,0	11
7	Bleche	6,9	6,5	4
8	Buntmetalle	15,0	14,0	2
9	Nieten	0,6	0,6	15
10	Armaturen	3,0	2,8	6
11	Profileisen	10,0	9,4	3
12	Scharniere	1,0	0,9	12
13	Graphit	0,1	0,1	20
14	Schalter	1,4	1,3	8
15	Hochlegierte Stähle	55,0	51,9	1
16	Öle und Fette	0,3	0,3	18
17	PVC-Rohre	1,2	1,1	10
18	Drähte	0,5	0,5	16
19	Hochdruckschläuche	2,0	1,9	7
20	Schrauben	0,8	0,7	13
		106,5	100%	

► Sortierung
Nach fallendem Prozentanteil wird die Rangfolge der Materialpositionen vergeben.

- Gemäß der ermittelten Rangfolge werden die Positionen in eine weitere Tabelle eingetragen und
- ihre Prozentanteile fortlaufend summiert.

Rangfolge	Materialposition	Pos.-Nr.	% von Gesamt	Summe in %
1	Hochlegierte Stähle	15	51,9	51,9
2	Buntmetalle	8	14,0	65,9
3	Profileisen	11	9,4	75,3
4	Bleche	7	6,5	81,8
5	Kugellager	3	4,7	86,5
6	Armaturen	10	2,8	89,3
7	Hochdruckschläuche	19	1,9	91,2
8	Schalter	14	1,3	92,5
9	Kabel	2	1,2	93,7
10	PVC-Rohre	17	1,1	94,8
11	Farben	6	1,0	95,8
12	Scharniere	12	0.9	96,7
13	Schrauben	20	0,7	97,4
14	Schweißmaterial	1	0,6	98,0
15	Nieten	9	0,6	98,6
16	Drähte	18	0,5	99,1
17	Dichtungen	4	0,4	99,5
18	Öle und Fette	16	0,3	99,8
19	Lötmaterial	5	0,1	99,9
20	Graphit	13	0,1	100,0

► Auswertung

- In einem Koordinatensystem trägt man waagerecht den Rang der Materialposition, senkrecht den dazugehörenden summierten Prozentwert ein und
- verbindet die somit erhaltenen Punkte zu einer Kurve.

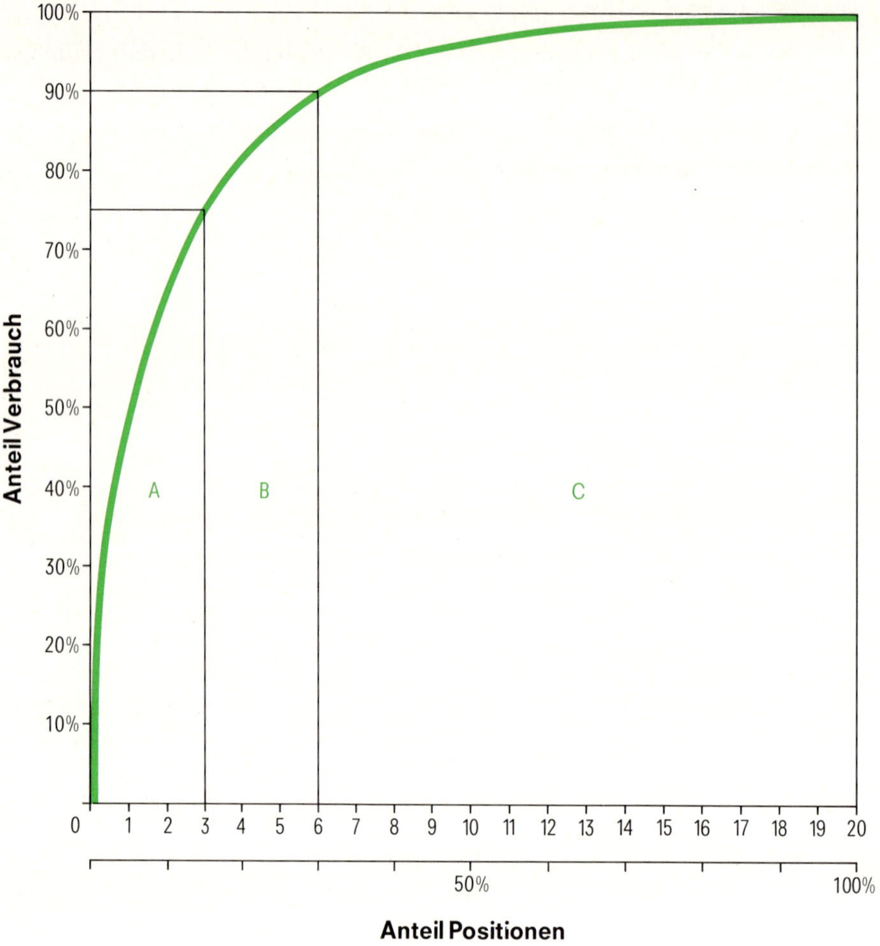

Aussagen für dieses Beispiel:

15% der Positionen tragen 75% des Verbrauchs (A), d.h. die mit der Rangfolge 1, 2, 3 versehenen Positionen (hochlegierte Stähle, Buntmetalle, Profileisen).

30% der Positionen tragen 90% des Verbrauchs (A + B).

70% der Positionen tragen 10% des Verbrauchs (C).

Die Auswertung beinhaltet eine Einteilung der Positionen in A-, B- und C-Positionen. Bei der Festlegung von A-Positionen versucht man, alle wertmäßig großen Positionen zu erfassen, die zusammen zwischen 60 und 85% des Gesamtwertes ergeben. Die B-Positionen sind die weiteren Positionen, die aufsummiert mit den A-Positionen einen Wert bis zu 95% ergeben. C-Positionen sind die noch verbleibenden Positionen.

Konsequenzen

Für das Beispiel aus der Materialwirtschaft ist folgendes denkbar:

Festlegung von Dispositionsregeln für die einzelnen Gruppen (A-, B- und C-Positionen), wie z.B.

- Häufigkeit der Disposition je Gruppe,
- Bemessung des Sicherheitsbestandes je Gruppe,
- regelmäßige Typenbereinigung bei C-Positionen.

Anwendungsgebiete

▷ Im Materialbereich wie im Beispiel beschrieben

▷ Im Einkauf zur Analyse der Lieferanten, Termintreue, Qualitätsniveau

▷ In der Fertigung zur Untersuchung der Reparaturhäufigkeit von Maschinen, Werkzeugen, Teilen und Gruppen. Anschließend Ausarbeitung von Wartungsplänen (gruppenbezogen)

▷ In der Kostenrechnung zur Analyse
  - der Fertigungslohnstunden je Erzeugnis (Abstufung nach Lohnintensität)
  - des Fertigungs-Materialanteils je Erzeugnisart (Abstufung nach Materialintensität)
  - des Gemeinkostenmaterials (Abstufung nach Gemeinkostenintensität)

▷ Analyse der Debitoren zur Finanzplanung (Gruppenbildung nach Laufzeit)

▷ Analyse der Umsatzverteilung auf Erzeugnisse, Kunden und Vertriebsstellen

▷ Im Personalbereich zur Analyse der Gehaltsstruktur, Krankenstandsuntersuchungen u.ä.

Praktische Erfahrungen

Die oben vorgeschlagene prozentuale Einteilung der A-, B- und C-Positionen wird in der Praxis flexibel gehandhabt. Teilweise wird davon völlig abgegangen und nur ein absoluter Wert als jeweiliger Übergang von einer Gruppe zur anderen angegeben.

Beispiel:

Alle Lieferanten mit einem Umsatz >DM 100000,— werden der Gruppe der A-Lieferanten zugeordnet.

Häufig werden die Gruppen noch weiter aufgeteilt (z.B. A1, A2, A3, B1, B2), um noch genauere Aussagen zu erhalten.

Beispiel:

- A-Positionen umfassen Materialpositionen vom Maximalwert bis minimal DM 50000,—. Diese Gruppe wird in A1- und A2-Positionen unterteilt.
- Zur Gruppe der A1-Positionen zählen alle Materialpositionen mit einem Verbrauchswert von >DM 100000,—.
- A2-Positionen sind Positionen mit einem Verbrauchswert zwischen DM 100000,— und DM 50000,—.
- Daraus abgeleitet der Soll-Vorschlag, A1-Positionen mit einer maximalen Reichweite von 10 Tagen und A2-Positionen von 15 Tagen zu disponieren, um die Kapitalbindung zu verringern.

Als sehr hilfreich hat sich bei der Anwendung der ABC-Analyse der Einsatz einer Datenverarbeitungsanlage erwiesen, weil zur Erstellung einer ABC-Analyse große Mengen von Daten aufzubereiten sind.

Multimomentverfahren

Stichprobenverfahren, bei dem aus einer Vielzahl von Augenblicksbeobachtungen statistisch gesicherte Mengen- oder Zeitangaben abgeleitet werden können.

Anwendung

- Arbeitsauslastungsstudien
- Störungsermittlung im Arbeitsablauf
- Ermittlung der Anteile von Teiltätigkeiten am Gesamtarbeitsaufwand
- Verteilzeitstudien

- Erstellung von Tätigkeits- und Belastungsbildern (durchschnittliche Auslastung)

Regeln und Vorgehensweise bei der Durchführung

► Vorbereitung

- Mitarbeiter informieren über Grund, Zweck der Aufnahme und Vorgehensweise.
- Bekanntmachen mit den Beobachtern, Vertrauensverhältnis schaffen.
- Der Beobachter muß über gesamten Standardablauf, Arbeitsmethodik, verwendete Geräte und Hilfsmittel, bekannte Einfluß- bzw. Störfaktoren Bescheid wissen. Fehlendes Wissen fördert Verfälschung der Auswertungsergebnisse. Während der Durchführung kann eine mangelhafte Vorbereitung nur sehr schwer korrigiert werden.

► Festlegung der Beobachtungselemente

Je nach Zweck der Aktion können diese z. B. Personen, Arbeitsgeräte, Transportmittel, Arbeitsplätze, Tätigkeiten u.a. sein. Eine genaue Definition und Abgrenzung der Elemente ist notwendig.

► Beobachtungszeitplan

Um die hohe Zahl der Beobachtungen reibungslos durchführen und später gut auswerten zu können, sollte ein Beobachtungszeitplan aufgestellt werden. Die Festlegung der Zeitintervalle ist abhängig von der Zahl der Beobachtungselemente, nicht jedoch von deren Art. Wichtig ist, wechselnde Zeitintervalle vorzusehen (z.B. mit Hilfe von Zufallszeiten-Tabellen). Dadurch wird es den zu Beobachtenden erschwert, sich auf das Kommen des Beobachters einzustellen und dementsprechend zu agieren (Ausschluß von Aufnahme atypischer Tatbestände).

► Reihenfolge

Hier wird die Reihenfolge der Beobachtungsstationen während der Rundgänge festgelegt. Diese Reihenfolge wird während der gesamten Aufnahmedauer beibehalten.

► Aufnahme

Der Beobachter erhält eine Aufnahmeliste, in die er während seiner Rundgänge die beobachteten Tätigkeiten bzw. Zustände einträgt.

► Durchführung und Berechnung

Beispiel: In einer Abteilung mit 20 Mitarbeitern werden 4 verschiedene Tätigkeiten durchgeführt.:

A Bestellzettelbearbeitung
B Rückfragen
C Karteiführung
D Sonstige Tätigkeiten

Diese 4 Tätigkeiten können von jedem Mitarbeiter ausgeführt werden.
Frage: Wie sind, am Gesamtaufwand gemessen, die Anteile der jeweiligen Tätigkeiten, und wieviel Mitarbeiter müssen abgezogen werden, wenn die Karteiführung ausgelagert wird?

Als erstes wird ein **Pilot-Test** durchgeführt; es werden 5 Rundgänge gemacht und somit $5 \times 20 = 100$ Beobachtungen notiert. Die Aufnahmeliste zeigt folgendes Bild:

Rundgang			Tätigkeit — Notierung				
Nr.	Datum	Zeit	A	B	C	D	Σ
1	2. 10.	10.00	5	7	4	4	20
2	3. 10.	9.15	7	4	6	3	20
3	4. 10.	14.00	6	5	7	2	20
4	5. 10.	11.30	7	6	4	3	20
5	6. 10.	16.45	5	8	4	3	20
		Σ	30	30	25	15	100

Bereits jetzt können erste Näherungswerte für die einzelnen Anteile errechnet werden:

$$p^* = \frac{x}{N^*}$$

p^* Ungefährer Anteil lt. Pilot-Test
x Absoluter Wert
N^* Anzahl der Beobachtungen beim Pilot-Test

$p_A^* = 0{,}30$ $p_C^* = 0{,}25$
$p_B^* = 0{,}30$ $p_D^* = 0{,}15$

p_A^*, p_B^* ... Ungefähre Anteile der Tätigkeiten A, B, ...

Als nächstes muß man sich fragen, wie genau diese Resultate sind, oder wie groß der Streubereich ist, innerhalb dessen die wirklichen Anteile mit einer bestimmten Wahrscheinlichkeit liegen.

$$f = \pm u \sqrt{\frac{p^*(1-p^*)}{N^*}}$$

für A ausgerechnet: $f_A = \pm 1{,}75 \sqrt{\frac{0{,}3\,(1-0{,}3)}{100}}$

$f_A = \pm 0{,}08$

f Absoluter Fehler
f_A Absoluter Fehler für A
u Fehlschlußfaktor (bei 92% Wahrscheinlichkeit $u = 1{,}75$)

Der wahre Wert von p_A liegt also zwischen 22% und 38% oder $p_A = 0{,}3 \pm 0{,}08$. Dieser Streubereich wird als zu hoch angesehen, man will den absoluten Fehler auf $f_A = \pm 0{,}06$ (Streubereich: $\pm 20\%$) reduzieren. Es fragt sich nur, wieviel Beobachtungen nötig sind, um die Anteile p_A, p_B, p_C und p_D innerhalb dieses engeren Streubereiches angeben zu können.

Mit der nachstehenden Formel können diese Zahlen errechnet werden:

$$N = \frac{u^2\, p^*(1-p^*)}{f^2}$$

N Anzahl der notwendigen Beobachtungen

$$\text{für A: } N_A = \frac{u^2\, p_A^* (1 - p_A^*)}{f_A^2}$$

N_A 183 N_C 222
N_B 183 N_D 434

N_A, N_B... Anzahl der notwendigen Beobachtungen für A, B...

Man entschließt sich für $N=200$ und führt also 10 Rundgänge durch.
Die vollständige Multimomentaufnahme und -auswertung zeigt:

Rundgang			Tätigkeit — Notierung				
Nr.	Datum	Zeit	A	B	C	D	Σ
1	2. 10.	10.00	5	7	4	4	20
2	3. 10.	9.15	7	4	6	3	20
3	4. 10.	14.00	6	5	7	2	20
4	5. 10.	11.30	7	6	4	3	20
5	6. 10.	16.45	5	8	4	3	20
6	9. 10.	8.30	6	6	6	2	20
7	11. 10.	13.15	7	5	5	3	20
8	11. 10	15.15	6	7	4	3	20
9	12. 10	10.00	7	6	3	4	20
10	12. 10	11.30	6	6	5	3	20
		Σ=	62	60	48	30	200
		$p=$	0,31	0,30	0,24	0,15	1,00
		$f\approx$	0,057	0,057	0,053	0,044	–

Resultat: mit 92% Wahrscheinlichkeit liegen die Anteile bei A zwischen 25% und 37%, bei B zwischen 24% und 36%, bei C zwischen 19% und 29%, bei D zwischen 11% und 19%.

Will man C auslagern, so werden 4 bis 6 Mitarbeiter frei.
Will man genauere Werte, z.B. $f_A = \pm 0{,}015$, und einen größeren Wahrscheinlichkeitsgrad, z.B. 95% ($u=1{,}96$), so wird $N_A=3424$

Netzplantechnik

▷ Drei wesentliche Modelle:

- CPM CRITICAL PATH METHOD
  Du Pont und Remington Rand
  USA 1957/59
- PERT PROGRAM EVALUATION AND REVIEW TECHNIQUE
  US-NAVY's Special Project Office
  USA 1957/59
- MPM METRA POTENTIAL METHODE
  Beratungsgruppe SEMA/METRA
  Frankreich 1959/60

▷ Es wurden programmiert:

- SINETIK Siemens-Netzplantechnik
  für alle Siemens-Systeme 4004
- CLASS von IBM

▷ Netzwerke mit mehr als:

100 Ereignissen
und
mehreren 100 Tätigkeiten

sind nur noch durch DV errechenbar.

Anwendung für Organisationsplanungen

▷ Darstellung komplexer Abläufe (Sichtbarmachen logischer Zusammenhänge)

▷ Engpaßanalyse (Tätigkeiten und Ereignisse, die sich auf dem kritischen Weg befinden)

▷ Selektion und Schwerpunktverlagerung der Planung auf Tätigkeiten, die eine Ablaufverkürzung bringen

▷ Steuerung und Kontrolle von Projektabläufen

▷ Bei Organisationsplanungen wendet man meistens die CPM-Methode an, da sie manuell am einfachsten durchzuführen ist.

CPM

Elemente

► Tätigkeit (T)

- Tätigkeiten sind zeitverbrauchende Aktivitäten im Rahmen eines Ablaufes.
- Tätigkeiten müssen stets nach rechts (Richtung der Zeitachse) gerichtet sein (keine Schleifen).
- Richtung der Tätigkeiten darf höchstens vertikal sein.

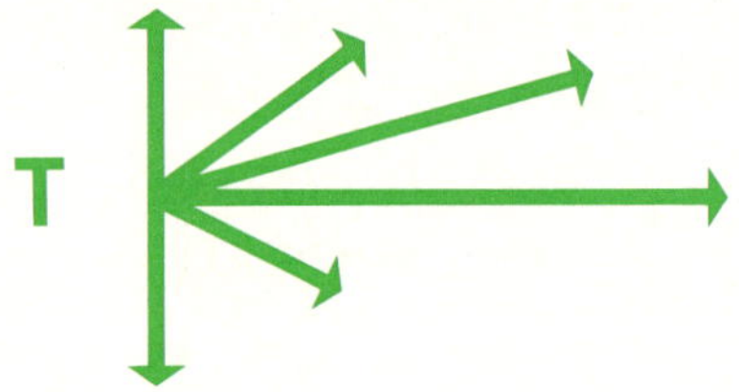

► Scheintätigkeit (S)

- Scheintätigkeiten sind fiktive Tätigkeiten.
- Sie dienen zur Darstellung logischer Verknüpfungen.
- Richtungsregel wie bei Tätigkeit
- Zeitdauer = 0

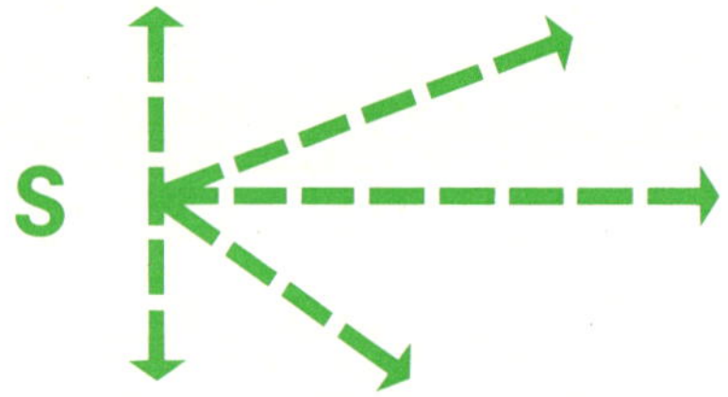

► Ereignis (E)

- Ereignisse sind Anfangs- und Endpunkte von Tätigkeiten.
- Sie haben mindestens 3 Datenfelder (Ereignis-Nr., frühester und spätester Ereigniszeitpunkt).

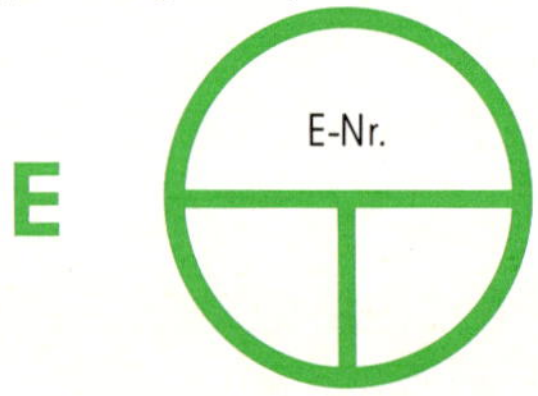

Regeln der Netzplantechnik

- Jede Tätigkeit muß als Anfangs- und Endpunkt je 1 Ereignis haben.

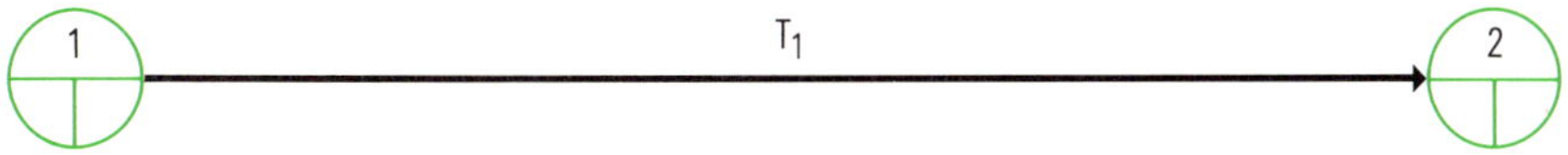

- Ein Ereignis kann sowohl Ende als auch Anfang einer oder mehrerer Tätigkeiten sein.

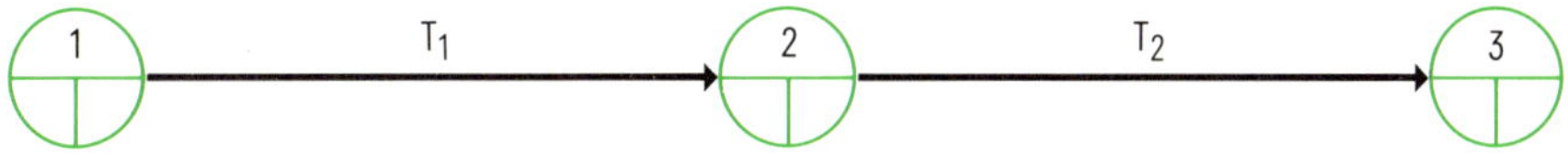

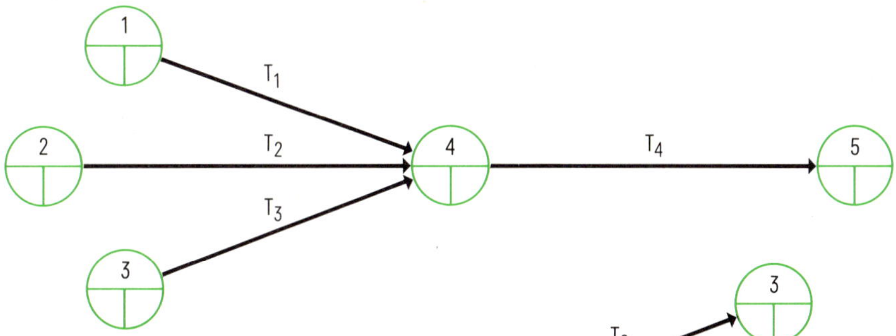

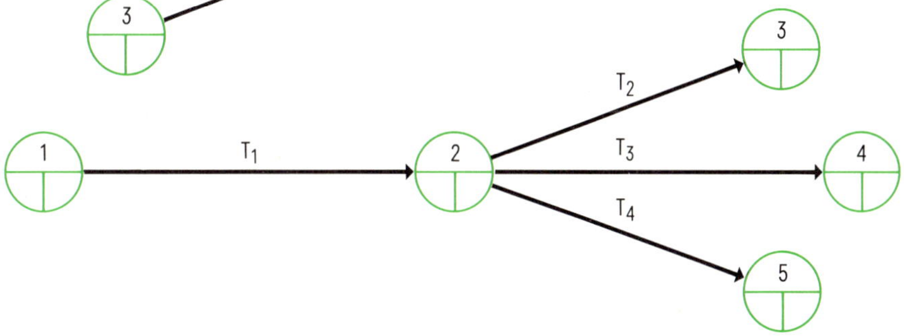

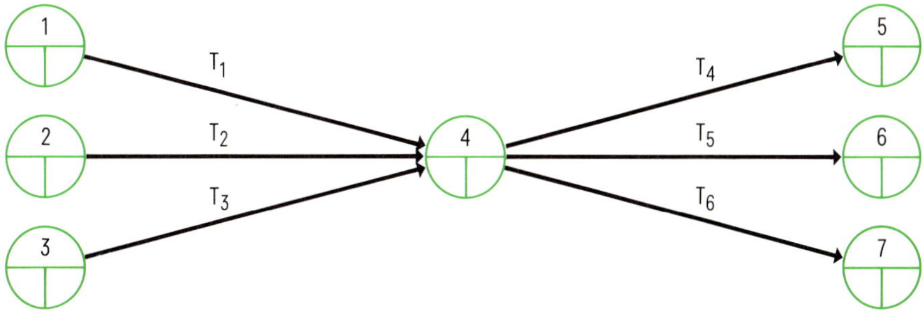

► Von Ereignis zu Ereignis darf nur eine Tätigkeit stattfinden: Verwendung von Scheintätigkeiten.

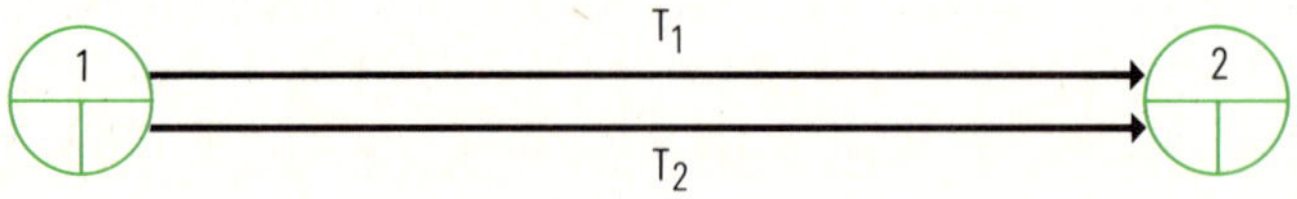

falsch!

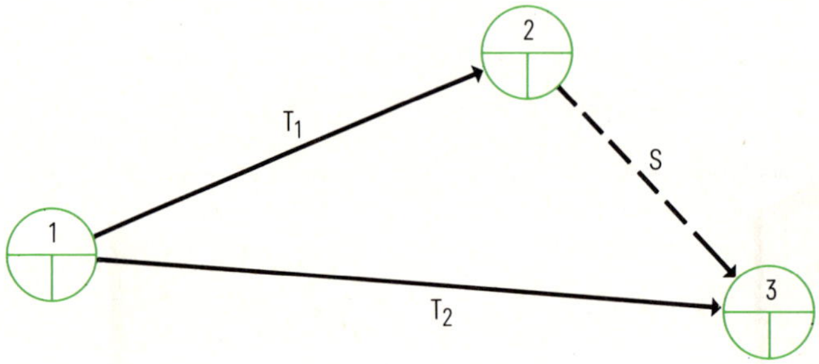

richtig!

oder:

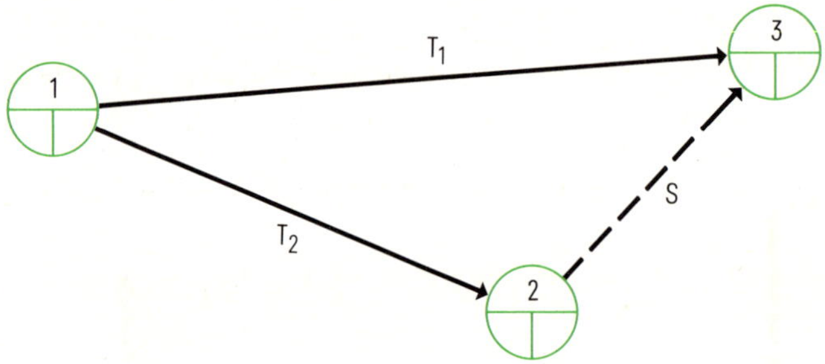

S Scheintätigkeit

► Enden und beginnen in einem Ereignis mehrere Tätigkeiten, die nicht alle voneinander abhängig sind, so muß mit Scheintätigkeiten gearbeitet werden.

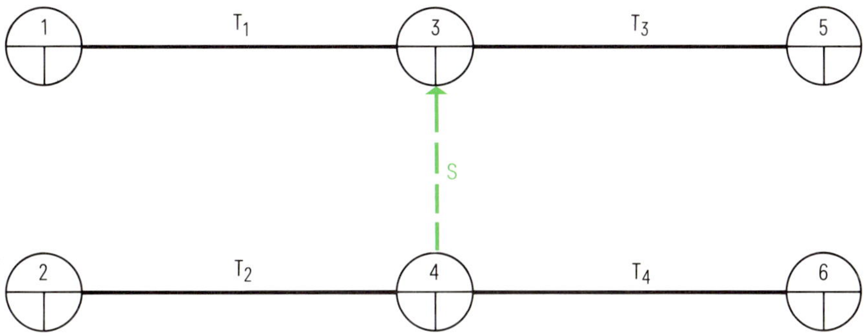

T_3 kann beginnen, wenn T_1+T_2 beendet, T_4 kann bereits nach Ende T_2 beginnen (also nicht von T_1 abhängig).

► Eine Tätigkeit kann nur einmal ablaufen. Wird sie wiederholt, so muß sie neu im Ablauf dargestellt werden (von links nach rechts). Rücksprünge sind nicht zulässig!

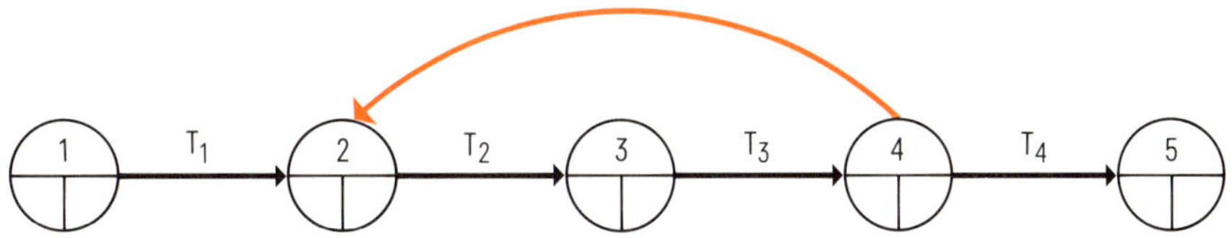

falsch!

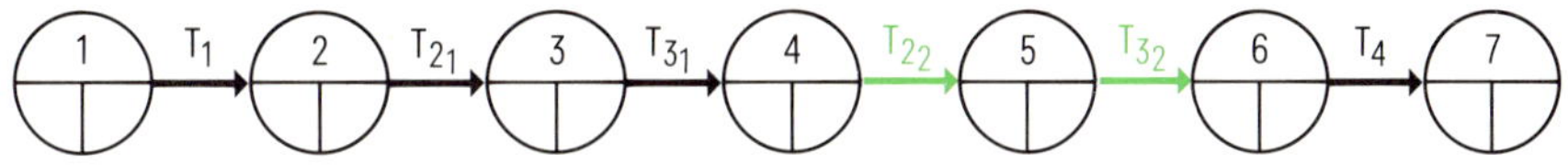

richtig!

► Voneinander abhängige Tätigkeiten können nur an E-Punkten auseinanderzweigen oder zusammenlaufen.

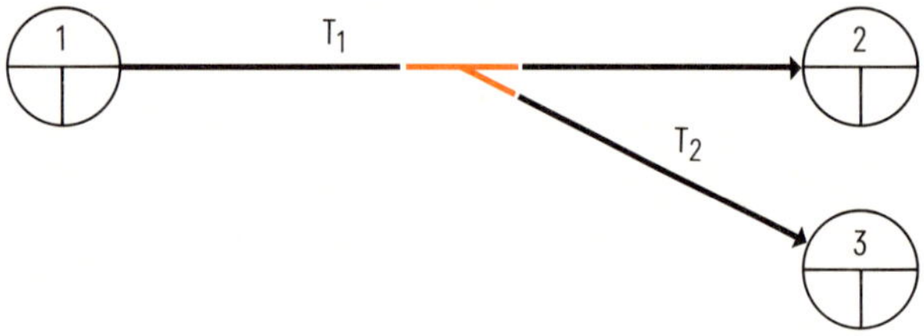

falsch!

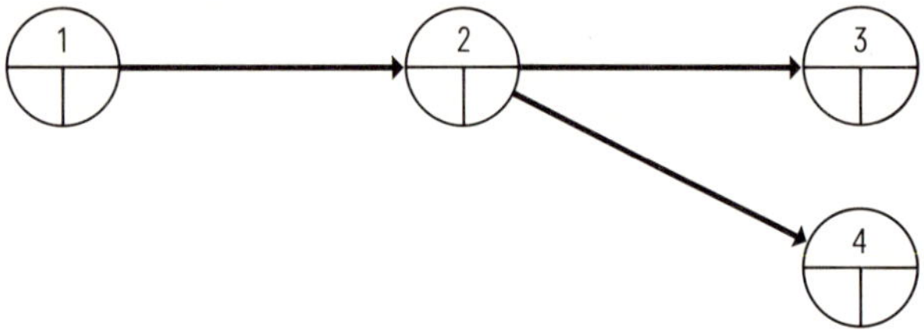

richtig!

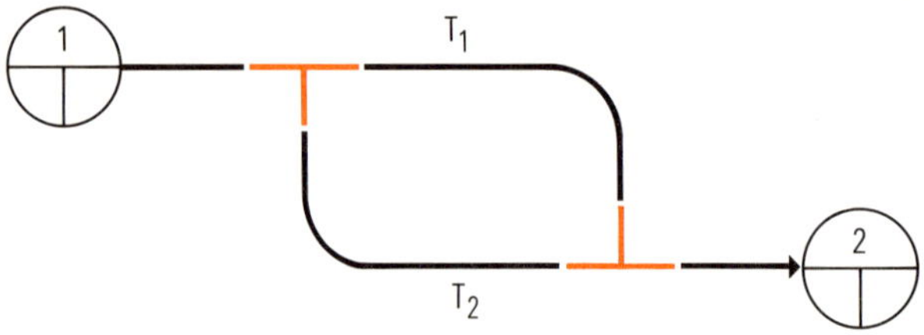

falsch!

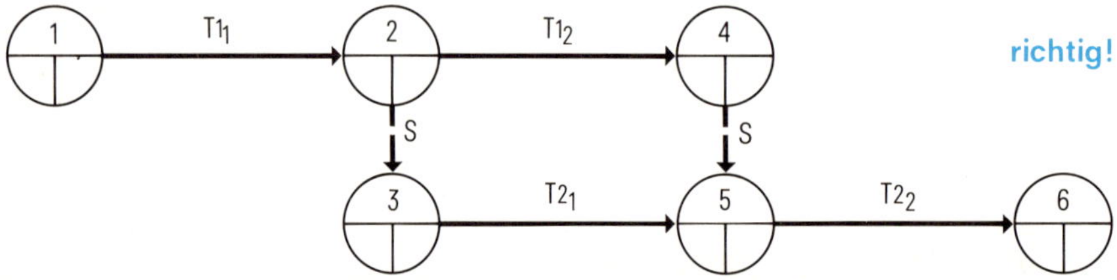

richtig!

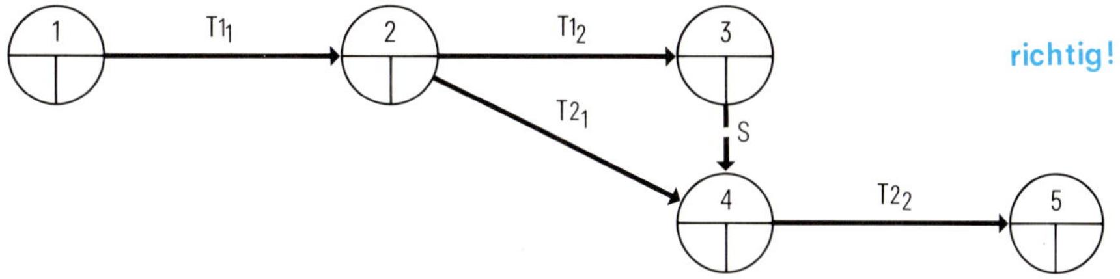

► Jeder Netzplan beginnt mit **einem** Ereignis (Start) und endet in **einem** Ereignis (Stop). Vorher endende Tätigkeiten müssen durch Scheintätigkeiten in den Stop-Punkt geführt werden.

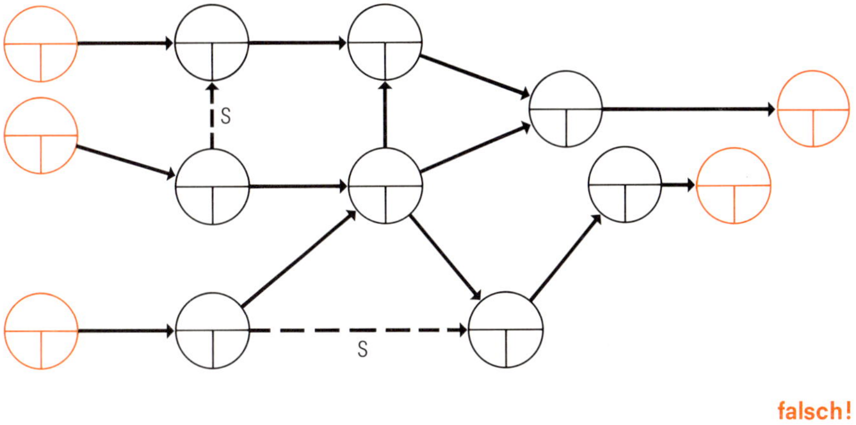

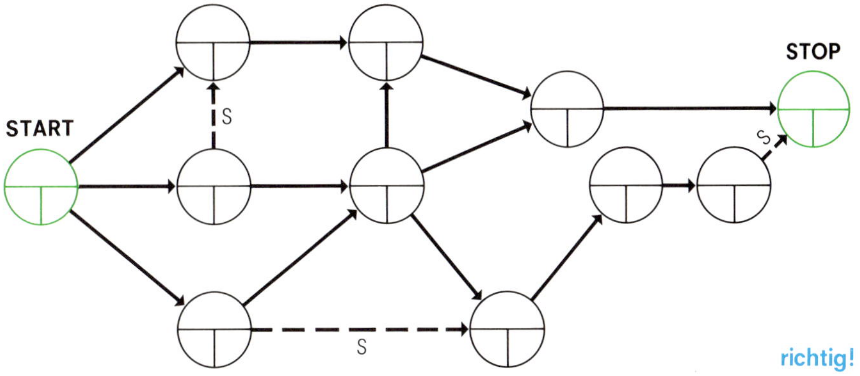

Aufbau eines Netzplanes CPM

► Tätigkeitsliste

Bevor ein Gesamtvorgang mittels eines Netzplanes dargestellt werden kann, müssen die darin befindlichen Tätigkeiten und Ereignisse ermittelt werden. Grundlage für die dafür erforderliche Ist-Aufnahme ist die Tätigkeitsliste. In ihr werden alle vorkommenden Tätigkeiten mit Zeitdauer und gegenseitiger Abhängigkeit eingetragen.

Beispiel

Tätigkeitsliste

Nr.	Beschreibung	Welche Tätigkeiten müssen vorher beendet sein?	Dauer Tage
1	Objektbeschreibung	—	15
2	Entnahme von Bodenproben	—	5
3	Entrümpelung	—	10
4	Behördliche Genehmigung	1	20
5	Bodenbelastbarkeit errechnen	2	15
6	Grundstücksvermessung	3	15
7	Zufahrten bereitstellen	6	20
8	Baupläne erstellen	4, 5, 6	15
9	Transportplanung	7	15
10	Brunnenbau	7	25
11	Transport der Baumaschinen	8, 9, 10	10
12	Leistungsverzeichnis	8, 9	25

► Beziehungsschema

Resultierend aus den Daten der Tätigkeitsliste kann nun eine Matrix aufgebaut werden, die die Beziehungen der einzelnen Tätigkeiten zueinander graphisch darstellt.
Das Beziehungsschema zeigt in der Horizontalen die zu betrachtenden Tätigkeiten, die jeweils dann beginnen können, wenn die anderen Tätigkeiten, in der Vertikalen angeordnet, abgeschlossen sind.

Beziehungsschema

zu betrachtende Tätigkeit
→ kann beginnen

beeinflussende Tätigkeit
muß beendet sein ↓

T	1	2	3	4	5	6	7	8	9	10	11	12
1				×								
2					×							
3						×						
4								×				
5								×				
6							×	×				
7									×	×		
8											×	×
9											×	×
10											×	
11												
12												

Anlauftätigkeiten (1, 2, 3)

Das Beziehungsschema zeigt, daß die Anlauftätigkeiten 1, 2, 3 sofort beginnen können, da sie von keiner vorhergehenden Tätigkeit abhängig sind; T_4 kann hingegen erst beginnen, wenn T_1 beendet ist, ebenso T_5 nach T_2, T_6 nach T_3, usw. (vergleiche Tätigkeitsliste).

Diese Matrix kann, entgegen der bisherigen Lesart bei der Entwicklung, auch umgekehrt gedeutet werden. Man betrachtet die Tätigkeiten in der Vertikalen und kann somit ablesen, daß z. B. T_4 abgeschlossen sein muß, ehe T_8 beginnen kann, oder T_6 vor T_7 und T_8 beendet ist.

► Auswertung der Matrix

Das Beziehungsschema kann nun bereits in einen Netzplan umgesetzt werden:

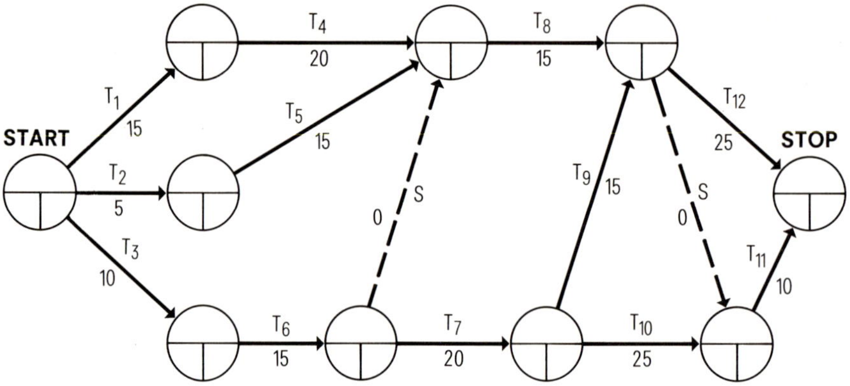

► Vergabe der Ereignisnummern

Ausgehend vom Startpunkt E_1, werden die in andere E-Punkte eingehenden Tätigkeiten „abgestrichen". Derjenige E-Punkt, der als erster von der Eingangsseite her vollständig abgestrichen ist, erhält die nächste Nummer E_2. In unserem Beispiel trifft dies auf 3 Ereignisse zu, die diese Bedingung gleichzeitig erfüllen. Sie werden von oben nach unten mit E_2, E_3 und E_4 bezeichnet.

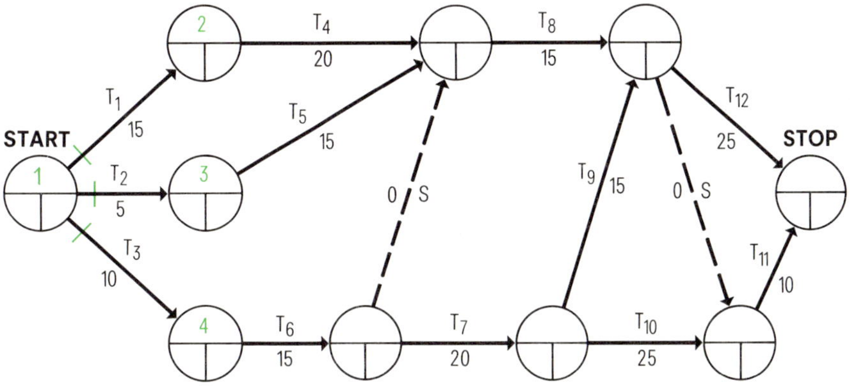

Nun werden die von diesen bezeichneten E-Punkten ausgehenden Tätigkeiten weiter abgestrichen. Dadurch erhalten wir E_5.

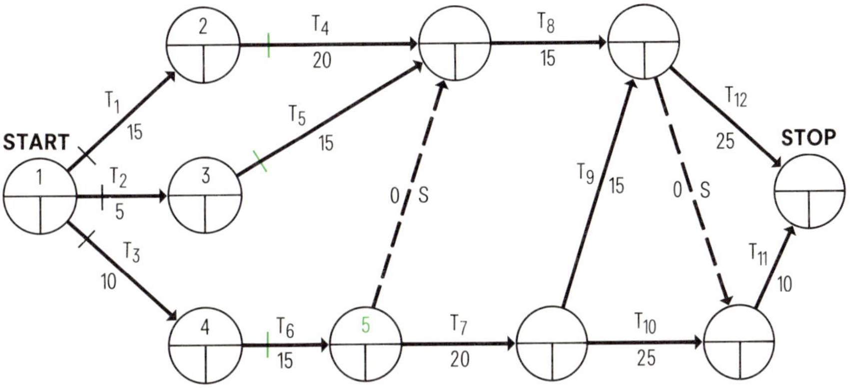

E_6 erhält man durch Abstreichen der Scheintätigkeit und E_7 durch T_7.

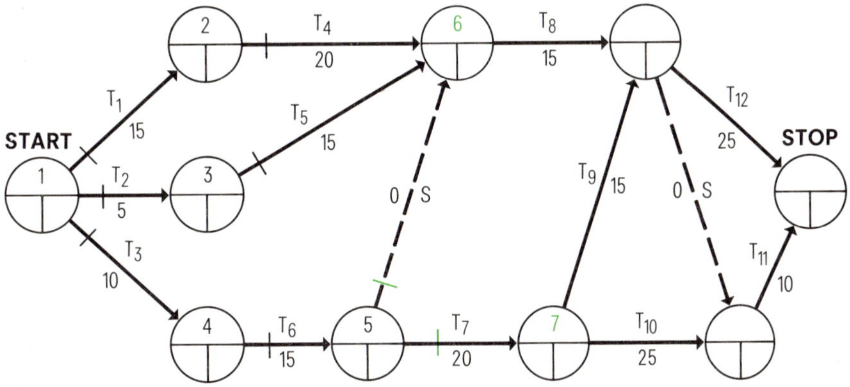

Diese Vorgehensweise wird weiter durchgeführt, bis sämtliche Ereignisse benummert sind.

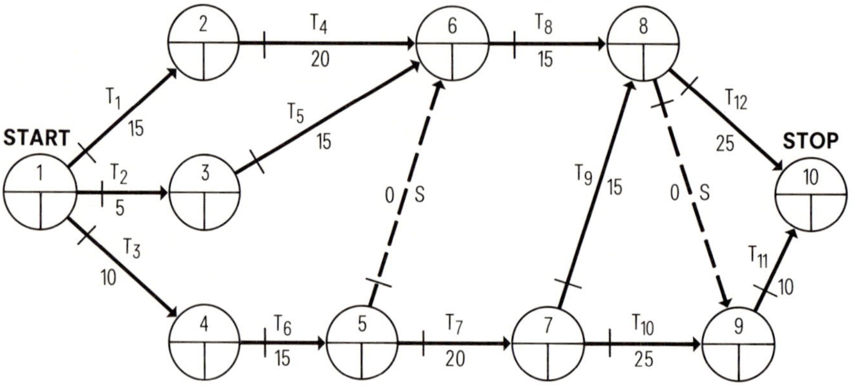

► Ermittlung des kritischen Weges

Um den kritischen Weg innerhalb eines Netzplanes ermitteln zu können, müssen der früheste (EF) und der späteste Ereigniszeitpunkt (ES) aller Ereignisse bestimmt werden.

Dies kann auf

▷ graphische
▷ rechnerische

Weise erfolgen!

Graphische Ermittlung

Bei diesem Vorgehen werden die Daten für die Ermittlung von EF und ES direkt aus dem Netzplan errechnet. Der EF-Wert wird im linken, der ES-Wert im rechten Datenfeld eingetragen.

EF-Wert (vom Start aus zu berechnen)

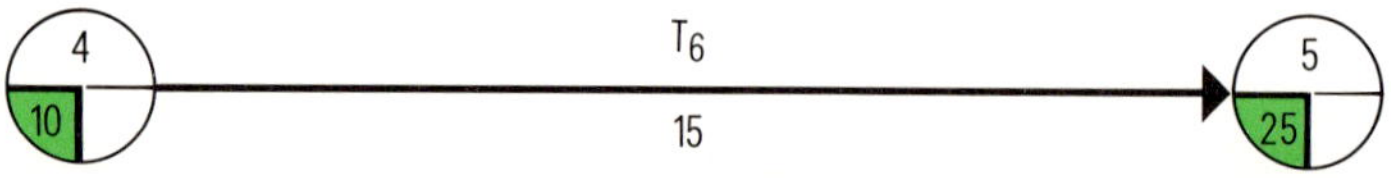

ES-Wert (vom Stop zurückzurechnen)

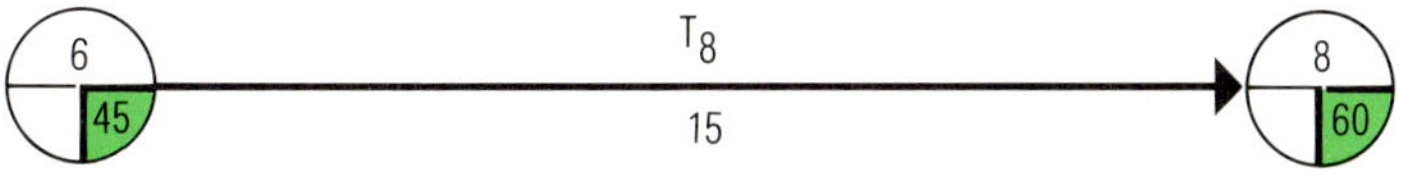

Vorgehensweise bei der graphischen Lösung

Beispiel

Progressive Rechnung	Retrograde Rechnung
EF 1 = 0	ES 10 = 85
EF 2 = 15	ES 9 = 85 − 10 = 75
EF 3 = 5	ES 8 = 85 − 25 = 60
EF 4 = 10	ES 8 = 75 − 0 = ~~75~~
EF 5 = 10 + 15 = 25	ES 7 = 75 − 25 = ~~50~~
EF 6 = 15 + 20 = 35	ES 7 = 60 − 15 = 45
EF 6 = 5 + 15 = ~~20~~	ES 6 = 60 − 15 = 45
EF 6 = 25 + 0 = ~~25~~	ES 5 = 45 − 20 = 25
EF 7 = 25 + 20 = 45	ES 5 = 45 − 0 = ~~45~~
EF 8 = 35 + 15 = ~~50~~	ES 4 = 25 − 15 = 10
EF 8 = 45 + 15 = 60	ES 3 = 45 − 15 = 30
EF 9 = 45 + 25 = 70	ES 2 = 45 − 20 = 25
EF 9 = 50 + 0 = ~~50~~	ES 1 = 25 − 15 = ~~10~~
EF 10 = 60 + 25 = 85	ES 1 = 30 − 5 = ~~25~~
EF 10 = 70 + 10 = ~~80~~	ES 1 = 10 − 10 = 0

Erläuterungen:

Progressive Rechnung:
- bisherige Zeitsumme
- Zeitwert nächste Tätigkeit
- Zeitwert EF

Retrograde Rechnung:
- bisherige Zeitsumme
- Zeitwert vorherige Tätigkeit
- Zeitwert ES

Ergeben sich für einen EF oder ES mehrere Zeiten, so streicht man

bei EF die kürzeste Zeit	bei ES die längste Zeit
EF 10=60 (E 8)+25 (T_{12})=85 EF 10=70 (E 9)+10 (T_{11})=~~80~~	ES 5=45 (E 7)−20 (T_7)=25 ES 5=45 (E 6)− 0 (S) =~~45~~

Der kritische Weg verläuft dort, wo ES und EF gleich sind, d.h. Pufferwert=0.

Vollständiger Netzplan

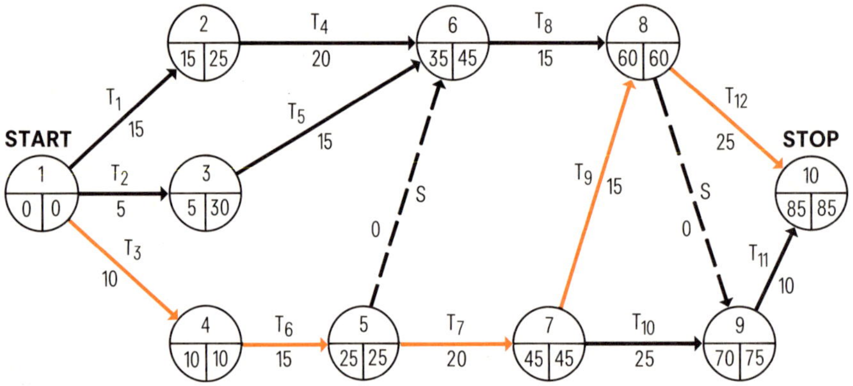

Kritischer Weg:

Ununterbrochene Kette von kritischen Tätigkeiten

Rechnerische Ermittlung

Zur rechnerischen Ermittlung des kritischen Weges ist es erforderlich, eine Matrix nach folgendem Muster aufzustellen, in die die Daten aus dem gezeichneten Netzplan eingetragen werden.

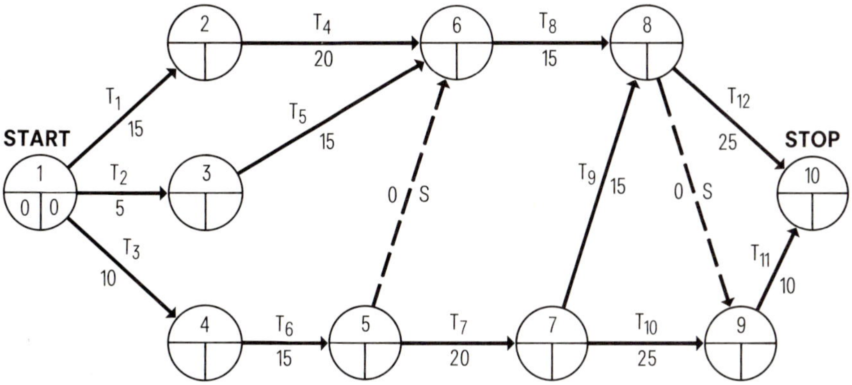

Matrix der Grunddaten

E	1	2	3	4	5	6	7	8	9	10
1		15	5	10						
2						20				
3						15				
4					15					
5						0	20			
6								15		
7								15	25	
8									0	25
9										10
10										

Nach Aufstellung der Matrix erfolgt die eigentliche Errechnung in 3 Schritten.

1. EF-Bestimmung
Grundsätzlich wird mit E 1 begonnen (progressive Rechnung).
Darstellung anhand von **2 Beispielen:**

EF für E 5

25 ← 10 + 15 ←

ENDE

EF	E	1	2	3	4	5	6	7	8	9	10
0	1		15	5	10						
15	2						20				
5	3						15				
10	4					15					
25	5		START				0	20			
35	6								15		
45	7								15	25	
70	8									0	25
60	9										10
85	10										

EF für E 6

35 ← 15 + 20 ←

~~20~~ ← 5 + 15 ←

~~25~~ ← 25 + 0 ←

ENDE

EF	E	1	2	3	4	5	6	7	8	9	10
0	1		15	5	10						
15	2						20				
5	3						15				
10	4					15					
25	5						0	20			
35	6		START						15		
45	7								15	25	
70	8									0	25
60	9										10
85	10										

2. ES-Bestimmung

Grundsätzlich wird mit dem letzten Ereignis begonnen und rückwärts gerechnet (retrograde Rechnung).
In die ES-Zeile wird der höchste EF-Wert übernommen und unter dem letzten Ereignis eingetragen. Von diesem Wert wird in der weiteren Berechnung ausgegangen.

Darstellung anhand eines **Beispiels**

E	1	2	3	4	5	6	7	8	9	10
1		15	5	10						
2						20				
3						15				
4					15					
5 (ES für E 7)						0	20			
6								15		
7								(15)	(25)	
8										25
9										10
10										
ES	0	25	30	10	25	45	(45)	60	75	85

START
ENDE
60-15 75-25
45 ~~50~~

3. Bestimmung der Pufferzeit

Die Pufferzeit der einzelnen Ereignisse wird dadurch ermittelt, daß von ihrem ES-Wert der dazugehörende EF-Wert subtrahiert wird.

Beispiel

EF	E	1	2	3	4	5	6	7	8	9	10
0	1		15	5	10						
15	2						20				
5	3						15				
10	4					15					
25	5						0	20			
35	6								15		
45	7								15	25	
60	8									0	25
70	9										10
85	10										
ES		0	25	30	10	25	45	45	60	75	85
ES-EF		0	10	25	0	0	10	0	0	5	0

EF Frühester Ereigniszeitpunkt
ES Spätester Ereigniszeitpunkt
ES – EF Pufferzeit

Der kritische Weg im Netzplan verläuft dort, wo die Pufferzeit bei den Ereignissen den Wert 0 hat.

Kritischer Weg verläuft über 1, 4, 5, 7, 8, 10.

Wir haben somit sämtliche Daten gewonnen, die für die Aufstellung des Netzplanes notwendig sind.

Wirtschaftlichkeitsprüfung

Die Realisierung jeder Planung erfordert Investitionen und verursacht Kosten. Über den reinen Verfahrensvergleich hinaus ermöglicht die Wirtschaftlichkeitsprüfung eine konkrete Beurteilung von Verfahrensalternativen durch Bewertung des Mengengerüstes.

Kriterien der Wirtschaftlichkeit sind

- ▷ Rentabilität des eingesetzten Kapitals,
- ▷ Kostenreduzierung,
- ▷ qualitative Verbesserungen.

Anwendungsmöglichkeiten bieten sich im Rahmen der Soll-Konzipierung als „ex-ante-Rechnung", aber auch während der Realisierung als „ex-post-Rechnung" (Kontrollrechnung) zur Erfolgsmessung.

Bei der Entwicklung von Modellen/Sollvorschlägen muß auch die Liquidität, d.h. die Verfügbarkeit der Mittel im beplanten Bereich, geprüft werden.

Es gibt bereits eine Vielzahl von Arten der Wirtschaftlichkeitsprüfung, doch sollen hier nur die drei wichtigsten Techniken erläutert werden:

- ► Kostenvergleichsrechnung
- ► Marginal-Rendite
- ► Multifaktorentechnik

Kostenvergleichsrechnung

Ob eine organisatorische Maßnahme (Soll-Vorschlag) wirklich zu einer Verbesserung führt, kann erst durch einen Vergleich mit dem jetzigen Zustand geklärt werden. Die Größen, die sich am schnellsten zum Vergleich anbieten, sind: Leistung, Zeiten, Kosten.

Die Kostenvergleichsrechnung kennt zwei Möglichkeiten:

► Kostenvergleich je Zeiteinheit
► Kostenvergleich je Leistungseinheit

Bei mehreren Möglichkeiten (Soll-Vorschläge) wird grundsätzlich derjenigen Maßnahme der Vorzug gegeben, deren **Kosten** geringer sind; die dazu notwendigen Investitionen werden in Form der Kapitalkosten (kalkulatorische Zinsen und Abschreibungen) berücksichtigt.

Bei der Anwendung dieser Technik kommt es in besonderem Maße darauf an, die genaue kostenmäßige Auswirkung einer geplanten Verbesserung in möglichst isolierter Form zu erfassen. Daher müssen zwei Kostengruppen unterschieden werden:

▷ Kosten(-arten), die verändert werden
▷ Kosten(-arten), die unberührt bleiben

Die Betriebsbuchhaltung, insbesondere der Betriebsabrechnungsbogen, enthält selten die Kosten in der Detaillierung, daß sie direkt für die Kostenvergleichsrechnung verwendet werden können. Komplette Abläufe müssen in ihre Einzelschritte aufgelöst und diese kostenmäßig untersucht werden, auch wenn sie nur in Sammelwerten zu finden sind (z. B. Fertigungsgemeinkosten, Verwaltungsgemeinkosten).

Erschwerend kommt hinzu, daß es häufig notwendig ist, den Auslastungsgrad oder Beschäftigungsgrad zu berücksichtigen. Dazu müssen die Kosten wiederum in zwei Kategorien eingeteilt werden:

▷ fixe Kosten, unabhängig von der Auslastung
▷ variable Kosten, von der Auslastung abhängig

Bei den variablen Kosten unterscheidet man je nach Trend:

- proportionale Kosten, sie steigen in gleichem Maße wie die Beschäftigung (z.B. Materialverbrauch in der Fertigung)
- progressive Kosten, sie steigen schneller als die (gestiegene) Beschäftigung (z.B. Notwendigkeit von Überstunden)
- degressive Kosten, sie nehmen langsamer zu als die Beschäftigungszunahme

Zusammenfassend kann gesagt werden, daß die notwendige Kostenermittlung sehr objekt-spezifisch zu sehen ist. Sie kann enthalten:

▷ Prüfung der Kostenstruktur nach beeinflußten und nichtbeeinflußten Kosten durch die geplante Veränderung

▷ Aufsplittung der beeinflußten Kosten in alle Einzelkosten (Ist-Werte)

▷ Einteilung in variable und fixe Kosten
(falls veränderliche Auslastungsgrade eine Rolle spielen)

▷ Alle beeinflußbaren Kosten gemäß der geplanten Veränderung berechnen (Soll-Werte), unter Berücksichtigung der verschiedenen Auslastungsgrade.

Der Kostenvergleich je Zeiteinheit

Dieses Verfahren wird dann gewählt, wenn die zu erbringende Leistung mengenmäßig und qualitätsmäßig feststeht und von allen zum Vergleich kommenden Alternativen erfüllt wird. Basis der Kostenangaben ist die Zeiteinheit, sie kann je nach Bedarf in Stunden, Arbeitsschichten, Arbeitswochen oder Jahren angegeben werden. Der Kostenanfall der Vergleichsobjekte soll während der gesamten Lebensdauer annähernd gleich verteilt sein, sonst ist diese Form der Betrachtung (statische Betrachtung) nicht zulässig und muß durch eine andere (dynamische) ersetzt werden (z.B. *Marginal-Rendite*)

Beispiel: Anschaffung eines Schweißautomaten

Bezeichnung	Einheit	Ist manuell	Automat I	Automat II
Investition	DM	–	150 000,—	200 000,—
Lebensdauer	Jahre	–	4	5
Kalkulatorische Abschreibungen	DM/Jahr	▶1	37 500,—	40 000,—
Kalk. Zinsen 8% ▶2	DM/Jahr	–	6 000,—	8 000,—
Instandhaltungs-, Raum-, Energie-, Personalkosten	DM/Jahr	95 000,—	40 000,—	25 000,—
	DM/Jahr	95 000,—	83 500,—	73 000,—

▶1 Die noch wirksamen Abschreibungen für die Handgeräte werden nicht angeführt, da diese – unabhängig von der Anschaffung eines Automaten – weiter bestehen.

▶2 Der Zinssatz von 8% wird auf das durchschnittlich gebundene Kapital berechnet.

Kostenvergleich je Leistungseinheit

Zu diesem Verfahren muß man sich entschließen, wenn mehrere Alternativen zur Wahl stehen, die unterschiedliche Leistungen erbringen. Gemeint sind hier lediglich Mengenunterschiede, z.B. Stück je Monat, nicht jedoch Qualitätsunterschiede. Letztere würden Erlösunterschiede bewirken, die in der reinen Kostenvergleichsrechnung nicht berücksichtigt werden können. Um einen Vergleich anstellen zu können, wird man für jede Alternative die Kosten je Leistungseinheit für verschiedene Auslastungsgrade errechnen und die daraus resultierenden Werte (Kurven) miteinander vergleichen.

Beispiel:
Es soll entschieden werden, ob für einen Fertigungsvorgang ein Universalgerät oder ein Spezialgerät erworben werden soll.
Das Universalgerät erzeugt 120 Einheiten je Woche. Das Spezialgerät erzeugt 150 Einheiten je Woche
Der heutige Wochenbedarf liegt bei 100 Einheiten.

Die Untersuchung der Kostenstruktur hat ergeben:

Beeinflußte Kosten (Kosten je Stück)	vom Auslastungsgrad abhängig	vom Auslastungsgrad unabhängig
Löhne		×
Energiekosten		×
Wartungskosten		×
kalk. Abschreibungen	×	
kalk. Zinsen	×	

Die weitere Untersuchung hat folgende Stückkosten erbracht:

	Auslastung 1 Universalgerät, **DM/Stck.**				**Auslastung 2** Spezialgerät, **DM/Stck.**			
Kostenart	100%	75%	50%	25%	100%	75%	50%	25%
Löhne	14,–	14,–	14,–	14,–	2,50	2,50	2,50	2,50
Energiekosten	0,50	0,50	0,50	0,50	0,40	0,40	0,40	0,40
Wartungskosten	1,20	1,20	1,20	1,20	0,90	0,90	0,90	0,90
kalk. Abschreibungen	7,50	10,–	15,–	30,–	12,50	16,70	25,–	50,–
kalk. Zinsen	2,50	3,30	5,–	10,–	4,10	5,50	8,20	16,40
Summe DM/Stck.	25,70	29,–	35,70	55,70	20,40	26,–	37,–	70,20
Stück/Woche	120	90	60	30	150	112	75	37

Werte orange Kurve — Werte grüne Kurve

Darstellung der Resultate

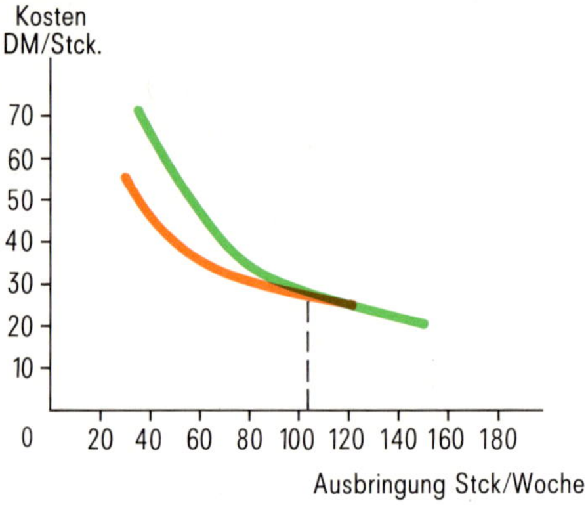

Kommentar:

Von der geforderten Ausbringung von 100 Stück je Woche bis zu einer Ausbringung von 105 Stück je Woche ist das Universalgerät wirtschaftlicher, bei höheren Stückzahlen ist das Spezialgerät vorteilhafter. Die Zukunftserwartungen werden bei der Wahl des Gerätes ausschlaggebend sein.

Marginal-Rendite

Die meisten Planungen bringen Soll-Vorschläge, die abschnittsweise realisiert werden sollen und damit verschiedene Ausgaben in unterschiedlichen Perioden erfordern. Dementsprechend treten auch die Einsparungen zeitversetzt auf. In solchen Fällen bietet sich die Technik des „Internen Zinsfußes" an (innerhalb der Siemens AG: „Marginal-Rendite").

Diese Technik erlaubt es, verschiedene Soll-Vorschläge miteinander zu vergleichen, auch wenn diese mit verschiedener Nutzungsdauer versehen sind.

Definitionen

▷ Ein Geldbetrag hat 2 Werte, nämlich einen **Zeitwert** (Wert zum Zeitpunkt der Einnahme oder Ausgabe) und einen **Barwert** (auf den Bezugszeitpunkt abgezinster Wert).

▷ Bewirkt eine heute getätigte Investition spätere Einnahmen/Einsparungen, so ist die Gegenüberstellung Investition–Einnahmen nur zulässig, wenn die Einnahmen auf den Bezugszeitpunkt abgezinst werden (Barwerte).

▷ Wird der Zinsfuß bei der Abzinsung so gewählt, daß die Summe der Barwerte der Einnahmen gleich der Investition ist, so ist der interne Zinsfuß gefunden.

Hinweis:

▷ Voraussetzung für die Anwendung dieser Technik ist die Kenntnis der notwendigen Ausgaben und der erwarteten Einsparungen/Einnahmen mit ihrem zeitlichen Anfall während der gesamten wirtschaftlichen Nutzungsdauer.

▷ Basis der Berechnung ist immer Bargeld; kalkulatorische Werte, wie Abschreibungen oder Wertminderungen, werden nicht verwendet.

Technik

Gerechnet wird mit der Zinseszinsformel:

$$K_0 = K_n \cdot \frac{1}{\left(1+\frac{p}{100}\right)^n},$$

wobei
K_0 Kapital zum Zeitpunkt 0 (Bezugszeitpunkt)
K_n Kapital nach n Jahren
p Zinsfuß in %
n Anzahl Jahre

Der mathematische Ausdruck $\frac{1}{\left(1+\frac{p}{100}\right)^n}$ heißt Abzinsungsfaktor.

Falls 2 der 3 Größen (Abzinsungsfaktor, n, p) bekannt sind, kann die fehlende Größe in der entsprechenden Tabelle gefunden werden.

Tabelle der Abzinsungsfaktoren (zu lesen: 0, ...) für die am Ende einer bestimmten Periode anfallenden Beträge.

Zinsfuß	Anzahl Jahre									
	1	2	3	4	5	6	7	8	9	10
1%	990	980	971	961	951	942	933	923	914	905
2%	980	961	942	924	906	888	871	853	837	820
4%	962	925	889	855	822	790	760	731	703	676
6%	943	890	840	792	747	705	665	627	592	558
8%	926	857	794	735	681	630	583	540	500	463
10%	909	826	751	683	621	564	513	467	424	386
12%	893	797	712	636	567	507	452	404	361	322
14%	877	769	675	592	519	456	400	351	308	270
16%	862	743	641	552	476	410	354	305	263	227
18%	847	718	609	516	437	370	314	266	225	191
20%	833	694	579	482	402	335	279	233	194	162
22%	820	672	551	451	370	303	249	204	167	137
25%	800	640	512	410	328	262	210	168	134	107
28%	781	610	477	373	291	227	178	139	108	085
30%	769	592	455	350	269	207	159	123	094	073
35%	741	549	406	301	223	165	122	091	067	050
40%	714	510	364	260	186	133	095	068	048	035
50%	667	444	296	198	132	088	059	039	026	017
60%	625	391	244	153	095	060	037	023	015	009
70%	588	346	204	120	070	041	024	014	008	005
80%	556	309	171	095	053	029	016	009	005	003
90%	526	277	145	076	040	021	011	005	003	001
100%	499	249	124	062	031	015	007	003	001	—

► Schwierigkeiten bei der Berechnung

▷ Ist die Rechnungsperiode – 1 Jahr – zu lang, muß mit Monats-Abzinsungsfaktoren gearbeitet werden. Tabellen dazu sind schwierig zu finden.

▷ Sind zeitweilig die Rückflüsse **negativ** (d. h., die Ausgaben überwiegen), so wird die (mathematische) Richtigkeit dieser Technik angezweifelt.

Beispiel:

Sie haben DM 10000,— und wollen sie dort anlegen, wo der größte Gewinn erzielt werden kann. Drei Möglichkeiten bieten sich an:

1. Sie erhalten nach	1 Jahr	DM 12200,—	zurück.
2. Sie erhalten nach	2 Jahren	DM 14400,—	zurück.
3. Sie erhalten nach	1 Jahr	DM 1800,—	
	2 Jahren	DM 4200,—	
	3 Jahren	DM 9000,—	zurück.
	gesamt	DM 15000,—	

Welche der 3 Möglichkeiten ist die rentabelste?

Möglichkeit 1:

$K_0 = K_n \times \text{Abzinsungsfaktor}$

$\frac{K_0}{K_n} = \text{Abzinsungsfaktor}$

$K_0 = 10000{,}\text{— DM}$ $K_n = 12200{,}\text{— DM}$ $\text{Abzinsungsfaktor} \approx 0{,}820$
$n = 1$ Jahr

2 Werte ($n = 1$, Abzinsungsfaktor $\approx 0{,}820$) sind nun bekannt, der fehlende Wert (p int. Zinsfuß) kann in der Tabelle gefunden werden: $\underline{\underline{p = 22\%}}$.

Möglichkeit 2:

$\frac{K_0}{K_n} = \text{Abzinsungsfaktor}, \quad \frac{10000{,}\text{—}}{14400{,}\text{—}} \approx 0{,}694$

$n = 2$ Jahre

$p = 20\%$.

Möglichkeit 3:

Hier muß durch Probieren der Zinsfuß so gefunden werden, daß die Summe der abgezinsten Rückzahlungen dem investierten Kapital entspricht.

1. Versuch: $p = 20\%$

Rückzahlung (Zeitwert)	Zeit (Jahre)	Abzinsungsfaktor (bei 20%)	Abgezinster Wert (Barwert)
1800,—	1	0,833	1500,—
4200,—	2	0,694	2910,—
9000,—	3	0,579	5200,—
			9610,—

< 10000,—
zu hoher Zinsfuß!

2. Versuch: $p = 16\%$

Rückzahlung (Zeitwert)	Zeit (Jahre)	Abzinsungsfaktor (bei 16%)	Abgezinster Wert (Barwert)
1800,—	1	0,862	1550,—
4200,—	2	0,743	3120,—
9000,—	3	0,641	5770,—
			10440,—

> 10000,—
zu niedriger Zinsfuß!

3. Versuch: $p = 18\%$

Rückzahlung (Zeitwert)	Zeit (Jahre)	Abzinsungsfaktor (bei 18%)	Abgezinster Wert (Barwert)
1800,—	1	0,847	1520,—
4200,—	2	0,718	3010,—
9000,—	3	0,609	5490,—
			10020,—

≈ 10000,—
der Zinsfuß stimmt!

Lösung:

	int. Zinsfuß
Möglichkeit 1	22%
Möglichkeit 2	20%
Möglichkeit 3	18%

Sie werden also Möglichkeit 1 wählen!

Multifaktorentechnik

In jeder Phase einer Planung müssen vom Team Entscheidungen getroffen werden, z.B.

- ▷ welche Istaufnahmen sollen durchgeführt,
- ▷ welches Analyseverfahren soll angewendet,
- ▷ welche Verbesserungsvorschläge sollen weiterverfolgt,
- ▷ bei konkurrierenden Soll-Vorschlägen: welcher soll verworfen werden?

Aus diesen Beispielen geht hervor, daß die Entscheidungen nur in seltenen Fällen auf Grund konkreter Zahlen getroffen werden können; sie kommen vielmehr durch Meinungen **(nicht quantifizierbare Faktoren)** zustande. Da es im Team keinen „Hierarchen" gibt, der Entscheidungen trifft, sollten anstehende Themen so lange diskutiert werden, bis eine gemeinsame Meinung erreicht und somit die Entscheidung vom gesamten Team getragen wird. Solche Diskussionen – ungesteuert durchgeführt – versanden meist, weil nicht vergleichbare Kriterien gegenübergestellt werden.

Z.B. bei der Wahl von Soll-Vorschlägen:

- ▷ Lösung 1 hat größere Realisierungschancen.
- ▷ Lösung 2 hat größere Lebensdauer.

Deshalb hat es sich bei kritischen Entscheidungen (wenn die Wahl zur Qual wird) bewährt, die Diskussion zu steuern (*Moderation*) und den Entscheidungsprozeß nach bestimmten Regeln zu strukturieren (Multifaktoren**technik**).

Die Strukturierung erfolgt in 4 Phasen:

1. Phase: Abfrage aller Teilnehmer:
„Welche **Kriterien** sind für die Entscheidung von Bedeutung?" (Erstellung einer Kriterienliste)

2. Phase: Abfrage aller Teilnehmer:
„Für wie wichtig halten Sie jedes Kriterium innerhalb der Kriterienliste?"
(Jeder Teilnehmer kann z. B. 0 bis 10 Punkte je Kriterium vergeben, die jeweilige Summe ergibt die **Gewichtung**.)

3. Phase: Abfrage aller Teilnehmer:
„Wie schätzen Sie den Erfüllungsgrad der einzelnen Möglichkeiten (z. B. Soll-Vorschläge) in bezug auf die jeweiligen Kriterien?"
(Jeder Teilnehmer hat z. B. 10 Punkte, die er je Kriterium vergeben muß, d. h., er führt eine **Beurteilung** durch.)

4. Phase: Je Kriterium und Lösungsmöglichkeit werden die Gewichtungen und Beurteilungen multipliziert und die errechneten Zahlen addiert. Bei dieser **Auswertung** „siegt" die Lösungsmöglichkeit mit der größten Zahl.

Beispiel:

Ein Team von 7 Personen mit dem Planungsauftrag „Erstellung und Verteilung technischer Unterlagen für den Außendienst" mußte entscheiden, ob die technische Unterlage „Einstell- und Justieranleitung" im Bereich der Entwicklung oder im Bereich des Kundendienstes erstellt werden sollte.

Da sich die Entscheidung als schwierig (Grenzfall) erwies, wurde vom Team beschlossen, die Multifaktoren**technik anzuwenden**.

Es wurde folgendes Ergebnis erzielt:

Kriterien	Gewichtung	Entwicklung		Kundendienst	
		Beurteilung	Gewichtung × Beurteilung	Beurteilung	Gewichtung × Beurteilung
Woher kommen die notwendigen Informationen?	63	51	3213	19	1197
Wer kann am besten die Verantwortung für die inhaltliche Richtigkeit tragen?	66	47	3102	23	1518
Welche Stelle kann den Änderungsdienst am effizientesten durchführen?	45	32	1440	38	1710
Wer kennt die Einstell- und Justierhilfsmittel am besten?	40	31	1240	39	1560
Wer kennt den inhaltlichen Zusammenhang zwischen der Einstell- und Justieranleitung und den übrigen technischen Unterlagen am besten?	55	32	1760	38	2090
Wer kennt den Ausbildungsstand der Außendiensttechniker am besten?	34	22	748	48	1632
			11503		9707

Beachte: Meist liegen die Resultate sehr nahe zusammen (im Beispiel 20% Übergewicht für die Entwicklung), da diese Methode für Grenzfälle benötigt wird!

Praktische Hinweise für den Moderator:

▷ Bei der Bildung des Kriterienkatalogs: nur positive Ausdrücke verwenden!

▷ Die Punkte sollten **offen** vergeben werden (jeder soll wissen, was der andere meint).

▷ Die Gewichtung soll durchgehend durchgeführt werden.

▷ Falls die Einzelgewichtungen je Kriterium zu stark abweichen (Richtgröße: 40%), muß der Moderator die „Extremisten" auffordern, in einem „Streitgespräch" (*Pro-und-Kontra-Spiel*) ihre Ansichten vor der Gruppe darzulegen. Danach wird die Gewichtung von der Gesamtgruppe neu durchgeführt. Solche Fälle kommen häufig vor und haben ihre Ursache meist im unterschiedlichen Wissensstand der Teilnehmer. Durch die Diskussion wird der Wissensstand wieder abgeglichen, und im nachfolgenden Durchgang können die Diskrepanzen beseitigt sein.

▷ Die Beurteilung sollte für jedes Kriterium durchgeführt werden (zeilenweise), wobei – wenn wiederum starke Abweichungen in den Einzelbeurteilungen festzustellen sind – eine entsprechende Diskussion mit nachfolgender Neubeurteilung erfolgen muß.

▷ Die Notenskala ist frei wählbar und wird dem gewünschten Feinheitsgrad angepaßt (1 bis 3 / 1 bis 10 / 1 bis 100).

Bei der Wahl zwischen 2 Modellen wird als Bezugsgröße häufig der Istzustand mit einbezogen, was als nützlichen Nebeneffekt eine Bewertung des Ist-Zustandes mit sich bringt, z. B.

Kriterien	Gewichtung	IST		SOLL I		SOLL II	
		Note	N × G	Note	N × G	Note	N × G
Geringerer Schwierigkeitsgrad der Handhabung	7	2	14	5	35	3	21
Werbeeffekt	4	1	4	4	16	5	20
Lebensdauer	6	2	12	3	18	5	30
Kontroll- und Überwachungsmöglichkeit	10	1	10	5	50	4	40
Sicherheit	8	2	16	4	32	4	32
			56		151		143

Die Multifaktorentechnik erlaubt es, falls notwendig, auch quantifizierbare Faktoren einzubeziehen. Dabei ist zu beachten, daß diese Faktoren im richtigen Verhältnis zu Noten umgewandelt werden.

Beispiel:

Kriterien	SOLL I	SOLL II	Vorz.
Einführungszeit	1 Jahre	3 Jahre	–
Lebensdauer	5 Jahre	8 Jahre	+
Benötigtes Fachpersonal	110	200	–
Interner Zinsfuß	30%	40%	+

Umwandlung in Noten
Notensystem 0 bis 100:

Kriterien	SOLL I	SOLL II
Einführungszeit	75	25
Lebensdauer	39	61
Fachpersonal	65	35
Interner Zinsfuß	43	57
	NOTEN	

Bestimmte (wichtige) Kriterien lassen eine getrennte Ist-Soll-Betrachtung nicht zu, z. B.

- ▷ Einführungsschwierigkeiten des Modells
- ▷ Einführungszeit des Modells
- ▷ Entspricht das Modell den Vorstellungen des Auftraggebers?
- ▷ Rentabilitätsaspekte des Modells

In diesen Fällen entspricht die Benotung einem direkten Soll I–Soll II-Vergleich, und die Spalte IST entfällt.

Im Hause Siemens hat sich eine Variante der Multifaktorentechnik (hauptsächlich für die Bewertung von DV-Verfahren) durchgesetzt, die auf einen direkten Soll-Ist-Vergleich abzielt, wobei jedes Soll einzeln abgehandelt wird (s. Beispiel).
Der Vorteil dieser Technik ist, daß durch Bildung einer Kennzahl völlig verschiedene Verfahren vergleichbar werden. Bei beschränktem DV-Investitionsbudget wird demjenigen DV-Verfahren die Priorität eingeräumt, das den größten Nutzeffekt aufweist.

Beispiel:

Wirtschaftlichkeitsprüfung des DV-Verfahrens „Bedarfsermittlung und Disposition"

Beschreibung		A	B	C
0	Bewertung des geplanten Verfahrens im Vergleich zum derzeitigen Verfahren/Vergleichsverfahren im Hinblick auf die Erfüllung der genannten Kriterien anhand folgender Punkteskala: ±3 erhebliche ±2 deutliche } Veränderung (Verbesserung, Verschlechterung) ±1 geringfügige 0 keine Veränderung	Punkte	Gewichtungsfaktoren	Punkte × Gewichtungsfaktoren
Nicht-quantifizierbare Kriterien				
1	Schnelligkeit der Informationsauslieferung (rasches Zurverfügungstellen)	2	3	6
2	Aktualität der gewonnenen Informationen	3	3	9
3	Rechtzeitiges Zurverfügungstellen der Informationen	1	3	3
4	Zusätzliche Informationen (z. B. durch statistische Auswertungsmöglichkeiten, Erweiterung des Berichtswesens)	1	3	3
5	Genauigkeit der Informationen (z. B. Rechengenauigkeit)	1	1	1
6	Relevanz (Qualität) der Informationen (Aussagekraft und Übersichtlichkeit der Informationen, Auswahl und Aufbereitung der Informationen)	0	2	0
7	Sicherheit (Ablaufsicherheit, Fehlerwahrscheinlichkeit, Datenfehleranfälligkeit)	3	1	3
8	Möglichkeit von Terminverkürzungen im Anwenderbereich	2	2	4
9	Anwenderfreundlichkeit (z. B. Vereinfachung durch Datenabbau)	1	2	2
10	Bedienungs- und Pflegefreundlichkeit	1	1	1
11	Flexibilität (z. B. Änderungsfreundlichkeit gegenüber Veränderung von Organisation, Datenvolumen, Datenstruktur, Sonderfälle	1	2	2
12	Kontroll-, Abstimm- und Überwachungsmöglichkeiten	2	2	4
13	Korrekturmöglichkeiten und -aufwand	0	2	0
14	Transparenz des Verfahrensablaufs (Übersichtlichkeit)	2	1	2
15	Transparenz und Straffheit der Organisation	0	1	0
16	Kapazitätsreserven (Auffangbereitschaft bei Arbeitsspitzen oder Beschäftigungszunahme)	0	3	0
17	Abhängigkeit von Fachpersonal	–1	2	–2
18	Umstellungsrisiko (langfristige Bindung an das Verfahren, Starrheit der Organisation)	–1	3	–3
19				
20				
21	Summen		37	35
Koeffizient für nicht-quantifizierbare Faktoren (Wirtschaftlichkeitskoeffizient)				
22	Koeffizient der nicht-quantifizierbaren Vor- und Nachteile des geplanten DV-Verfahrens (Pos. 21, Summe C, Summe B)	ca. 1		
23	Verbale Bedeutung des Koeffizienten gemäß Punkteskala (Pos. 0: ggf. Interpolation) geringfügige Verbesserung gegenüber dem derzeitigen Verfahren			

Literaturverzeichnis

Acker, Heinrich B.: Organisationsanalyse; Baden-Baden 1966
Bendixen, Kemmler: Innovative Planung; in: Congena Texte 1/70, 2/70, 1/71
Bendixen, P., Kemmler, H.W.: Planung – Organisation u. Methodik innovativer Entscheidungsprozesse; Berlin-New York 1972
Bloch, Willy: Methoden der Rationalisierung – Durchführungsverfahren; in: Industrielle Organisation 35 (1966) Nr. 4, S. 143–159
Budil, Werner: Planung, Koordination und Kontrolle als betrieblicher Kreislauf; in: Industrielle Organisation 38 (1969) Nr. 8, S. 323–331
Bullens, Harry: Systematik und Kreativität in komplexen Planungen; in: Teambriefe des Quickborner Teams
Clark, H.: Brainstorming
Collins, B.E., Guetzkow, H.: A Social Psychology of Group Processes for Decisions Making. New York-London-Sydney 1964
Dahrendorf, Ralf: Homo Sociologicus; Köln-Opladen 1968
Degelmann, Alfred: Organisationsleiter, Handbuch; München 1968
Demmer, K.: Die neuen Managementtechniken
Diekmeyer, U.: Creativitäts Training
Dr. Haseloff: Kreativitätstechniken und Problemlösungsverfahren; DIB-Seminar 71
Häusler, J.: Planung als Zukunftsgestaltung – Spielerisches Denken
Hierzel, Miketta: Planungsvorgehen in komplexen Systemen; in: Congena Texte 1/70 S. 8ff
Hofstätter, P.R.: Gruppendynamik; Hamburg 1968
Hollinger, Hermann: Morphologie als Werkzeug für kreatives und methodisches Management; in: Seminarunterlagen des Morphologischen Institutes Zürich
Klein, Gerhardt: 26 Stunden täglich am Schreibtisch; in: Der Erfolg; Heft 5/1970
König, R.: Das Interview; Kiepenheuer&Witsch
Lauterbach, E.: Was Chefs vom Netzplan wissen müssen; Plus 6/70
Lockyer, K.G.: Einführung in die Netzplantechnik; Köln-Bramsfeld 69
Luhmann, Niklas: Funktionen und Folgen formaler Organisation; Berlin 1964
Malewski, Andrzej: Verhalten und Interaktion; Tübingen 1967
Mayntz, Renate: Soziologie der Organisation
Dr. Mülling, Rainer: Die heiklen Punkte bei der kritischen Untersuchung des Ist-Zustandes; in: das rationelle Büro, 7/1971, S. 14–19
Quiske, Skirl, Spieß: Kreativitäts-Training (Seminarunterlagen)
Schnelle, Eberhard: Kritische Hinweise zur Verbesserung von Entscheidungsprozessen; in: Kommunikation, 3 Vol. V 1969
Schnelle, Eberhard: Entscheidung im Management; Quickborn 1966
Uhlmann, G.: Kreativität
Wagenführ, H.: Industrielle Zukunftsforschung
Warschokow, Uwe: Zum Konkretisierungsgrad der Aufgabenanalyse; in: Zfo, Jan. 1967
Wolff, L.: Netzplantechnik (CPM); Köln 67
o. Verf.: Der Aufbau einer Rationalisierungsuntersuchung; in: Das rationelle Büro 8/1966
Zeitschriften: Capital; Congena-Texte; Manager-Magazin; Metaplan-Reihe; Plus

Abkürzungsverzeichnis

AE	Auftragseingang
BA	Beratungsausschuß
BAB	Betriebsabrechnungsbogen
EA	Entscheidungsausschuß
ET	Entscheidertraining
F-	Fertigungs-...
Ff	Fertigfabrikate
IG	Informationsgruppe
Info-Markt	Informationsmarkt
KG	Kleingruppe
LK	Lochkarte
PT	Planungsteam
RA	Realisierungsausschuß
RG	Realisierungsgruppe
RL	Realisierungsleiter
RZ	Rechenzentrum
TF	Transparenzfrage
UB	Unternehmensbereich
ZBO	Zentralabteilung Betriebswirtschaft Organisation

Stichwortverzeichnis

Suchbegriffe mit ähnlichen oder gleichen Bedeutungen

Phasen – Abschnitte
Team – PT – Planungsteam
Planung – Organisation – Organisationsplanung
Ergebnis – Resultat
Größen – Einflußgrößen – Faktoren – Determinanten
Bereich – Feld
Überprüfung – Kontrolle
Daten – Information
Untersuchung – Analyse
Balkendiagramm – Balkenplan
Ist-Zustand – Ist-Situation
Beratungsgesellschaft – Unternehmensberatungsgesellschaft
tangiert – betroffen
Leitung – Management
Aufgaben – Funktionen
Schwierigkeiten – Konflikte
Ist-Aufnahme – Ist-Erhebung – Untersuchung
Plenum – Großgruppe
Verfahren – Technik
Abläufe – Arbeitsabläufe
Dauerbeobachtung – Beobachtung vor Ort
Scenario – Problemlandkarte